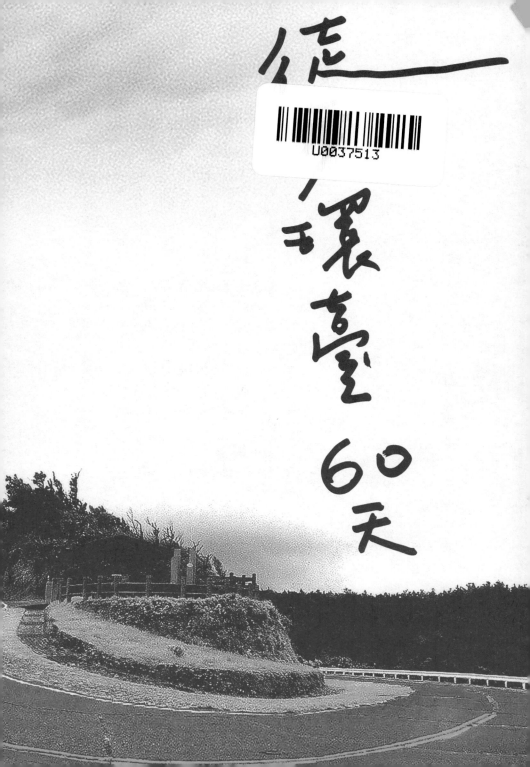

徒一

環臺

60天

目　錄

01 / 高雄

啟航

　　自我來台已六天，昨日送別同遊高雄的朋友，今天就要開始我單獨一人的行腳環島。可能是我對未知旅程的興奮，我把從書店買回來的臺灣地圖攤放在地上，然後用筆在地圖上寫下由南向北會經過的城市名稱，然後踏在上面，作為表示決心的儀式。誓師結束後，我背起背包，踏出民宿大門，啟航往北。民宿的女生相送至大門，我跟她說「我要走了」。她問我坐幾點的飛機，我說：「不是，我要徒步環島去。」她驚訝地問道：「你下一站是？」我笑著回答：「還未決定。」她叮嚀著我，路上要多小心，我說：「謝謝妳的關心與祝福。」

　　走到民宿附近的便利商店，用過早餐，拿出地圖。細看一會，最後選擇走台 17 號省道（海線），之所以做出如此的決定，是因為在看地圖時，發現走海線會經過「彌陀」，而蔣勳先生在《少年臺灣》一書裡，有一章叫〈少年彌陀〉，所以那時只是單純想去看看彌陀便斷然上路。那時對路線、計劃、腳程、公里、住宿等等，全然未知。我就是抱著這個未知，一直超前，直到後來更轉為走到哪，便是哪的心態上路。

　　天真如我，本以為陰天好趕路，一天便可從高雄前鎮走

到彌陀。但現實深深地告訴我：「想像是美好的，而現實卻是殘酷的。」因為第一次背著這二十來公斤的背包，身體的不適應，令我每走不到一公里便要停下來休息。更在中午十二點多時，因不會看手機地圖，令我在新興區迷了近一個小時的路。那時我心中只好安慰自己：浪費一個小時也好，就當是訓練。

黑犬

天色由陰轉晴，太陽公公對我親切微笑，其微笑令我體力消耗特快，肩膀被背包壓到痛楚難忍，再加上酷熱的天氣，令我本來像蝸牛般的步伐，變得更慢更慢，背部也漸漸給壓到彎曲了起來。穿過正在維修的大馬路，遠望便見高雄左營火車站，在此我發現身旁突然多出了一條黑狗，身材均等，不瘦不肥，但卻呈現出飢餓的樣子。只要有行人經過，牠必靠近用鼻子嗅其袋子，只求飽餐一頓。那時我身上沒有任何食物，背包只剩半瓶開水。我將水輕倒在牠面前，然後試著用眼神跟牠交流。表示此水是給你解渴，我身上沒有食物，所以請你原諒我。

之後我便繼續上路，走了一個街口左右，當我站在斑馬線前，等待著紅綠燈轉動時，回首一看只見黑狗跟隨身後。我停下休息時，牠也跟隨躺下。我動身時，牠也隨之動身。經過兩天前跟朋友一起遊覽過的蓮池潭時，牠餓了，我也餓了。於是我便在一家販賣關東煮的路邊小店坐下，點了兩塊豬血糕，想著一塊我一塊牠。但是我沒顧慮到牠的想法。店

主看見便說牠是不吃這種食物的。然後便與我閒聊起來，問我在旅行嗎？牠是你養的嗎？怎麼會帶著牠一起旅行？我向這位店主阿姨道出前緣，她便從店裡的鐵盒中拿出狗糧，輕撫著小黑狗的頭，用台語對牠說話。我對台語一竅不通，但卻能猜知一二。阿姨是叮嚀著牠，叫牠在路上好好守護著我。

如此我們一人一狗，一前一後，從高雄左營走過了三民、新興、梓官。那時我心中在想，這流浪狗和我一定有很深的因緣，從高雄的高鐵站就一直跟著我走。難道牠也想去環島嗎？

其實我們每一個人都在流浪，每天、每分、每秒都在流浪，上班下班，開心不開心，所以流浪未必是實在的出走，而是在這叫做「人生」的旅途上，我們的心，每分每秒也在流浪當中。

走到梓官時，天已漸黑，我將面對環島的第一個夜晚。面對陌生和全無概念的環境，加上人對未能掌控和黑暗的恐懼，心中早已慌張至極，但離訂下的目的地——彌陀——還有一段距離，還好那時有小黑狗相伴左右，因牠在，我的不安才微減少許，也才能硬著頭皮繼續上路。

橋頭區路燈亮起，夜幕已降。不安和焦慮已經充斥我心，我向途人相問，此地離彌陀還剩多遠的距離。他們都異口同聲地回答：「還有好一段距離，你走路的話可能要走到晚上十點多才可以到達。」本來不安的心，聽到這一番接一番的回覆，立刻害怕、緊張起來。乍看附近好像沒什麼可供住宿之處，於是便向附近居民打聽，最後從一位看守停車場的大哥口中得知，在我剛走過的橋旁有一家旅社，只是環境

十分惡劣。然那時的我已不管環境、服務方面的問題，只想快快找個落腳地。

走進旅社，店主是一位五、六十來歲、濃艷裝扮的阿姨，我問：「今天還有房間嗎？」她回道：「還有。」接著她向我要身分證，我說我是外國人，香港來的。於是留下我的電話和護照號碼，阿姨誇我中文說得好，認為我是華僑，而我只想早點休息，也就不加解釋了。

那時，我做了一個十分錯誤、讓我後悔至今的決定，小黑狗本想與我一起進店，但那時的我因為怕店主不喜歡，便把牠獨自留在店門之外，本想牠會在門外等待。沒想到就這一個小小的念頭，讓我們分離了，令我往後的旅程，心中常常牽掛著牠。

房間實在有點破舊，各處可見裂痕，所以那天便在日記中寫道：旅館一晚六百，因為不會台語一開始以為是一百，空歡喜一場。這比昨天的民宿還貴二百，實在沒辦法，方圓百里唯有這店。房間破舊已到頂了，不過對我來說沒關係，影響不大，反正眼睛一閉，五星酒店和這裡，又有何分別。

走了一天的路，肩膀已開始痠痛，腳掌也有脫皮，長著水泡。但整體而言，卻沒很累很痛。在進食方面，全日只用過豬血糕和兩顆茶葉蛋，漸漸為日後如苦行般的日子做準備。我在當天的日記中寫下：

　　突然有一種孤獨感，只有一個人的孤獨感。也許，這便是我每天的功課。

　　經過一晚的休息，大概是因為要趕路的關係。身體作出了相對的調整，我竟四點多便自然醒來。我把從香港帶來的拖鞋放下，那意味著我開始考慮到背包的重量。因為背包內還有一雙新買的，所以我決定與它分別。放下才會輕鬆點，人生不也是那樣嗎？留下還可以給予下位有緣的旅人。

彌陀葉先生

　　本想整理好行裝，七點便可出發。可是事與願違，大門的鐵閘拉下了，門也給鎖上了。無奈下只好背著背包回房間等待，等著阿姨醒來。一坐便到八點多快九點，心中在想，為何還沒起身，等待之中充滿期待，就像孩時期待喝一口平日難以嚐到的珍貴汽水般。

　　出門後，我在四處張望，希望可以發現昨天的小黑狗，只可惜牠已經離我而去了。然而牠心中所思，可能是我將牠拋棄了。我在這跟牠說聲對不起，同時也祝福牠平安快樂，或許，我與牠的因緣只有那一天。

　　我站在馬路，看到對面矗立著一尊約有兩層樓高的阿彌

陀佛像，太陽照射在其身上，金光閃閃，佛光重重。再看其右下方，有一石碑橫書著：歡迎光臨彌陀區。

我到了，到彌陀了。

走進彌陀市區，以中正路為中心貫通全鎮，小鎮地方不大，人不太少。看見如此，心中頓生起失望之情。（在環島結束後，我才發現是我負了彌陀，原來它有其美麗之處，只是我匆匆而過，未能好好感受。）我坐在小廟前，一位慈祥的老人走過來坐在我身旁，他微笑問我，因為我不會台語，只好傻笑點頭，老人也不會國語，所以我們都以笑容在溝通和交流。

為了躲避猛烈的日光，我走進了便利商店。隨之而來的便是跟店員閒聊起來，他說彌陀有五萬至八萬人口，但他在這裡工作這麼久，發現來來去去看到的都只是那些人。我問他附近有沒有什麼景點？他回我哪有景點，這地方什麼都沒得看。他不是彌陀人，是附近大學的學生，因為生活費的關係，每天都騎大約四十五分鐘的車來這上班。

突然聽到爆竹聲，只見一條又一條的人龍，從各店門前經過。原來是神明巡境，只見有人身穿神明之像而走，有的舞著彩龍、抬著各家神明的神轎，有的專門點放爆竹，還有人穿著清代官服騎馬而過。店家們都約約燃香拜祭，口中唸唸有詞，可能所求的是一家平安、生意興隆。許下千萬種的願望，背後只為一份心安。

離開彌陀，正在專心看著紅綠燈時，被一聲車輛的喇叭聲打斷了，只見一台車子停在對面，司機打開車窗像是有話要問我似的。因馬路嘈雜，我急步走到窗旁，車中大哥問我

是否在環島？我回是，又問用走的？是、是。寒暄數句，我們便各走各的。但沒想到走在一道名叫「維新」的橋上，只聽後方有人叫喊，我沒有加以理會，瞬間剛才那位司機已騎著摩托車停在我身旁，他說見我沒有帽子，太陽又那麼毒辣。所以特意追來送我，他說這麼車來車往，十分危險，我們過了橋再談。

　　過橋後，大哥自我介紹道：「我姓葉，家住彌陀，因為也是熱愛環島的人，一年前曾用腳踏車環過一次，你用走的不簡單，你打算走幾天？我在一年多前也遇到一位徒步的，不過他是臺灣人，他一共走了三個多月，將近四個月。還未問你貴姓？」我回說：「免貴我姓黃。」大哥大笑起來道：「我妻子也姓黃，可惜、可惜。如果你昨晚到達，那就可以到我家小住一晚，我妻子會為路過的環島人煮上一桌子的好菜。」

　　緣分便是如此，如果昨天有堅持走下去，可能便有機會品嚐美味。

　　我們在檳榔店前拍照留念，檳榔店得知我是徒步後，還支助了我一瓶水。分別時大哥還留下電話給我，叫我遇上困難時可以立刻致電求救，叮嚀著我路上要小心，有機會一定要出書，將這個不一樣的旅程寫下分享予人。沒想到這句話就像種子一般，紮根在我的心中。

黑夜的不安與焦慮

　　不經覺黃昏又至，夕陽西下，天空也隨之被染上片片橘黃。身體並未因昨日的路程而適應背包的重量，當走到一十字路口時，抬頭一看那道路的指示牌，向左是東方路，去茄萣，往右同是東方路，通往路竹的大湖，向前則是和平路，直達湖內。在一股衝勁的影響下，我毅然左轉，向日落方走。十分鐘後在一加油站前，一位騎著摩托車的男生攔下了我。他問：「我留意你很久了，你在旅行還是有其他事情？」我表明前因，他從我口音中得知我是從香港而來。他是我這天遇到的第二位熱心人，他說：「這離台南市區還有一大段距離，我是台南人，平常騎車回去也要四十五分鐘左右，你走路可能要走四個小時多，而且前面都是前不見村後沒店的地方，上車吧！我載你一程。」

　　但我婉拒了，這一念的婉拒，一直到我環島結束，在心中從未放下。看著台南男生的車風馳而走，很快便消失在我視線。

　　六點半了，我坐在情人碼頭對面，我考慮著，已走了近十來個小時，體力可能不足以應付餘下那四個小時的路，如硬走下去，很可能到深夜還未可到。於是我打開手機，在網路搜尋附近的住宿，到大湖路程約一個多小時，權衡下決定回頭沿東方路走，從這頭走到那頭。過了先前經過的十字路口，天已全黑，馬路上零散的行車，道旁只有一個接一個的農場。傳來那一陣又一陣的鴨、鵝啼叫。野犬、家犬，吠聲不絕，我心中的不安、焦慮與恐懼一起湧現，我開始懷疑自

己、追問自己：環島的決定真的是對的嗎？

　　我問自己的內心，那個不安的人到底是誰？我明明不想如此，為何卻又不能自控？是人對黑暗產生的天生恐懼感，還是身體實在也快走不動了。我看著我的心，問了數遍我的心，你還要走下去嗎？還是要放棄？我最後跟自己說，這是我今天的功課，我要好好地面對它。

　　伴隨著不安與疑惑，我一步又一步地踏前，不久便見燈光通明，原來我已經走進了大湖市區。我急忙跑去旅社，門不開、電話也沒人接，與其鄰近的旅社也客滿了。我拖著疲憊的身軀橫過馬路，走進一個大霓虹招牌下的小旅社，只見櫃台小姐打扮性感、濃妝艷抹，我心中已知一二。但迫於無奈，只好相問房間。那位小姐回答，我們只是休息，沒有過夜的。從她的眼神可以看到，她心中一定在想：小朋友不要搞亂好嗎？我要工作糊口。於是我道謝過後，便向小巷裡走，同樣的霓虹燈下，看店的人是一對老人。同樣的問題，這次得到了不相同的回覆。價錢合格，在登記期間，兩位櫃台小姐臉上露出不悅之情。我後來深思，房錢之所以相對便宜，大有可能她們早已有預計，如果房錢再加上其他特別服務的話，那價格就不一樣了。

　　那天她們心中或許也暗自嘆息：真倒楣，真是倒楣！

02 臺南

窩窩頭

　　從小我便覺世界之奇妙，為何我是我父母的孩子，而非鄰家阿姨們的？為何世界如此之廣，我會生而為華人，而非其他國家與種族？為何我與她會相戀、相愛，以至分離？我和你又為何會在茫茫人海中相遇、相知、相交。有人會說這一切都是命運的安排，而我偏信這是我們累世所積的因緣。我在台南遇上了改變我的人和房子，其直接影響到我整個環島的旅程。我們都是陷身於那張因陀羅網中。

　　收拾好行裝，我在日記寫下「台南，我今天一定要見到你。」便背起背包出發了，背包還是沈甸甸的，但我卻不是出發時的我。我慢慢適應了這孤獨、寂寞的行走，甚至開始享受著。這段時期的那個我，還抱著那種邊行走邊看風景的想法。所以用完早餐後，走在熟悉的道上，途中會經過明寧靖王墓，但因昨天已天黑，再加上急著找住宿。所以便沒走進。走至入口牌樓只見鐵架沙網將其圍住，工人正拿水槍坐在鐵架之上，為其清潔汙垢。

　　寧靖王何人也？看到園中介紹所言，原來其姓朱名術桂，字天球，明太祖九世孫遼王後代……。王墓於於 1937年（日治昭和 12 年）被發現，開棺後未有骸骨於內，只為一個衣冠塚。於 1959 年（民國 48 年）重修，之後在 1977

年（民國 66 年）修建墓前道路與寧靖王廟，後來在 1983 年
（民國 72 年）又再次整修而成今貌。整個墓園不太大，墓
前有一池，園中所種多為大榕樹，據說是寧靖王生前酷愛榕
樹，後特意植下。

　　墓左方石獅上方，有一石碑，其內容為寧靖王之生平，
最令我為之動容的是，當降清的施琅領軍於澎湖大破明鄭軍
隊時，寧靖王知大勢已去，便決定以身殉國，召集妻妾說：
「孤德，顛沛海外，冀保餘年，以見先帝、先王於地下；今
大事已去，孤死有日，汝輩幼艾，可自計也。」其五位夫人
英烈非凡，痛哭而泣對其夫說：「王既能全節，妾等寧甘失
身，王生俱生，王死俱死，請先賜尺帛，死隨王所。」而後
相繼自縊於中堂。朱術桂親自殯殮後，翌日亦殉國去了，他
臨死前特地燒毀田契，把數十甲田地全數送給佃戶。部屬以
及鄉民為感其恩，將他與妻合葬於湖內鄉的小村。有傳那時
為防止清軍搜尋挖墓，他們還在附近多建百餘個空墓，以混
淆清軍。而為了確保那真正墓地的位置不外洩，當時參與埋
葬的部屬及鄉民，八位帶路的人於事後皆自毀雙目，八位蒙
眼扛棺者則自摧其聲成為啞巴。

　　數百年浪沙淘盡，卻淘不盡仁人志士。「艱辛避海外，總
為幾根髮。於今事畢矣，不復採薇蕨。」這是寧靖王的絕命
詞。自古有人恪守節氣，以死明志，也有人失節求生。選擇

不一樣，但風骨豈能失，就算背包再重也要在其墓深深鞠躬。

又至十字路口，車輛不多，相比昨天於我身旁風馳而過的車子，今天舒服多了。走到昨日回頭處，不堪背包重量，只好走進情人碼頭，好不容易找到樹蔭，便坐下歇腳，脫去鞋襪涼快涼快，微微海風，頓感清涼。

過了茄萣橋時只是中午，烈日當空，從橋上便見一巨大的紅色招牌，其上橫向大字寫著國家工藝師郭常喜、興達刀舖、傳統打鐵、鑄劍、家庭用刀、宋江陣。孤陋之人，未聽過這師父名號，於是只好用手機在網路上搜尋。郭先生赫赫有名，他出生在鑄劍世家，自幼便承襲家業，曾赴日學習鑄劍技術。李安拍攝《臥虎藏龍》時，青冥劍和電影中四百餘件武器亦出自其手，就連金庸先生亦託他打造小說裡的兵器。只可惜當天的他不開門，未可一睹，可惜、可惜。

走過茄萣市區，海風與海水的味道撲面而至，是久違的海。走上海堤之上，沿其而行，聽著海浪聲，彷彿這幾天的疲勞也隨海風而去了。堤上有一個鐵皮小屋，裡面擺放著幾張木椅和一張我為其命名為「崎漏海堤上的皇座」的沙發。

它的花紋活像一個笑臉。真想坐在上面睡個午覺，享受一下這大海，享受這當下的寧靜。可惜還要趕路去台南。只好跟它道別了。不用走在車來車住的馬路上，腳步也輕了，這一道畢直的海岸線，有著動人的美麗，我瞬間給它征服了。實在太美了！美到我必須脫下

鞋子，放慢腳步，踏在如綢緞般的黑沙上，好好去感受，把它記在我腦海。它是海浪打在我腳上，是海水的鹽味，是那被陽光照得片片金黃的它，還有海風颯颯，吹動我身上的每根汗毛。我連背包的重量也頓然忘了。因為人生所有遇到的人、事、景、物，此刻錯過了，可能今生再也不能從見了，一期一會，好好珍惜，用心感受眼前這一刻的相遇。

當我拿著本子在寫日記時，有一位先生向我走近，只見他一身整齊的裝扮，身材中等，個頭不高，頭髮黑中略帶銀絲。他用低沈的聲音問我：「你是那一所大學，在做什麼研究？」我表明前因，他聽後表情帶點驚訝，然後豎起大拇指說道：「給你一個讚。」原來這位先生是這海堤的保護人員，因為前陣子有人在這非法建起屋子來，他們將它清理、拆除。他拿起手機給我看他們整理海岸的過程，指著前方，就在那，這照片就在那拍的。只見指尖所向，一片乾淨，根本沒有絲毫痕跡。

離開海岸所見前路又是一道橋，這幾天不知已過多少類似的橋，只是橋名各異而已。行走在西濱公路之上，行至黃金海岸時，日光已慢慢淡下，晚霞將天空染成紅橘色，又見海上夕陽冉冉而下，夕陽西下，此日將過，不覺神傷。

天漸黑，街燈全開，跟昨天一樣，被一大群蚊子包團，便如穿上用蚊子所造之外衣。查看手機地圖，離我於中午訂好的民宿，還要多走二個小時的路程。那時已走了將近十二小時。但今晚的我卻沒有了之前的不安與焦慮，更多的只是肉體上的疲乏，那腳跟痠痛起來，肉體已快到極限，只能仗著精神與意志力撐下去。

　　那心中在打量著，突然冒出一個念頭，不如放棄不去中西區訂好的住處，在離我現在較近的安平找一個落腳處。但很快又有一念，不行你已經用手機跟人家通過訊了，表明你今晚會到。大丈夫豈可失信於人，難道你不知季布一諾嗎？（往後的旅程，我也因為這點，最後不管路途之遙遠、身體之疲乏，直達目的地方休。）如果那時我真的做一個失信之人，我將失去一個好朋友、知己與一個家。

　　那位知己就是大俠，一開始我是在網絡上搜尋到「窩窩頭」的。本來看了幾間一晚也是三百多的民宿，留了言卻未見有所回覆。只有大俠，把自己的通訊軟體之帳號貼在網頁上。所以加了他的手機通訊軟體，最後決定訂下，但他因為有事要回桃園，於是便把鑰匙放在大門旁的椅子上，還傳來照片。那時見此做好，不禁說聲，果不負「大俠」之稱。那時從照片中只見其手，再加上大俠這號，我心中斷定這是一個男生。

　　當我從文南路走進府前路二段時，我的手機告訴我，他要睡覺了。我只好拖著疲憊不堪的肉體，心中告訴著自己：你一定要走下去，千萬不可輕易坐下。因為一坐下來，便會貪圖著當下的舒適，那時便什麼地方也都不用去，直接完蛋了。這刻如此，人生也是。所以很多時候，有人問我你累了？我回說我是肉體的累而非精神上的累。因為我堅信著人的心靈要像梅花一樣，傲立風雪之中。撐到遇見孔廟，憑著記憶和食店門口張貼的地圖。巷弄小路多繁雜，千迴百轉。加上 35 號範圍之廣，一時難尋。經過半小時的尋覓，終於到了開山路 35 號 39 弄，看見窩窩頭。（現在我已對家裡附近大

大小小巷弄、暗道爛熟了。）

　　在說窩窩頭前，要先從我們的大俠談起，是何原因觸動他，讓他生下這窩窩頭。大俠在自己的網上專頁是這樣寫道：「自身走走停停於旅行，背包客途中，受到當地人熱心款待這個來自遠方陌生的我而深深感動，回到臺灣決定一同分享自己現在在台南求學租來閒置已久的街屋，自己動手整理四個月，慢慢雕出大俠喜歡的空間。分享開放三間客房與你一起品味巷弄間最可貴的生活感受，台南也是我人生旅途中的停頓點，頗有味道的一個城市，如果你也剛好來台南走走看看，我們在離火車站十分鐘步程、孔廟舊都心巷弄內。建議在火車站附近租台摩托車，啾一下兩分鐘就可到達我家，歡迎大家來窩在台南。享受巷弄生活。如果你也是人生中樂於分享的旅者，歡迎你住下來。慢慢品嚐這台南人情味。」

　　而我在環島結束後，住在窩窩頭時，記得曾經聽人問起大俠，這裡是背包客棧嗎？大俠說他並沒有去定義它，只是希望能提供一個地方給流浪者（然後他說流浪者時是看著我的，哈哈）居住。

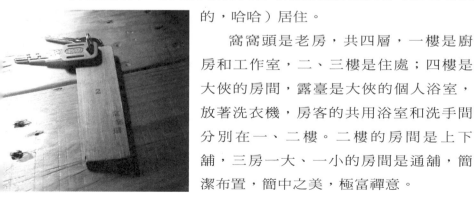

　　窩窩頭是老房，共四層，一樓是廚房和工作室，二、三樓是住處；四樓是大俠的房間，露臺是大俠的個人浴室，放著洗衣機，房客的共用浴室和洗手間分別在一、二樓。二樓的房間是上下舖，三房一大、一小的房間是通舖，簡潔布置，簡中之美，極富禪意。

　　我環島到達時，是草創時期，廚房還沒弄好，滿地木屑，房間只有二樓和三樓的小房間。我愛極了這間小房間。

　　入住窩窩頭的第二天，我的衣服已經多天沒洗，再不洗可能今天便要全裸登場。於是我提著那個裝滿衣服的真空袋出門去，在此時意外發現，我沒拿鑰匙，便順手把房門關上了，那天也莫名奇妙的很，我很少有帶上房門的習慣。但那天偏偏發生了，一開始打算用自己的方法解決，因為我是一個遇上任何問題時，不太喜歡立刻尋找他人的幫助，因為那是自己的問題，所以必須先自己嘗試，去用盡方法找到解決的方法或答案，我視第一反應求助於人的人為走捷徑的人，通常這類型的人，會很快找到答案並解決目前的問題，但同時他們也阻塞了自己的成長機會。人就是要獨自面對那一道又一道的難關才可以得到精神或心靈上的成長。所以那時第一個反應就是在隔壁房間的工具箱中找來一條鐵線，那時心想，沒有髮夾鐵線也行吧。於是頭一次失敗了，不服氣，便用手機在網路上搜尋不同的開鎖方法，四十五分鐘過去了，百計施盡的我。最後想到一個極端的方法，就是先用電鑽在喇叭鎖上方開個洞，然後伸手進洞，將反鎖的門從裡打開。然深思後，這行為實有不當，有點做賊之感，便打消此念。

　　百般無奈下只好在手機通訊軟體中，相問大俠和另一位管家慈芸。慈芸回我，說她現在騎車趕過來，不消十分鐘便到達，從二樓的工作室中拿出備用鑰匙，於是門開了。

人間正道是滄桑

　　走去最近的洗衣店才知道是傳統式的，並非二十四小時投幣式。於是以慣用的散步方式，穿街過巷搜找洗衣店。我愛在陌生的環境、城市慢慢地走，因為由此才可以瞭解這地方的人民風情。我們現代人，特別是居住在大城市的人，步調急快，走路生風，身體的快隨之影響到心靈，他們緊張、焦慮，然後各種心理、情緒的痛紛紛來侵。所以慢下來吧，當我們身體慢下來時，心也會慢下來，到時便可發現那身邊四周不同的美。所以美景不用特意去尋找，因其就在我們身旁。慢下來吧！

　　洗完衣服的回途中，又迷失於巷弄之中，在此便發現，只要跟著巷弄的風車走便能回家。中午，又開始了那觀光之旅，台南有其雄厚的歷史，所以市中古蹟甚多。第一便選擇參觀離我最近的孔廟，穿過府中街，過了建於清乾隆之泮宮石坊，便可見一道之隔的孔廟大成坊東門。這座「全臺首學」，顧名思義為全台第一所孔廟，是清時全台童生入學之所，於門之右面紅色宮牆之上嵌有一下馬碑，為清康熙二十六年（西元 1687 年）奉旨設立的，碑文以滿漢文字合刻「文武官員軍民人等至此下馬」，就算在當時尊如天子，於此亦要下馬落轎步行入裡，以視對孔子之尊敬。

　　從大成坊東門而進沿著石磚鋪設的步道而走，一位推著腳踏車的老人迎面而至，只見他車子後座放有一鐵箱，箱旁插一支大旗子，旗上寫著手工製霜淇淋。他問我要不要吃，是他自己做的，純手工沒有放任何的色素。我心裡想了一

下，天氣酷熱，老人推著車子四處叫買，也太辛苦了。反正，從早至今，還未進食，不如就買一支當做午餐。於是買了一支，不貴，三十塊。老人問我好吃嗎？我說好吃，確實好吃。

過義路、看禮門。「大成殿」因為要收門票，所以我只在門前窺視。古代孔廟之旁必立黌門，所以在孔廟的隔鄰便立有忠義國小，那古代之黌門則是大成殿右的「明倫堂」，左學右廟，前殿後閣，這是傳統文廟的格局，此明倫堂則為康熙三十九年（即西元 1700 年）由台廈道陳璸擴建。正門匾書「入德之門」，左右兩則門上寫的分別為「聖域」、「闕賢」，從聖域門進，只見那簷廊設拱門，牆堵飾以花鳥彩繪。室中高懸「明倫堂」匾，一派顏體之風，雄厚、方正、茂密。堂中隔屏所書為趙體《大學》篇章，而兩側牆壁則有仿朱熹手書「忠孝節義」四個大字。東牆嵌有清乾隆四十五年（西元1780 年）之「重修臺灣府學明倫堂碑記」及清同治七年（西元 1868 年）之「臥碑」，清乾隆四十二年（西元 1777 年）之「重脩臺灣府孔子廟學碑記」與「臺灣府學全圖」則分別嵌於北牆東側與西側。孔廟之中碑石繁多，只可惜年代久遠，碑中文字多已漫漶。

從「闕賢」門出，看見一群大學畢業生，興高采烈地在談論著待會拍照的位置。我亦不作打擾，急步前行至位於大成門正前之泮池，泮池型為半圓（其水乍看碧綠色，有點髒），別小看此一小水池，於周代時天子之大學稱「辟雍」，而諸侯之大學則名「泮宮」，兩者類似，既是當時最高之學府，亦同為禮樂、祭祀等活動之場所。辟雍中為高臺，四面

環水，所呈現的正是一個圓環之狀。而泮宮為諸侯地位，亦遜於天子，所以只有三面環水，以漢代通儒鄭玄所言「泮之言半也，半水者，蓋東西門以南通水，北無也。」而古時應考的生員有一習慣，就是於應考之前必至文廟禮孔子，參拜後出櫺星門至泮池繞圈，並採擷池中之水芹插於帽子邊，稱為「遊泮」。

善哉、善哉，台南孔廟那些斗拱柱樑還是榫卯而非用水泥注模一塊而成，因在高雄時參觀了位於蓮池潭之孔廟，其與台南的孔廟相比，實在顯得太過年輕了，而台南孔廟彷彿一位銀髮老者，用他龍鍾的身體、蒼老的面容，訴說著他看過的朝代更迭，歷盡了世事滄桑：我是今天你所見之我，亦是明鄭時期之我。

世事巧妙，當我正要步出孔廟時，我又遇上了剛剛那位老人家，只見他滿頭大汗。我們四目相交，老人問我要不要吃霜淇淋，原來他已經忘了我。我猶豫了，那時心中在想，我要省下旅費，不可隨意花在吃的方面，但隨之而來的影像是，第一次吃時，看到箱內的霜淇淋已開始融化。如果我現在不吃，老人的心血就會白白浪費了，於是，我說好啊，給我一支，謝謝。之前早已想跟老人拍照留念，但忘了有點後悔。現在老人又再出現，當然不可放過。因此我與老人合照一張，他滿足和幸福的笑容至今難忘。

日正當空，酷熱難耐。我已萌生起回窩窩頭之念，不想走原路回去，於是選了走南門路再向左轉府前路。那時對中西區還不太熟，感覺比現在新鮮，所以總是四處張望，不知何為，總對舊事物帶有一股情愫，不管是人、事、建築。

　　府前路一段，我沿其而行。一路躲在魚貫的騎樓下，突然有一斷裂處，只見有一麻石圍牆，牆內為一座石砌建築。走到外門我探頭內望，見朱紅的內門前置有香鼎，大門上橫扁黑底金字，用楷書書著「德化」二字。乍看心中還以為是一所基督教的中式教堂，但走進去再看門旁門聯，只見它寫道：「德布十方願善信同登覺路，化移萬象喚愚蒙共出迷津。」那時在想應是一所佛家的寺或精舍，因為門上畫有四天王像，堂內供有彌勒佛與韋陀尊者，裝飾彩畫皆是佛家樣飾。繞寺一圈，最愛其藍門、紅底、黑字，漂亮極了。

　　環島後暫居台南時，我才知道德化堂非佛寺而是齋教龍華派漢陽堂之齋堂。打岔先說齋教，起源自明，清時漸漸傳入臺灣，在臺時又分有龍華教、先天教、金幢教三大系統，每派系中各有異同。然其多源於白蓮教，又以羅教教義為主，再混雜了儒家、佛家與道家或摩尼教的部分思想而成。而這個派系多以「在家修行」為主，所以民間亦有稱他們為「在家佛教」，稱其信徒為菜姑、菜公，主持教儀，茹素，不剃髮出家，不穿僧衣。似佛教實非佛教，而他們也確實在日治時代為了生存下來（因余清芳的西來庵事件），而自願歸入當時的日本臨濟宗一脈。他們教派的命運多舛，一直處於非主流的位置。經過清、日治，由大陸過臺灣，有時候萬物都很相似，只為求一個理想的生存而已。在現實巨輪的滾動下尋找那一絲的活路。最後齋教於戒嚴時期，由於當時政府對宗教的傳播進行打壓與限制，最後原本依附佛教的它亦走上了被全面取締的道上。原有的菜公、菜姑亦多剃度出家、齋堂遂轉為佛堂。

連日不停趕路，身體還沒恢復便要上路。所以出外走動幾小時，身體與精神已漸顯疲累。原來打算前往開山王祠，亦只好打道回府，回窩窩頭，偷得浮生半日閒，睡覺去。

　　小睡了三個小時，太陽已西沉，夜涼是時候出動了。問過小管家慈芸離這最近的夜市在那裡？她回：「大東夜市。」於是我便出門走去，貼心的慈芸還介紹夜市那家的食物非吃不可，那些值得一試。憶起慈芸，有一段小插曲，第一次與慈芸見面時，我心中有點慌張。因為她長得好美，那時暗暗在心中：這個女生好美。美到面對著她像忘記了如何說話。她問我吃不吃鳳梨，我只會搖頭。直至現在還是如一，面對她我還是只有默默地笑而不知如何開口，如何言談。

　　我沿著手機地圖的指示，從開山路直走，於開山路235巷轉去大同路一段70巷再走73巷，我走過了民居小巷旁的鐵路。（台南中西區與東區之間被火車鐵道所橫閘。）過了鐵道沿青年路232巷向南一直，到達林森路一段時各右而行，走了大概十分鐘左右，見對面的馬路燈光燦爛，於是我沒有理會有沒有斑馬線的問題，便左右顧盼，橫渡馬路。

　　大東夜市，可算是台南市第二大夜市，僅次於花園夜市。說其大不是面積大，而是名氣大，是東區一個地標性夜市。整個夜市只有直五橫二的巷道。當我走進夜市時人潮如湧，將整個夜市塞得水洩不通。本來我就對熱鬧與人多的地方不感興趣，加上我個子矮小，混在人群之中增感擁擠。隨著這流動的人潮，看著別人的背部，就跟著慈芸提供的資訊，一家又一家地尋覓美食。最後我只買了二師兄滷味與原住民燒肉。

甜意台南

　　滷味是府城的口味，什麼是府城口味，去過台南的人，都會發覺台南食物全都偏甜。如果你在府城穿街過巷，看到某某店舖的招牌上寫著「古早味」三個大字，如此你便知此家食物一定是甜的，而且是甜而膩。我於環島後定點台南時，曾經跟大俠探討過這個問題，大俠說因為以前臺南地區航運發達，隨之而來的是碼頭事業，因為搬運工人每天消耗大量的體力，為了更快把體力補充，所以他們在煮食時放大量的糖，久而久之漸漸養成習慣，再而成為風俗。這是第一說法，還有之後我在其他文本或其他來背包客棧的房客告訴我，糖在台南是貴族的食物，以前因為糖的價格可比黃金，所以去做客，主人招待用膳，他們會在料理中放大把大把的糖，以彰其富裕。

　　我那時聽後，心中又生一疑，就是糖為何會是貴族食物？它與價格為什麼可比黃金？其背後有著沈重與濃厚的歷史因素，從中可以看出臺灣的時代變遷與被殖民的痕跡。

　　以下數個姑妄言之的傳說，看官不妨也姑聽之。荷蘭人於大航海時代，飄洋過海，而發現了臺灣這塊肥沃的土地，高溫多雨十分適合種植甘蔗，甘蔗正是製糖原料，而在當時世界貿易中，糖這日常用品的經濟價格極高。所以荷蘭人便驅逐了上一任的殖民者葡萄牙人，在占領臺灣後，他們開始在嘉南平原種植甘蔗，並於安平建立荷蘭東印度公司之據點。因此當時荷蘭的糖便從安平港運至現在的印尼雅加達，然後再轉運至全球以供販賣。由此人們便會產生一種價值

觀，這一粒粒的糖與黃金身價相等。

　　歷史洪流，浪花淘盡。西元 1661 年（即明永曆十五年），荷蘭人的時代隨著鄭成功的到來而結束。站在華人的角度，這是臺灣的第一次光復，結束了殖民的統治。所以對廷平郡王的景仰一直深植於民間，不說別的，就從全臺灣市鎮的街道名稱中便可得知，走了許多臺灣的市鎮，發現有三個街道名稱是走不丟的，他們分別是中正、中山、廷平。這背後的歷史因素，就此打斷不詳說。而糖與甜的傳說彷彿也離不開這位廷平郡王，鄭成功在接收臺灣後，開始教導原住民們種植甘蔗並製糖販售，這是一個兩全之策，一來可以安撫各地區的原住民，二來又可解決軍糧不足的問題。廷平郡王的過世，臺灣又經過了鄭家兩代的時期，踏著波浪而來的是清朝代表施琅。有一部分鄭家軍不願降清，他們躲藏民間、混雜於市井之中，其中原為鄭家的御廚們便於廟口以攤販為生，讓平頭百姓們也可一嚐國姓爺家的美味。而其中因為料理手法「勾芡」——閩南地區特別是彰、泉，其以澱粉類造成濃稠的湯汁——而勾出來的湯汁多是偏甜的。吃過這些王府料理的老百姓，漸漸也學會了在煮食時加一點糖或者把食物弄得較甜，因為這是貴族的味道。

　　伴隨著晚清列強的入侵，衰弱的清皇室紛紛簽下許多不平等條約。其中甲午戰爭的失敗，跟當時的日本簽訂了《馬關條約》，將臺灣島及其附屬各島、澎湖列島和遼東半島全數割讓給日本。日治時期全臺糖廠林立，單以嘉南平原就擁有無數甘蔗田、數十座糖廠。糖的地位與價格彷彿沒有因為時代變遷而令其地位下降。日本人對糖實行專賣，宛如中國古

代各朝代對各種物品實行專賣部門，獨占經營和管理權，榷酒、榷鹽、榷鐵、茶、醋、礬等，亦如大英帝國對印度實施鴉片專賣。日本人榷糖而訂下各種奴隸式的合約，實行「採收區域制度」和「產糖獎勵法」背後只為壓榨與控制蔗農，條約：

一、蔗農所種甘蔗只能賣給規定糖廠，不得越區販賣。
二、甘蔗收購價由廠方於每季甘蔗收成，製成糖於市場銷售後，才制定甘蔗收購價，蔗農不得有異議。
三、秤量甘蔗由廠方進行，蔗農無權參與。
四、種植甘蔗所需的肥料需向所屬糖廠購買，購買金額於收購價中扣除。
五、甘蔗採收由廠方雇工進行，工資由收購價中扣除。

正因為掌中的一把糖得來不易，所以下了糖而煮成的菜餚就變得無比珍貴。因為珍貴，才會去珍惜它、不捨它；不敢輕易浪費，擁有那一刻就像世界唯一的。就如我小時候生活在大陸的小村莊，每次父親從香港回來，都會背著、手提著那龐大背包和大行裝箱，裡邊除了日常用品外，還有我跟姊姊期待已久的香腸，這香腸用魚肉而製，但沒魚腥味，外有膠衣，食用時要像剝香蕉般剝除其外衣。直接整條或把它截成一小塊拌飯而吃，至今也難忘其味。那一刻對我們而言，香腸就是世界的唯一，對品嚐到糖的滋味的台南人而言，糖便是世界的唯一。

許慎說文解字：美，甘也。甜蜜，或許人生所求，只是

那一刻甜的時光，好讓我們在諸苦中得到救贖，絲絲的甜意，台南，窩窩頭，大俠，慈芸，是我人生中甜美的時光。

百年英名少年身

　　從夜市回窩窩頭，這次找到竅門沒有再迷路，因巷子兩旁有風車引路，沿其而行，定能回家。回到房中在地上發現慈芸所送的餅乾，其上留有便條：好吃的餅乾。在夜市時，見到一攤在販賣原住民的手繪香瓶，憶起窩窩頭的廁所木屑味重，因此便買下兩瓶，在挑選時我心中自我作祟，自私地把相對較美的留下來，把另一瓶放於廁所。（環島後見大俠並未把用完的香瓶丟棄，而是將它好好安放在那二樓的書架之上。羞愧。）

　　用過好吃餅乾，便臥在床上望著不停轉動的吊扇，聽那滴答滴答的鐘聲，愜意，人也變得庸懶了。發現書桌上放有卡繆的《異鄉人》，本想一夜將它讀完，可是自環島以來難得有一晚可以過得如此舒服，躺著躺著便睡著了。

　　舒暢一覺過後，想起筆、墨來，決定逛完古蹟後便去買一筆、數紙、幾塊墨。因有昨天找洗衣店的經驗，路線與位置已有概念，所以散步起來分外從容。赤崁樓位於民族路二段 212 號，朱紅外牆將其圍繞，要從門口進內，請先供上新台幣五十元整。門票之上印有赤崁樓的照片還有一段小字寫道：赤崁樓是臺南市最著名的古蹟與精神象徵。我燃起好奇心，急著進去一窺全豹。過了門旁石獅，時為上午八點多，非假日，遊客不多。只見那綠油油的草地，東南處立著雕塑

「鄭成功議和圖」，本為「鄭成功受降圖」設計荷蘭人跪獻和書，跪了將近兩年多，後來因荷蘭學者訪台見祖輩跪著，便向外交部抗議，因含政治因素，才改為站立手握和書俯首於鄭成功。玄黑大理石基座，以楷書刻下鄭成功生平與攻克臺灣、置承天府之事由。草地前端聳立一木構兩層赤崁樓，普羅民遮城舊石牆下，橫排九座乾隆御碑。昭汲修於《嘯亭雜錄》卷六臺灣之役中：「乾隆五十一年，彰化縣有林爽文者，恃其所居大理弋地險族繁，恣為盜賊囊橐。閩、廣間故有所謂天地會者，為奸徒結黨名目，爽文藉以糾約群不逞之徒，嘯聚將起事。」林爽文起事於十一月廿七，旋捲臺灣中南、彰化、諸羅等地。清軍屢敗，乾隆覺得此事不可拖延，便派福安康與海蘭察率八千綠營渡海，登臺後招團練兵六千，合計一萬四千，經二個月，生擒林爽文於老衢崎（即今苗栗縣竹南鎮崎頂裡一帶。）五十三年，乾隆因亂事平定，親書五篇詩文，並下旨製十座石碑，滿文四座、漢文四座，兩座漢滿合刻，分放置嘉、南兩地福安康之生祠內。

日治時期，生祠日久傾圮，九座石碑搬至大南門外廊。光復後，於 1950 年將其遷至現址。石碑之下皆有一獸馱負，乍看似龜，其名「贔屭」，又稱「霸下」、「填下」。俗傳龍生九子，子子不同，各有所好。明代楊慎在《升庵外集》之龍生九子一篇說道：「一曰贔屭，形似龜，好負重，今石碑下龜趺是也。」而他跟龜最大之分別在於其有牙齒。又傳贔屭常馱三山五嶽，興風作浪，大禹治水時為大禹所用，推山挖溝，疏遍河道。洪水過後，大禹深怕其故態復萌，於是搬來頂天巨碑，上刻治水功績，令贔屭馱負，石碑沉重壓得其不易動彈。

本為十座何以現只存九座，所餘一座在我往後的行腳中將與其相遇。看過御碑，沿石道而行，踏過小橋流水，穿過紅牆，漏窗，圓形拱門；一派江南園林景致。只見那左道旁邊放著石駝、技勇石、石臼等各種石器二十餘件；右方城垣前鑲嵌數碑，碑之左右各有一道石階梯，石階之上便是海神廟與文昌閣。我見遊人漸多，都蜂擁而上，窄狹小梯，我只好繼續依道前行。只見文昌閣之城垣下有一呈門形之小洞，是原普羅民遮城的入口，1942 年日本人整修赤崁樓時，將文昌閣前大士殿拆除，入口因而重現。入口朝西，熱蘭遮（Zeelandia）成犄角之勢，據守臺江內海。本以為入口後方有路可通，進內才發現，隱約只見數步紅石磚地階，安全為尚，發掘深度僅至文昌閣尾椽。在入口左前方，亦立著一石碑，整個赤崁樓園區，石碑甚多，只可惜多數碑文與孔廟同，多漫漶。這碑與他碑不同，是座雙面碑，有環保精神在，前面以漢文所刻，碑文記載著光緒十九年大士廟捐題修理建醮芳名，後刻有日文，為 1944 年，日治昭和十九年（真妙兩碑同為十九年立），由當時台南市長羽鳥又男所立，因太平洋戰爭的關係，日本物質貧乏，所以只好環保循環再利用。碑文為「赤崁樓修復記」，光復後因歷史因素，將石碑嵌於城垣，只露漢文一面，後才還原。

與其為鄰的是一匹石馬，前腿動過手術。乾隆末年牠居於鹽行洲仔尾鄭其仁墓前，因不願為鄭其仁守墓，乃在夜間奔跑蹂躪農田莊稼，鄉民生氣設下陷阱，以紅繩索繫，暗中監察。牠不慎中伏，奔回墓前。天明給鄉民發現其前足為紅繩所纏，一怒之下直斷前腿，殘疾的牠自此不能夜出。命途

多舛，在日治時隨著鄭其仁墓被毀，兄弟倆亦埋於黃土。直至1977年，在石萬壽先生與周泰宏先生的尋找下，才得以重見天日。透過手術將前腿補回，兄弟分散，一在這裡，另一匹在洲仔尾天后宮後側。聽說他們的不安分，只為鄭其仁之墓原為鄭成功墓寢的廢址，一臣不事二主，是節氣，是風骨，亦是舊時風月。

　　烈陽當空，遊客紛紛藏身樹下、廊間。此時正好原道折返，登階觀樓。慢步而上，兩樓前皆有一個露臺，台前石柱子上各有六獅石雕，神態、動靜各異，宛如蘆溝橋石獅，少了一份沉重、滄桑，多了一絲恬靜。佇立樓前面向海神廟，未進中堂已被門楣那金字褪色黑底橫匾定住，橫書「赤嵌樓」，字帶歐楷韻味，筆力險勁，緊密中正。跨過門檻，中堂掛有鄭成功畫像，有點斑駁，畫像之高懸的是那一塊金字花邊青碧底，草書橫匾「東海流霞」。起初我只看懂「東海」二字，因為個性問題，一遇疑問，疑情在心，行住坐臥皆不得自在，查資料，翻古藉，用網絡，非要弄個水落石出才肯

罷休，也才心安。「東海」後續兩字為「流霞」，作古的南洋詩人，書法家潘受先生在著作《海外盧詩集》有臺灣雜詩一首，題為《鄭氏墨跡》。先生自注：「赤崁樓懸鄭成功手書中堂一幅，有章草意，略近晚明倪、黃風格，末句為『東海釀流霞』。其詩云：『禮樂衣冠第，文章孔孟家。南山開壽域，東海釀流霞。』據載，此詩寫於隆武時，品味其詩，應屬未焚青衣之前的作品。」隆武是朱聿鍵於福建登基為帝時所用之年號，隆武元年（即 1645 年，清順治二年）鄭森受賜國姓，改名成功。他將親母田川氏從長崎接回福建。母歸家後，便書這首五言絕句一首給居日胞弟佐衛門。

　　身旁不停出現不同的遊客，但進來都不約而同地共猜那四字為何字，更有導遊以此為題考考團友們。現在想起那時的我，虛偽得很，會傾耳偷聽，等他們眉頭深鎖苦思時，我便出聲告知答案。後來深思，我之所以這樣，無非是為著那半分虛榮感、半分存在感，我們都怕被忘記，怕給人看低，自卑得很；都想藉著別人不會的知識、不敢去做的事情，表達你不會，我會，你不敢，我敢，總想藉此證明自己，藉他人以令自己有活著的感覺，其實心內不過是浮躁、不安，虛得很。「我之為我，自有我在。古之鬚眉，不能生在我之面目，古之肺腑，不能安入我之腹腸。我自發我之肺腑，揭我之鬚眉。」苦瓜和尚之言，撼動我心。我是我，是獨立的，獨特的，不用外在任何的證明，活出真我。

　　我把堂中陳列的文物一個接一個地參觀，玻璃箱內精緻

的普民遮城模型，整修後保留之舊藻飾、員光、瓜筒，由荷蘭人至光復後的歷史簡介。旅遊團漸多，人聲沸揚，畫像後通往頂層閣樓的那條小木樓梯，要排隊才可得上。我個性不好熱鬧，只好先避開人潮，由後門步出，門是瓶形，平安之意，門楣上有芭蕉白兔的圖雕，蕉，招同音，白兔多產，招子之意，若在海神廟中則為「招豐收」。左轉沿廊而行，十來步，見那與文昌閣相隔的空地上，有半月形的古井，井邊介紹說相傳是荷蘭人時便在，人們都稱其為紅毛井，據說井內有暗道直達四公里之外的安平熱蘭遮城，鄭成功攻克普民遮城時，荷蘭人就是從暗道逃走。問題是當時有台江內海阻隔，那暗道可稱是臺灣史上第一條海底隧道。時間結合歷史，久而久之傳說便起，姑妄言之，姑聽之。

　　文昌閣的迴廊與海神廟相似，只是文昌外牆為白，而海神廟則為紅。隨其而行，便到正門，門上亦懸掛一匾白底黑字橫書著「文昌閣」，筆劃多牽絲，不知是否有意而為，左下題款為沈受謙敬書，他是浙江紹興人，同治七年進士，光緒十年任臺灣府臺灣縣知縣，為振文教，便修建蓬壺書院、文昌閣、寒門廳、講堂、五子祠，與當時海東、崇文，合稱府城三大書院，時間苒苒，現僅剩蓬壺書院門廳。步進樓中，堂中風格如海神廟同。中間懸著魁星照片與木板印刷的黑線文昌帝君像，左右兩旁各放有關府城名人墨跡、科舉考卷、旗杆夾、書院資料等，除旗杆夾外，皆以玻璃蓋盒做保護。當我回首仰視，發現門上也掛有一白底黑字「赤崁樓」，為光復第二任台南市長卓高煊所書，魏碑書風，雄厚古樸。「崁」與海神廟「嵌」不同，其實兩者皆可用，因「赤

嵌」本是原住民地名，有音無字，所以無論寫成那個都通，只是後來圖方便，就統一用「崁」而已。堂中兩旁的漏窗，為「書葉竹節窗」，虛心竹，願學子虛心向學，竹有節，願學子節節高昇。布局相同，魁星照片之後，也是一條木梯，窄小的空間，褪色的木板，我心懷惴惴地踏上去，怕用力過猛，踩壞文物。閣樓之中有一木造神龕，龕前放木几，龕旁豎著一聯：「筆指青雲點向頭顱榮及第，星聯武極光生奎辟透文明。」龕裡供奉著以木雕成的魁星神像，像前燈盞明亮，兩尊花瓶插著香花。「今人所奉魁星，不知始於何年。以奎為文章之府，故立廟祀之，乃不能像奎，而改奎為魁，又不能像魁，而之字形，為鬼舉足而起其鬥。」這是顧炎武在《日知錄‧魁》對「魁」字的考，亭林先生以「鬼」字而言魁星，確實，神像雖被煙熏得玄黑，但其形象還可得見，面相猙獰，突目獠牙，其髮上翹，腰紮虎皮，袒著胸；右手高舉，握著毛筆，左手向下，拿著墨斗。左腳向後翹起，作踢斗狀，右腳則踏在鰲頭之上，寓意「魁星點斗，獨占鰲頭」。於古狀元為科舉的極致，莘莘學士皆想獨站皇殿台階正中刻有巨鰲之石板上，此風至今未見有減，雖已無頭可站，但考試猶在。只見那閣樓木門旁，擺著一個木板，寫著魁星祈福榜，榜中掛滿小木製願望牌，古之學子考前都會去「祭魁」，今之學子亦如是，形不同，意卻相同。面向魁星默默低頭，口中唸唸有詞。真的，誠如老舍先生言：「考而不死是為神。」

　　自木門而出，倚欄佇立，景色開闊，走至迴廊最左，可以看到比鄰的海神廟，瞬間便被那屋簷之上那口吐水波，捲

捲外湧的「鯉魚翻躍」藻飾所吸引，活潑，靈動。見海神廟閣樓迴廊遊客變少了，想是因為快到中午，人們也要去祭一下自家的「五臟廟」了。時不待人，機不可失，我立刻急步下樓，從文昌閣那道「規矩門」原道折返，從「平安門」進回海神廟，登樓木梯同樣舊氣斑駁，還多帶幾分陡峭，惴惴不安，小心翼翼，緩步而上。閣樓妃紅色的柱子，靛藍色的橫梁、斗拱，都褪色了。近木梯一方之橫梁上懸著黃底黑字的「海神廟」行書匾額，與先前看過的諸匾相比起來，它來得秀氣，宛若閨閣碧玉。閣中陳列著歷代各式各款的船隻模型，正方的玻璃箱上，白字描繪，詳加解說各船來歷、結構、功用。除各船外，還有沈葆楨的《安平海神請加封號折》。當年同治十三年，日本人想藉著「牡丹社事件」，以武力侵台。沈葆楨奉旨來台，從福州馬尾乘船渡海，聽說出發時巨浪狂風，天氣惡劣得很，但沈葆楨的船隊卻一路無險，平安到達，他有感是海神庇佑，所以便上折請建海神廟。海神廟飽經幾番風霜，在日治時當過陸軍醫院，原來四海龍王神像都給搬走了。現在海神廟中已不復見木雕神像，但海神廟豈可沒龍王，現在鎮守的四龍王像是由已故的廟宇畫大師潘麗水所畫，不過其只是小幅的影印品，不供奉，只做介紹之用。

　　海神廟的閣樓較文昌閣闊廣，但迴廊則較窄，站在此樓望那樓，發現兩樓整體外觀相約，重簷歇山頂，綠釉花欄杆，屋脊、飛簷、雕欄，清式斗拱，是淡雅，是精緻。只可惜都是鋼筋跟水泥，而非木構。我十分在意或說有點介意，介意這「水泥」古蹟。那時，下樓後，我立刻在隨身筆記中

寫下：觀後感到兩樓美則美矣！可惜的是在民國五十五年（西元 1965）時的修建，將原來的木構建築全改鋼筋水泥，我覺得是要文物修復，而非文物重建，是要盡量做到修舊如舊，如果做不到還不如不修好了。這方面日本做得很不錯，也不見其將東大寺、唐招提寺重建。後來在行腳的路上亦有跟別人談論起這問題。某先生，他說這也是無可奈何之事，只因臺灣氣候偏潮濕，木構建築很易受潮腐壞，不得長久，所以才決定改用石材重修。時間如海潮，如大火，沖刷著一切，燒盡一切，逝者如斯。不管是木構的、石造的，千年，萬年，乃至億年之後，其如難存，盡是難存，我覺得也不可失之於我輩，禪宗有言「傳燈」一燈接一燈，燈燈相燃。文化也是如此，如果全用石頭，隨之而來，木構建築的工藝，老匠人們的手藝，豈不就失傳了。從日本看唐文化，由韓國觀宋文化，禮失而求之於野的事多了，慎之，慎之，莫作最後滅法人。至今，我還是帶著三分固執，三分盲目，餘下四分只是一骨子的不合時宜。我之為何，只為著那不言不語、歷盡滄桑的它。

　　出了海神廟，又接著跑下去文昌閣後的普城稜堡殘跡，清代時是不能下去的，因為其上本來蓋有一座五子祠，但於日治時毀在一次風災，因此荷蘭磚砌的殘垣斷壁與圓拱才得以重現。我偷撫著那薄薄的紅磚，是歷史，是建築，但背後更多的是斑斑的血和淚。荷蘭人在赤崁最初是以竹子建城，但經過「郭懷一事件」——因為種族不同、社會地位、欺壓、經濟等問題，為了擺脫沉重債務，以郭懷一為首聚眾反抗，以鐮刀為武器攻下普城，虐殺荷蘭人及其奴僕，荷蘭人

之首被砍下懸於竹竿之上。黑人奴僕慘遭生剖。時起事漢人共四千餘人，約當時臺灣漢人人口之四分之一。經十二日，被荷軍鎮壓，事件中三千至四千漢人被殺或餓死，其中包括未有參與起事者──後，為了鞏固與防守的原因，改用印尼所製的紅磚築城，當時沒有水泥，荷蘭人如何黏合紅磚以堆砌？因其臨海，他們取貝殼混以糯米與珍貴的糖汁，劑合後以做堆砌。用糖汁豈不引蟻？但貝殼含有石灰，因此螞蟻不會接近。築起，樓高十公尺半，城圍一百四十一公尺，南北角各有瞭望臺，城中有井一口與地窖兩所，以供戰時水、糧之用。

走回海神廟的迴廊閒坐時，我給身旁的一位先生所吸引，只見他頭戴鴨舌帽、黑色粗框眼鏡，穿著一件藍色短袖襯衫，口中喃喃自語，手中拿著一厚厚的白紙，定睛偷覷，紙上寫滿密匝匝的蠅頭小字，皆是與赤崁樓有關的資料。他認真地用手指遊走紙上，一句一段地跟著小字在唸。仔細一看發現在他襯衫掛著一張小證件，原來他是赤崁樓的導覽，本來想開口與他搭個話，見其全神貫注在背讀；我便不好打擾，輕輕站起來，悄悄離開，要從露臺踏下石階前，回首時，他還在，如老僧入定。

下了石階，不經覺已是下午了，心還是覺得不夠，還未把赤崁樓看得通透，於是往那靛青樑柱，茶白色窗櫺處走。門楣高懸棕色木匾，橫寫著「蓬壺書院遺址」，是現在府城唯一健存的清代書院遺址，其為書院的門廳。整個門廳呈長方形，自後門至前門，不過是十步左右，加上工作人員的辦工桌椅，可走動處就變小了；未到時在遠處觀看，還以為大

小相約如海神廟或文昌閣的閣樓。從前步出赤崁街，回身再看「遺址」，它是閩式建築風格，綠釉花窗搭配著「斗子砌紅磚牆」，古樸、雅淡。窗上有石刻垛匾「雲路」、「立處」、「霄窺」、「鵬程」。

尋文房

　　用手機於網絡上尋得離我最近的毛筆莊是「蕙風堂筆墨莊」，位於前鋒路上。後來不消一日，便知自己錯了，此是後話，先打住不說。我從赤崁街走回與民族路二段交際的路口，本想去馳名的「杜小月」嚐一下擔仔麵，但店裡店外遊客滿滿，等候隊伍之長，令我卻步，只好放棄。民族路二段上，人多車子更多，但像我那樣用腳走路的人卻少之又少，就連老人們也是以車代步。摩托車上的鐵騎士們，無論老少，男女，皆紛紛向我投以疑惑、好奇的目光。看到目神的那一瞬間，心中湧起一個影像，我彷彿是那住在動物園大籠子裡的猛獸，用盡全力撕破鐵圍柵，突破了警衛防線，最後才跑到這民族路二段之上，徐徐而行。食店、衣品、飾物、電信、影院、廟宇等等，林林總總，日常所需都可以於此路中一一解決。直走到底，便到北門路一段，因民族路是被火車鐵道分開來，所以必須通過「四維地下道」，才可以由二段接上一段。到達前鋒路，拿出抄記筆莊地址的紙，沿門號尋找，由右至左，由頭到尾，再轉過來，整條街道走了一圈都沒看到。於是又重新走一遍，這次我生怕錯過，一個門號接一個門號數著。數到六十六號舖時，那店裡的工人正忙

著清理剛從牆上拆下來的瓷磚，在還未拆除的門板上張貼著一張快要褪色的黃紙，其上文字大意為筆莊已移至新址繼續營業。現在細想，那刻心中渴望著那毛筆勝過自己，竟忘了飢餓與疲憊的感覺。經歷幾翻波折，終於找到藏身於小巷的筆莊。店是地舖，舖面不大，右邊放著一排大木櫃，櫃上放著大大小小、型狀各異的筆筒，筒中放著狼毫、羊毫、紫毫，純的、兼的，林林總總的毛筆。坐在木椅上的老闆見我走進，立刻向我走近。他身材略胖、禿髮，個子不高與我相約，說起話來略帶閩南口音，輕聲問我要買點什麼？我回說先看看。老闆熱心，向我說道店裡的毛筆都是純手工製造，然後從身旁的筆筒中，抽出一隻大純狼毫給我。我向老闆相問，這毛筆的價錢。一千二百元台幣，有點貴，加上往後行腳還要花很多錢，所以不敢亂花。又是心中那死要面子與自尊心過重作怪，怕給人家看輕。現在回想，那時應該跟老闆如實相告，我買不起較貴的毛筆才是。我細看過後，只好把他放回竹筆筒裡，老闆可能也略有會意，指著我右上方的櫃格子中，一個雕著花的木筆筒說，這些都是五百元，你可以挑挑看。我邊挑邊問，現在臺灣手工毛筆還多嗎？老闆回說現在越見越少了。老闆聽我口音有點不對，便問起我自那裡來的，我說：「我是香港來的，剛去了您們的舊舖地址。」老闆聽後說：「我們也是剛搬過來這不久，前鋒路……你是怎樣過來？」我將離開赤崁樓後的事，跟老闆輕說了一遍。他高興地大笑起來，跟正在招待客人的老闆娘說起我來，之後叫我慢慢挑，他算便宜一點給我，說走了那麼遠的路，辛苦了。有筆豈可無紙墨，我問老闆墨條，也是台灣手工做的

比我高少許，說起話來，總是帶著笑聲，不知是否嗜酒之人，性情都是豪邁直爽的。後來才知，他本來是在環島旅遊，之前在台南時也是住在窩窩頭，前天已經到了台東，因為掛念台南的酒，又跑回來了。他與慈芸相繼邀我去酒館，但無奈身上只餘三千台幣，儘管已經整天都沒進食，錢還是走得太快，所以我只好婉拒。沒能與他交上朋友，真是可惜，我極愛這種豪放不羈的人。

東寧興衰

在府前路一段與開山路交界的路口，於便利商店相鄰的店舖前，那大騎樓底下，矮矮的三層木架，頂層放著一個松柏綠小鐵鍋；木架旁有一張殷紅的膠椅，膠椅子上坐著一位頭戴棗紅織帽的老人，穿同色長袖衣服，褲子是一條精白色的西褲，腳穿著黑色帶白花的皮鞋，雍雅。我打算在參觀「延平郡王祠」前去吃個早飯，飽腹一下，畢竟有一天多沒有食物進腹了。本來要去便利商店買點東西，隨便吃即可。過了斑馬線才知，老人的松柏綠小鐵鍋中，煮放著一顆顆茶葉蛋。我立刻打消前念，向小鐵鍋奔去，老人見我走來，莞爾而起。走近才發現老人帶點駝背，我買了兩顆，一顆只要六元，十分便宜。老婆婆一手拿起放在鐵鍋邊的鐵夾，一手拿著小小的塑膠袋，用心地挑了兩顆給我，付過了錢，接過了蛋，正要轉身離開時，老人叫停了我，說有事情要請教我一下，然後跑回身後的店裡，從桌子的抽屜中拿出紙筆。老人說：「不好意思，麻煩到你了，我想問『苗栗』二字怎寫。」

我不敢輕率回答，立刻翻出手機上網確定一下寫法。寫完後老人開心地跟我道謝，她笑得眼睛也瞇了起來說：「原來『栗』上邊像個西。」然後我覺得十分不好意思，便連忙回說：「不會，不會，對，它上邊的寫法有點像個西字。」接著有一個男生走近，也是來買茶葉蛋的，我便跟老人道別。轉身時只聽到她向那男生問起中壢之「壢」的寫法，我想老人應該是在寫信封的地址，因為我見她問時右手緊握著一白色信封，此信對老人而言一定十分重要。可能是寄給兒孫們，或是給互相扶持一生的知己好友。那刻我心中浮現外婆的臉孔，外婆在中國大陸那邊，已經快九十七歲了，她疼我，我也疼她。平常習以為常，看起來便如草芥的東西，在別人眼中卻是重若泰山。所以，要惜福，要知足，知足者常足，不知足者無足。

在馬路旁豎著一尊鄭成功像，一身戎裝，騎在一匹駿馬之上，左手拉著韁繩，右手按在腰間龍泉。雕像醒目，高約兩層樓，從遠處便見。雕像後是一個庭園，水池、小橋、石板凳椅、花徑小道。我坐在竹邊石凳上，品嚐著那染得昏黃的茶葉蛋，濃濃的茶香，美味而不膩。延平郡王祠，又叫「開山王廟」，當施琅領兵入台，同時意味著臺灣正式列入清室的版圖，因為政治問題太過敏感，而鄭成功又是明臣，但念鄭成功驅趕了荷蘭人，開拓臺灣，民心所向，民間皆感懷他的恩情，所以便犯險為其立祠供奉，但卻深怕如明言其為鄭成功祠，會招來殃禍，所以便以隱稱「開山王」為名，名意為開山拓土的開臺聖王。直至清同治十三年，沈葆楨來，見民間私祭鄭成功之風蔚然，加上進士楊士芳等稟請，於

是沈葆楨便上疏提議追諡鄭成功的「忠節」，並建專祠於府城，即今日我所遊之處，但如今所見的延平郡王祠，是建於民國五十二年（即 1963 年），因為當時舊祠日久失修，就將其改建為北方廡殿式建築，打掉原有圍牆，只留入口和山門的部分以做壁照之用，其他皆以鋼筋水泥而築。在沈葆楨初建時，祠本為福州式建築，以福州林恩培為匠首，工匠與木材、石材、磚瓦等一切建材均來自福州。後至日治時期，因為鄭成功之母為日本人，具一半日本血統的他亦因此受到日治政府重視，彷彿變成一根政治導線，牽繫著日本與臺灣。1896 年臺南縣知事貝靜藏上書當時臺灣總督桂太郎，建議將延平郡王祠改為「開臺神社」，列為國幣社。翌年（即 1897 年）延平郡王祠改為「開山神社」，列格縣社，舉行「奉告式」，定每年二月十五為例祭，並增建日式拜殿和鳥居；然建築風格仍多為福州式，之後於 1914 年（大正三年），又添神饌所、手水舍、神樂殿、社務所、宿舍，並改建原有建築。

　　我從側門而進，門上嵌有石額，上額書有「擎天」兩個紅字，北碑書風，雄撲。東廡中供奉著陳永華、馬公信、林公鳳等五十九位志士文官神位，兩旁楹聯「遹播老彎天是洛邑義民遼東處士，文章傳幕府聽西臺慟哭蒿裡哀歌」；西廡中供奉著沈光文等五十九位將領神位，楹聯寫著「返日共揮戈滄海樓船拚轉戰，餘生皆裡革秋風甲馬倘來歸」，兩聯都是光緒元年由侯官陳謨所題。整個延平郡王祠楹聯聚多，每個殿前幾乎都立在一幅，都精彩，都好。但祠中諸楹聯中，我還是喜歡掛在主殿鄭成功像旁、一幅由沈葆楨所寫的「開萬古得未曾有之奇，洪荒留此山川，作遺民世界」，「極一生

無可如何之遇，缺憾還諸天地，是創格完人」，唯談人格是否高尚，不以一時成敗論英雄，好一句「缺憾還諸天地」，寫得多好多貼切。主殿鄭成功像是最後改建時請最時雕塑名家楊英風，以臺灣國立博物館所藏之鄭成功畫像為藍本，用以白水泥塑造泥像。鄭成功像彷彿亦隨著祠本身而流動著，在清代初建時，已有泥像在，為一般民間造型，臉部五縷長鬚，於日治末期曾被日本人予以毀壞，光復後臺南雕塑家蔡火修補了。1946 年，請蔡火之弟蔡心以赤崁樓內的鄭成功油畫為藍本，用樟木雕刻延平郡王像，像高六尺餘，安座於正殿。此像因為改建的關係，被請至鄭式家廟供奉。而清代泥像，歷盡波折，終於 2008 年 2 月 27 日回到老家安座。

　　正殿後有太妃祠、監國祠和明寧靖王祠，太妃祠供奉著鄭成功之母。聽說這也是最多日本遊客佇足處，但我遊祠時為早上，祠中沒幾個人在。黃梨洲在《賜姓始末》有此載「芝龍既降，其家以為可免暴掠，遂不設備；北兵至安海，大事淫掠，成功母亦被淫，自縊死。成功大恨，用彝法剖其母腹，出腸滌穢，重納之以斂。」其中北兵即當時清軍，在攻進福州安平時，鄭母受到強暴，亦有其他說法，一說鄭母為避免遭到清軍的凌辱而自縊，又有一說，她是在跟清軍反抗時被劍刺死。說法繁多，考據之事還是留給專業的歷史學家。誰說女子不如男，在諸版本中都可得見鄭母之英烈，足令鬚眉汗顏。

　　監國祠的門聯寫著「唯君克振祖風乃使骨肉情中生許多媒孽，有婦能完夫志求之鬚眉隊裡恐無此從容。」聯中的君所指的是鄭克臧，他是鄭成功之孫，鄭經之長子，史書說其

人剛毅果決，執法秉公，頗有鄭成功之風範，所以有「東寧賢王」之稱。

　　「骨肉情中生許多媒孽」，從古至今，權力、名利當前，煮豆燃萁的事情多了。鄭經死後，鄭克臧掌印監國，因為岳父陳永華已亡，兵權又落在馮錫範、劉國軒等重臣手中，他被澈底架空，加上早與其堂叔鄭聰有隙，更有流言說不是鄭經親生骨肉，而是其母陳昭娘假裝妊娠，再從某李屠戶家中抱來頂包。傳言大抵也是子虛烏有，是拉他下馬的技倆。馮錫範與鄭經等打算擁立其弟年鄭克塽，於是領著一眾宗室到北園，向董氏王太妃（鄭成功之妻）進讒言，大抵這位董氏早已對鄭克臧有所不滿，又或是眾口鑠金，她既不查亦不問便下令罷黜鄭克臧王位，收回監國印璽，但鄭克臧不肯。關於他的死，各史書說法不一，概括而言，不外自縊與被派遣之烏鬼兵殺害兩種，郁永河的《裨海記遊》則集大成：「經諸弟又遣烏鬼往縊之；烏鬼畏不敢前，欽舍知不能生，遂自縊死。」而其妻陳氏亦相隨而去，聽說她自縊時還是身懷六甲。走進祠中，豈能不向他們拱手作揖。祠內兩旁牆上懸著的沈文肅楹帖，可謂一針見血：「夫死婦亦死，君亡明乃亡。」

　　在前殿與後殿庭間植有三株梅樹，聽說每至黃冬，梅花便會綻放。連雅堂《臺灣通史》：「臺灣地熱，嘉義以北較多，而臺南頗少。延平郡王祠有古梅一株，相傳為王手植，十月即花。先是臺南府署之右有鴻指園，為承天府署之內，此梅則在其中，枝幹槎枒，必為鄭氏遺物。光緒初年建祠之時，乃移於此，至今寶之。」聞說在日治五十年中，從未有開花，直至日本投降，臺灣光復，那年的冬天，梅花玉蕊盛

放，越鳥歸南，時人譽其為忠梅。從西廡迴廊步回正門時，又從「闕地」進去一次，一出門外，亦為草地庭園，草被上立有沈葆楨銅像，見沒有其他東西可觀看，便從回祠中，東、西兩廊的盡頭，過了拱門，分別供奉著甘輝、萬禮二將。甘輝文官塑像，手中持印，長髯至腹，又因其掌有帥印，所以民間通稱為「印官」，當年鄭成功第三次北伐時，甘輝勇謀俱備，曾多次進言，但鄭成功均未有聽取，直至後來兵敗南京，甘輝被俘，不降被清軍處決。鄭成功得知後，懊悔不已。萬禮則以武官塑像，手持寶劍，臉無鬍髯，跟甘輝一樣，陣亡於南京。我覺得兩位元將軍的造型和定位與武廟中立於關公兩旁的周倉、關平十分相近。正門的牆上掛滿楹聯，我一一細讀，其中不乏名人之作，抗日名將孫立人，書法名家朱玖瑩，瀛社詩人黃純青。步出正門，回首便見，懸著一匾白底藍字「前無古人」四字，為清光緒盧紹昌所題。右下門角有一「奉旨祀典」碑。在離正門數十步，有一個白色石造牌坊，我到後來才知道，這本來是日本神社的鳥居，後來白崇禧將軍來台時，將鳥居上的笠木掉下，並橫書「忠肝義膽」，這四字用來總結祠中的一切，真是再適合不過了。站在大門可以看見馬路對面的金龜樹，大有園林借景之意，真美。想家了，是時候該回去了。

大俠

　　唐代隱士李源，住慧林寺時，與寺中僧人圓澤相識相知相交，兩人互為知音，一日他們相約同遊峨嵋山，李源想走

水路，由荊州逆水而上；圓澤則想取道長安斜谷路，從陸路而去。李源堅持走水路，船行至南浦的時候，有一位身穿花緞衣裳的孕婦正在河邊挑水，圓澤看見後，便流起淚來對李源說：「我不願走水路，就是因為這個。」李源覺得驚訝與不解，便問起緣由。原來，這王氏婦人早應在三年前便誕下麟兒，但因圓澤禪師得知自己命盡後將為此婦人的兒子，所以避而不來，今日既來，便決定順業而去，並跟李源約定「三日後要來見我，屆時會一笑為憑；十二年後中秋夜，於杭州天竺寺外再一會。」圓澤說。李源深感不應該堅決選水路而行，心中既難過又後悔。李源把圓澤的身後事安排好後，已無心再前行了，便回慧林寺去，將圓澤禪師的事情告知寺中諸僧。十二年後，中秋夜，李源赴約至天竺寺外，聞得葛川畔有歌聲傳來，於是尋聲而去，看見有一位牧童，扣著牛角而歌：「三生石上舊精魂，賞月吟風莫要論；慚愧情人遠相訪，此身雖異性常存。」聽後李源便知他正是圓澤，走近牧童問道：「澤公可好？」。

　　「你回來了」，一位烏黑短髮，平齊劉海，一幅圓型黑框眼鏡，一臉燦爛無比的笑容；身穿純黑短袖上衣，黛色粗布休閒褲，腳踩一雙破舊、被顏料染上斑斑褐色布鞋的女生，向我走近跟我說。突然而來，我當下心中有點驚訝，回過神來，便猜想眼前這位女生，應該便是「大俠」。我在還未見其本尊之前，心中一直認為，大俠是一位男生，原來真是不知木蘭是女郎。見她滿頭通身都是木屑，原來她正忙著把木板鋸開，用來裝嵌一樓廚房的洗滌台。我不敢打擾，便回房間去了。

　　大俠把手頭工夫都放下了，上來找我，說帶我去逛逛這個社區，出了窩窩頭，先帶我去里長那裡，到了里長家，里長不在，有一男、女開門讓我們進去，大俠跟他們互相打過了招呼，隨之寒暄起來。我個性好靜，比較寡言，因為總覺話如令箭，一出便收不回，亦如一把雙刃劍，用得不當時，還會傷己傷人，所以我情願聽多說少。但凡事總有例外，遇上意氣相投的人，或是知己至友，披肝瀝膽，就暢談起來。說來奇怪，有的素昧平生，卻一見如故，有的儘管含著血緣關係，卻是話不投機，人們愛說這是命運，我卻說這是我們的緣分，我堅信那是三生的因緣。大俠向他們介紹：「這位是我香港的朋友，他正在徒步環島。」他們聽後都感到驚訝，還為我打氣，叫我努力加油。道別後，大俠一一跟我介紹社區中每一樣的視物，一花一草，一磚一瓦，娓娓道來。經過馬賽克「銀同里社區」時，大俠叫我跟它合影一下，因為這都是社區內的老人們，一手一磁磚地貼上去的。所有心血化成的東西，都是美麗、動人的。在清水寺附近大學朋友的工作室，大俠給我一本介紹府城的書，又隨手拿了十多張二十來年的老紙送我，說給我寫東西用，不夠可以再拿。逛完社區，大俠領我逛孔廟去，我們邊走邊談，她又請我喝飲料，我們在孔廟合影留念。那刻她在我心中，就像久未見面的至友相見，又像那失散多年而重逢的親人。

　　我們回到「窩窩頭」，大俠在二樓的工作室有工作要忙，我就回了三樓房間，那時我想約大俠晚上外出走走看看，但又不好意思開口，是害羞，是怕生，是那個孤癖的我在作祟？那刻我心懷惴惴，在三樓通往二樓的樓梯間上下來回。

最後還是問了。大俠答應了，還提議從「窩窩頭」徒步去安平。過了一會，大俠提著茶壺、拿著杯，踏著樓梯到我房前，我那時正在抄寫心經。她輕聲說：「請你喝」。素白壺子，銀白鐵蓋，裡面藏著滿滿嫩綠的茶湯。綠茶清香、回甘。甘的是茶，同時也是人情。

　　五點多，我們從「窩窩頭」出發，大俠領著我，穿弄過巷，在一家麵店坐下來。大俠是熟客，跟店主阿姨相熟，叫我先坐，她點菜去，大俠總是那樣照顧著我。麵來了，我倆邊吃邊說，同桌有一位先生，聽我們聊著聊著，引得他也忍不住搭上話來。大俠跟他談起，我正在徒步的事情。他覺得用這種方法環島只是在走馬看花，未得深入。最好是有專業人士或導遊同行，每個景點或古跡都應停下來仔細參觀。他又打了個比方，參觀安平古堡，我們可能頂多只會待一個小時左右。如果換做是大學教授或專業人士，他們可以在裡面參觀半天以上。短短的數句話，從其中散發出來的是淡淡的希冀與憂傷。每個人都有專屬於自己的旅程，奈何，有時我們會給那道現實的牆阻擋著，無法動身，但其實旅途打從我們心念一動那剎那起便已經開始了。天色由藏青轉為漆黑，我們也從中西區走到了安平運河旁，空氣的味道也變得濃重。大俠有位朋友住在安平，既來便順道拜訪，邀請他一起去吃美味的豆花。站在三層高的樓房門口，大俠高呼著朋友的名字，但卻毫無動靜，只見房子亮著燈，還有一絲絲的音樂從屋裡傳來，像有人在；大俠不太放心，便拿起手機撥打

給他，無人接聽。於是大俠再高喊幾聲，可能我們的行徑，過於引人注目，鄰家的阿姨跟我們喊了幾句話，因為說的是台語，我不懂。大俠翻譯阿姨說他朋友不在家，剛丟垃圾去了。

　　只好回途，沉沉夜色，靜謐的安平，盡洗日間一切喧繁。除了「安平劍獅公園」外，餘下來的只是淡淡黃光。劍獅可說是安平的代表，門眉、瓦當、牆壁、屏風，彩繪、浮雕、雕像；泥塑、陶瓷，形形色色。府城總總大都跟國姓爺有著千絲萬縷的關係，劍獅的出現也不例外。

在十七世紀用古荷蘭文撰寫而成的《熱蘭遮城日誌》（De Dagregisters van Het Kasteel Zeelandia）中有一則記載，當時鄭家軍熊羆百萬，每位將士手中皆拿著一個繪有恐怖猛獸的盾牌，而那所繪的正正就是獅子。鄭成功擊敗並驅逐荷蘭人後便駐軍安平、台南一帶。每當將士操練完，返回家後，都會將獅盾掛於牆上，再在其前懸以刀劍，遠觀之下，就會錯看成獅子把劍咬住了，而土匪盜賊也從此處得知，那是軍士武藝之家，便不敢進裡作案。平頭百姓見到後，便爭相仿效。隨著東寧王朝的敗亡，清政府接收了臺灣，原鄭家的將士也被迫遷回福建，就連鄭成功與其子的遺骨也在遷回之

列。安平百姓，為了懷念他們，於是便在家門前掛上劍獅，自始蔚然成風。劍獅的造型各異，有的頭畫「王」，有的畫的是「八卦」，相同之處則是皆口咬七星劍，對劍的擺放亦十分講究，口咬單劍時，劍柄在左邊是祈福，在右邊則是辟邪；口咬雙劍是止煞鎮宅之用。「安平劍獅公園」中有一道以紅磚砌成的小城門，在「安平」二字的上端有一頭馬賽克劍獅，幅耳、紅髮，比起其他劍獅要來得威武，我與大俠在其下合照留念。我感覺很多劍獅有點走味了，有點過於「卡通化」，還有的索性劍也不咬，只是拿著便算。這時代只能藉前人照片、文字、影像的記錄中，去「遊園驚夢」的事物實在太多太多了，或許我只能盡量不去成為那個殺害它們和送葬的人。合照之後，大俠笑著說我長得像劍獅，我也那樣覺得，因為我與它都是傻傻、呆呆的。

運河旁，空氣中還是彌漫著那陣陣的臭味，大俠叫我快點，快點揮動你的手，因為身旁的人們不是在跑步，就是在做各式各樣的運動，讓我們的慢步看起來總是怪怪的、格格不入。燈火闌珊的孔廟下，沒有那人，只有一群正在散步做體操的阿姨、叔叔們。大俠說附近有一家二手書店，問我要去不。我是條蠹魚，聽到有書，便像蟻見蜜般，雙眼發亮。原來她主要想帶我去的地方，其實是位於二手書店附近的「窄門」，須叫「窄門」但卻跟門沒有關係，因為它是一間咖啡館的名字，開在樓與樓之間的窄巷子裡，在巷口釘有一塊「窄門」的木板子。巷子狹窄，我和大俠不能並肩而行，只能一前一後地行走，我跟大俠笑說，真是胖一點都進不了，這根本是在欺負那些身型較豐腴的人。當我們走在泮宮石坊後

的府中街商圈，店家早已打烊，此刻世界格外寂靜，彷彿只餘下那腳步聲與心跳聲。

樓臺煙雨

　　我讀過那本介紹台南的書籍後，決定跟著它走。因為要節省旅費，吃的、喝的，一切要花錢的，都給我剔除了，還有因為我沒有任何代步工具，所以相距過遠也不行。這樣一挑全書中三分之二的地方，都不能去了。法華寺在法華街 100 號，十分好記，從「窩窩頭」過去也不過是十五分左右的路程，開山路走到底，見分岔路口，選法華街走即可，整條街幾乎都是以住宅為主，人車俱少，除了住在此處的居民外，像是沒人會選擇走這道一般。我便宛若武陵漁父誤進桃花源，瞬間由繁囂轉至清涼境。山門是個鐵閘子，鏽跡斑斑。庭前有兩株大榕樹，高聳成蔭，清風葉颺，走累了坐在樹下石板乘涼，聽著鳥啼，愜意。《臺灣府志》的卷九外志、志觀附宮廟所記：「夢蝶園：在府治社稷壇南數百步。先是，漳人李茂春寓此，齋以寄放浪之情；扁曰：『夢蝶』。後易以陶瓦，清流修築，日增勝概，改為準提庵。」法華寺的前身本是明末逸士李茂春的隱處，李正青早年跟隨鄭成功，任參軍之職，因廈門、金門相繼給清軍攻克，便於永曆十八年（即 1664 年），隨鄭經退守來台，來臺後的他生起退隱之意，遂於赤崁南郊修築園林，隱居後的他，潛心修佛，口唸彌陀，所以時人又稱他為「李菩薩」，這位「李菩薩」有位至友，就是那位明鄭的智囊軍師陳永華。他時常往來園子，

攀談遊園，又引「莊周夢蝶」的典故，為園子取名為「夢蝶園」，並書贈〈夢蝶園記〉給李正青。清軍渡海後，「夢蝶園碑」也遭禁毀，而「夢蝶園」也隨著李正青的過世，其諸僧友們便將他的故居改成了「準提庵」。

　　從天王殿步進，朱紅左右大門之上有潘麗水的彩繪門神，神氣威武。天王殿又叫做「彌勒殿」，原本在唐代時，只有蓮宗寺院才有，後來至宋時，禪淨共融，天王殿也開始出現在各宗寺院之中。天王殿中門檻，樑柱多有褪色，跨過那朱紅門檻，迎面便見大肚能容，慈顏常笑的布袋和尚，一個大肚子，一口大布袋，開口大笑，歡喜至極。我想只要能像他一樣，容得下難容之事，能開懷大笑，惜盡眼前有緣人，那真的便是天底下最快樂、最自在的人了。在他的左右兩旁分別坐著兩位身穿甲冑，頭差點快要頂碰屋樑的四大天王，分別是東方的持國天王，白臉無鬚，手抱琵琶，琵琶代表中道，因為弦太緊則斷，太鬆則聲又不響。在其旁的是西方紅臉的廣目天王，可能因為長年給香火煙熏，本來炎色的臉也變殷紅了，特別之處是他除了左手纏著龍，龍代表著世間無常多變，另一隻手拿著一顆寶珠，喻意著內心不動，左右剛好成一對比，但這次看到的比較特別，除了寶珠還多了一把劍，實際為何，這又是何意，我就不甚清楚了，有待詳查；與他們對坐的則是南方的增長天王，玄黑色的身臉，本來應是赤紫色的，大概也是跟廣目一樣吧。他左手緊握著出鞘龍泉，代表以劍護法，斷盡諸煩惱。鄰座的是最後一位天王，其名多聞，寶傘撐在座上，左手按住傘頂，喻意保護內在真心，不要受到外境染汙與影響。正因如此四天王中，他

的傘含義最打動我心。而他們腳下都分別踏著四隻小鬼，分別是「酒」、「色」、「財」、「氣」，其中我想色、財兩者最誘人也最難戒。從天王身旁走過，與布袋和尚背靠背的是韋馱菩薩，立挺而立，金身戎服，肩被飛帶，慈眉善目，雙手合十，橫放金剛杵於腕上，而杵上則刻有「法華寺」三字。韋馱菩薩擺放金剛杵的位置十分重要。古時的僧人，參禪求教，於是便雲遊四方，參訪各山尊宿，但天黑入夜時也總要有個落腳處，所以大多數僧人都會選擇在離自己比較近的道場、寺院掛單，而當他們經過天王殿時，見到如現在一般合十之韋馱菩薩像時，就知道此處為十方叢林可供掛單。但如果韋馱菩薩的一手握金剛杵掛地，另一手則叉著腰，則代表這裡不供掛單，請雲遊僧們還是早點另投山門吧。

　　過了天王殿，則見「大雄寶殿」，兩殿十分相近，只有十來步的距離，寶殿同樣斑駁，殿內供有「三世佛」，「古剎增輝」的匾下奉供著十大菩薩，左鐘右鼓，伽藍、韋馱，與「三寶佛」貼著背的是「西方三聖」。一一禮拜過後，走在庭廊，庭廊樑柱畫有彩繪，猶新帶舊，畫的內容或是佛傳故事，或是天女散花，或是彩帶當風的飛天，庭廊過後，便到最後一殿，泥金橫匾寫著「法雨東垂」，殿中的正是紫竹林中的觀自在。這前、中、後三進式的寺舍格局，早在清代康熙四十七年時已定下，由當時的鳳山知府宋永清募捐而建，因為受明代三教會合一的影響，很多寺院，多是佛、道混雜，所以那時的前殿是「火神廟」，用來供奉火神祝融，這也難怪，只為木構建築容易走水，求個心安。中殿是觀音菩薩，後殿則是準提。直至康熙六十年時，臺灣南部發生大地

震，法華寺也因而受損，法華寺中有關重修的碑文說，當時的住持伯夫，集捐重修，並於前殿設立泥塑的彌勒佛與四大天王像，但這一修就是二十二年。

在觀音殿左文殊菩薩殿前的迴廊上，一位老比丘尼正在搬花澆水，那每個簡單的動作皆是修行，是飄逸，是沒有絲毫塵俗氣。沿廊東行，是於乾隆五十七年（1792 年）時，由臺灣知府所建的關帝殿，內供有文衡大帝，祀馬使爺。繼續向東，側門之外，是五層的寶塔，不知是整修，還是有新建，側門緊鎖，所以只能遠眺它和身旁那三株已上百年的羅漢松。又走到了大雄寶殿與天王殿間的迴廊，向殿右前行，穿門進堂，是「南極殿」，殿中奉著南極大帝，這南極大帝就是火神。在伯夫住持那次的維修後，又過了二十一個年頭（乾隆二十九年，1764 年），那時的臺灣知府蔣為光，又再一次把法華寺重修了，可能是基於不安感，或是其他原因，於是他決定在寺的右邊，又重新築起火神廟來。「南極殿」向左走的廊道上，有一個已經枯乾的小水池，水池上擺著大小各異的盆栽；而水池之上有一條拱形小橋，橋有頂蓋，而橋的兩旁有小巧的美人靠。令人婉惜、可惜、嘆惜的是這條延壽橋那頂蓋過半已傾塌，美人靠也因歲月而褪色了。橋的兩端都以塑帶圍封，禁止進入，只圍不修，令人費解，不知是有關當局不管，還是寺方清貧以至沒力修復，世事如許，遙想那歷代多少文人騷客曾在此遊寺賦詩，在日治時期臺灣有三大詩社，分別為北臺灣的「瀛社」、以台中霧峰林家的「瑾園」為集會地的「櫟社」、最後則是台南的「南社」，而當時南社詩會的聚會地，就是這法華寺。還是東坡道人說得好：「萬事

到頭都是夢，休休，明日黃花蝶也愁。」

「廷壽橋」不通，要去當年詩社文人聚會的「聚賢堂」，只好又再繞回後殿。進「聚賢堂」前廊間的圓月形拱門之上有青白色的手卷浮雕，其中的墨字寫的是《華嚴經》偈的：「若人欲了知，三世一切佛，應觀法界性，一切唯心造。」步過拱門，門上也有同款的浮雕，其上寫的則是《金剛經》的名偈：「一切有為法，如夢幻泡影，如露亦如電，應作如是觀。」「聚賢堂」中像是寺院的辦公室，記得他的門楣寫的是「出入有僧皆佛印，往來無客不東坡」，居士們正與寺中僧人相談，我非東坡，所以便不好打擾，只好在門前向裡一瞥，便走了。

回到寺門望著眼前的廣場，真的難以想像他還是半月池「南湖」時的樣貌，不知是否也是「淡妝濃抹總相宜」。在清乾隆時代文人都會集在湖旁南湖書院與半月樓，而每年端陽，還會在湖中競舟，至日治時此風猶在。看著屋頂燕尾，總覺「法華寺」好像總是與「荒廢」、「重修」牽連，光緒後，寺漸趨荒廢，日治大正三年（即 1914 年），又重新整理復修；因為二戰的戰火，它又再焚毀過半。現在所見到的是民國四十年（即 1951 年）由當時住持善昌發起重修的仿木結構，歷八年而成。

在看過法華寺後，接著我又跑去了位於體育路 81 號的竹溪寺，只為一睹那裡一塊「了然世界」的匾，因為他與天壇的「一」字匾、府城隍廟的「爾來了」合稱為臺南三大名匾。我與竹溪寺實在沒緣，走到山門，山門已被鐵皮緊封，初以為只是整修山門，走近才知是全寺，所以暫停開放，

但遠望寺中，殿閣高聳，雖是半新不舊的，但卻莊嚴而不落俗，宛如青綠山水。回想法華寺，雖是帶點殘破，卻是古澹天真，如八大山人之畫，禪意無窮。還記得《平家物語》的開首：「祇園精舍鐘聲響，響出諸行本無常。」深思演說著諸行無常的又豈止那鐘聲。

　　未能進竹溪寺，只好懷著婉惜的心散步街頭，沿著街道亂走亂逛，往往沒有目的遊走，會遇上意想不到的人、事與建築。五妃街人如潮湧，我剛好碰上臺南大學的學生們下課，三五成群，有的搭肩牽手、尋訪美食，有的獨自騎車歸家而去，好生熱鬧。五妃街，食肆林立，五妃街因為離它不遠的桂子山中有一座五妃廟，其既是廟，亦是墓。而那桂子山，本名叫「魁斗山」，「桂」、「魁」兩字音相近，自古以降文人騷客通常都比較好事，於是就將「魁」改為「桂」。現在山不復見山，曾經一片荒蕪，羊腸小徑上那蔓草連天，現在都改為園區模樣，取而代之的是水泥步道和幾乎禿光的草被。我與五妃廟的相遇，是不經意的，是意外的，當我走在五妃街時，就看到街上的木製指示板，有一塊寫著「五妃廟」，好奇的我，沿指示板而走。園區入口，有一條不長的石梯階，登上頂階時，「五妃廟」映入眼簾。廟門所繪十分獨待，不是常見的甲冑門神，而是兩位宮女一身明朝打扮，手中所捧分別是壺、桃、石榴，福、壽、多子。別外兩位則是宦官獻花、獻香，手捧有香爐與牡丹。門旁楹聯金字「芳祠永傍城南路，玉骨長埋桂子山。」橫批「鼎湖龍去鳳齊飛」。跨進廟中，主殿內供有五尊妃子神像，像後則是一塊石墓碑，其上寫著「寧靖王從死五妃墓」。神案前的兩條柱子上掛著一對

長方木板，其上寫的是：「王盡丹心妃盡節，地留青塚史留芳。」主殿左右各有兩個廂房，內裡放著有關於這座五妃廟的歷史介紹與舊日的黑白照片。不知為何，我在每次步進墓園與寺廟時，心內總是小心翼翼得很，深怕在那一刻會因為一個髒兮兮的念頭湧現，而沾汙了這地方，褻瀆了那位神聖的主人。我繞到廟的後方，墓龜在廟的正後方，看像水泥而造，而其左右皆有曲手石牆，這是臺灣遺數不多的明代墓式。

在離五妃廟不遠處，有一座「義靈君祠」，它不像硬山式的燕尾翹脊屋頂、單進兩護龍式的五紀廟，它只是一座由四根朱紅的柱子和數十塊瓦當組合而成的小廟，大小與小型的福德廟相似，老樹垂蔭，廟的背面墳塋隆起，而這小祠的主人，他們可是顛覆那刻板印象、死板思想。不管是歷史的書本，或是影視節目，言及起明代的宦官，多是東廠、西廠、劉謹、魏忠賢，接下來便是殘害忠良，把弄朝政。一言以蔽之，宦官是反派。但這祠的兩位主人，用他們的生命告知，我們這世界豈有必然與絕對性，然更不該以身分、地位、性別等等一切外在去定義或衡量一個人。他們在五位妃子殉國殉夫後殉國殉主，我並不喜歡這種忠君愛國的浪漫情意結，甚至為其奉上性命。終管不愛，但卻是浪漫，不愛他們的決定與行為，卻敬佩其人格，在那刻的浪漫中，他們表現出自己是一個人，而非我這行走的肉與骯髒的動物所能相比。看著那一塊熏黑的「義靈君之位」，心中除了敬佩，還是敬佩。這個「五妃廟」的墓園，遊人稀少，我在園中時只見過兩位中年女士進過廟裡，還有一對老人正在金鑪旁焚燒著布袋中那一疊又一疊的紙楮，紙灰隨風揚起，那裊裊的輕煙，

彷彿其中包含著無盡的願望與期盼。此時此境，更顯寂寥，這寂寥令我憶起法華寺，憶起杜紫微的〈江南春〉：「南朝四百八十寺，多少樓臺煙雨中。」

忠文堂堂主

　　遊過了「五妃廟」，接著又參觀了「國立文學館」的「歷史與文學特展」，這特展在一樓的展覽室，其藉著臺灣歷史上每個大的變動與動盪，清領、日治、戰後、戰亂、天災，在這個時空下的文人作家們，其內心世界與外境的相碰撞下，而產生的作品，那是一個時代的見證。其中令我動容不已的是於展覽看到梁任公的臺灣竹枝詞手稿，那刻心中狂喜。還記得最初一開始接觸梁任公的作品，不是那《少年中國說》，亦不是《飲冰室文集》，而是這「相思樹底說相思，思郎恨郎郎不知。」剛從文學館步出，便見到一個豎在騎樓外牆上的招牌，黃底黑字「忠文堂毛筆莊」，醒目得很，圓環之內，一望便見。堂主是一位老人，髮已禿，默默地坐在店中的書案前，是我的推門打擾到他的清修。店舖是長方形的，進去便見，多如繁星的毛筆，它們各占一席，有的藏身在那一個四開的大玻璃櫃子裡，有的懸吊在木筆架之上，有的隨性得很就直臥在他家主人的案上，除了毛筆，當然少不了他們的搭擋，紙、墨、硯臺、印石、印泥、書畫書籍，一一俱在。我在店裡只是默默觀看，買不起，只好圖個望梅止渴，一開始老闆還有問我要的是什麼，後來也不太管我，只是隨我，臉上也沒有絲毫不悅之色，感覺還是如一的溫良恭

厚，不經覺我們聊開來了，聊著聊著，老闆還自案下搬出一張紅色的膠椅，叫我不用站，快坐著說。因為我的國語帶有廣東腔，老闆便問起我打自那來，我回說我是從香港來的，他聽後臉上笑容比剛剛更燦爛。他本以為我是來自廣州或馬來西亞，接著老闆說他已好久沒去香港了，以前常去，想起來又十來年，我正想開口問為何，他便接著說：「我有一個表姐嫁到香港去，那時候，我常跑去找她，住在她家裡，她住在九龍，九龍的什麼地方，我有點記不起了。香港的東西好多是吃的，還記得，有一次，表姐一家帶我去西貢的流浮山吃海鮮，那時點了一大桌的菜，都是活的，」他用雙手打了個比方，「那魚足有我前肘那麼長，既新鮮，也不貴，比臺灣便宜太多了。」接著又說起廟街的「煲仔飯」，「十多塊港幣，飯又足，一碗吃下去，就可撐大半天了。」我聽後便跟老闆說，俱往矣，現在一碗動輒也要花三四十來塊，飯少米硬，一股焦味，菜又少。都是做來騙大陸遊客的，不怕秋後算帳，因為店方深明他們多是只來一次不回頭的，終管如此，每天店前還是如舊排滿著等位置的客人。老闆是位老饕，接連又說了幾個他在香港尋覓美食的經歷，然後問我，有沒有留意到臺灣不同地方都有店招牌寫著某某「廣東粥」，其實都是臺灣人開的，都是跑去香港學了皮毛便回來了，粥都做得不太正宗。他覺得應該改成「潮州粥」比較恰當，他們煮得較像潮州人的「糜」。接著又言起香港的地鐵，那時候夏天買了根冰棒想在車廂內吃，她表姐立即制止了他，跟他說明地鐵內不能進食，饕客本色，三句未完，又回到食物。

我從布袋中翻出一本書，跟老闆說我好像在此書中見過你的介紹，他高興起來，「在哪？在哪？讓我看看。」但我翻了整本書也沒有，他又接過去翻了一遍，「沒有，可能是你記錯了。」他說。隨即自身後的木櫃中抽出一本雜誌，隨手翻開一頁，指著叫我看：「這也是香港人，他是不是很有名氣的人物，我都不清楚，他來時像你一樣都是隨便看看，然後他與我就聊了一陣子，挑了幾枝筆，就走了。書裡說他是設計師，我真不知，不認識。是後來有一朋友拿著這雜誌來，裡面有我的介紹和訪問，我才知道。」他又說：「近年香港和臺灣都有好多學運和遊行活動，不知你有沒有留意到一個十分吊詭之處，香港有自由，卻沒民主，但在打擊貪汙方面很有一手，在外語方面也很好，英文和中文都通，中文也不是用簡體字，好像前陣子有一個大陸人，洋洋得意地說臺灣與大陸是一家，同文同種，我說不是，我與你是不同文的，我用的是繁體而你用的則是自創的簡字，有很多古已有之的簡寫，我還可以接受，但是大部分的簡體，脈胳俱斷，字不宗六書，這我便萬萬不能接受。」我說：「現在好像連新加坡也在用簡體字了。」他聽後笑著說：「好在你與我還是同種的，新加坡它較自由，有民主，法律嚴明，聽說不能帶口香糖進它的國境，還有屁股的羞辱，笞刑，聽說那還廉潔，也有像香港廉政公署般的機構。」我接著問他對大陸和臺灣的感覺。他回我說：「大陸是個沒自由、沒民主的地方，貪汙這事，也是光明正大，老實得很。」也是，大陸一切都愛弄虛作假，這早已讓其名揚於國際間，只有貪汙這玩意，是真實的，是國家大計，是關乎民生，豈可不認認真真，全心

我的路途。前晚，我約大俠今晚一起去看電影，於中午時，她給我發了一封短訊，說前些日子已跟大學同學有約，所以今夜未能如約。

　　不知那晚，大俠是不是刻意推掉了朋友的約，還是其他。只知那天她、慈芸與我，一起去了一家位於南區新考路上的火鍋店，火鍋店的生意頂好，領了籌，票號往往排到三百之後。饕客們都沒感不耐煩，等待時多與朋友於談笑中默然渡過，店家也沒對正在用膳的客人做出任何刻意提醒與不善的舉動，常聽人們動輒便提及人文素質，聽其言不如觀其行。如此店家，食物多是好吃的。確實，火鍋湯底，款式多而精，麻辣湯底，麻、辣、香、濃，俱在。昆布湯底，清、香，淡，都好。

　　酒足飯飽，睡意突襲。大俠領著我，先回了一趟家，拿了電影光碟，便騎著車向成功大學直奔，原來大俠打算於建築系的會議室開電影播放會。每坐在大俠的鐵騎後座，於其後時，總有種莫名的暢快，不用顧慮路況，全無精神緊張，大可盡情而迎著風，左右張望，往後顧盼。不是每個人都像大俠般貼心，每次騎車前，總會輕問，好了嗎？確保我坐得穩，坐得舒服，才會開動。那知到達時，還有老師與學生在。如此只好等其離去，我們在會議室隔壁的房間中等待著，房中除了我倆，還有一男一女，為大俠的學弟妹。等了約四十分鐘左右，隔壁學生俱散，只是散後，他們隨手便把門上鎖。大俠只好從這窗而出，再由會議室之窗爬進，施展完這一套空空兒神技後，門便開了。我們移桌搬椅，筆電、光碟、音響一概弄好。電影便開始公映了。電影何名，內容

為何，腦海記憶只剩零碎片斷，最深的印象只有女主角的容顏。冷氣實在厲害，催加睡意，看到一半，與睡魔的對陣，終以戰敗告終。眼睛再張開時，只看到大銀幕上出現一行行浮動的字，彷彿是一種特意的提示。把會議室恢復，重新上鎖。道別後，各自騎車歸去。

　　人散後，一鉤新月如水。我將行裝收搭，將那一條用筆墨寫著「徒步環島，我不是逃家青年。」的黃布條繫於背包之上。真虛偽，因為我只跟父母說是和朋友旅行，十五天便回，朋友早已回去了，他們不知，還以為一直與我同行。我騙了他們，越寫不是，越顯心虛。本不想用任何方式表明我在「徒步」一事，只因為我不想活得虛偽，因為我正在做我想做的事，與他人無關，默默而行便好。然大俠怕我會遇上意外，畢竟走在省道上，與車同道，掛一塊布，也好讓司機們可以看到我的存在。我把大俠親手所寫的便條放進銀包裡，便條上寫著「您好：這是我的香港朋友，他正徒步環島，絕非壞人，也沒有翹課，如果有緊急需要可以連絡我。」其下留有大俠的一切連絡資料、電話號碼、所居地址。貼心的她念我在臺孑然一身，又沒熟人，如果我在路上發生了意外，受了重傷，死去了，也好有她幫我收個屍，幫個忙。安心、感動，想我只是跟她相識不足一週，她就如此待我，肯為一個陌生人做保，大有季布之風，任俠、俠意，不是大俠，還能是什麼。

03 臺南至新營

相似的路，不同的人

　　在大俠的鐵騎帶領下，我偷懶了，我墮落了，我到1號省道了。與大俠分別時，那酷烈的金烏，正在我的頭頂上方不停盤旋。背包上的黃布條，宛如旌旗，隨風飄揚。天熱，我沒再穿那對黑色的休閒鞋，而改穿拖鞋圖個涼快。而那休閒鞋便繫在背包，晒得黑黝的皮膚，雜亂如草之髮，一貫散慢的步調，一派流浪漢的格調。

　　省道風光皆相似，不外左右兩道，向南走北，商店、便利商店，區與區，鎮和鎮之間，建築、格局、模式，都相差不遠。在省道上走，便像行在沙漠，又像船海在遊。漫天黃沙，一個沙丘過了又是一個沙丘，碧海浪濤，過完一浪又一浪。時間變動，景色如舊。多得沿途人們，為這枯燥省道，添上色彩。

清狂・輕狂

　　我在過了「大橋」，走到永康區時，見到有一把碩大的寶藍色太陽傘撐在行人道上，傘下站有一人，因為與其相距還遠，有點模糊不清，初看時直覺是個雕塑。傘下的先生，身穿襯衫，畢直的黑色西褲，年歲不太老，五十計人。其前

放了兩張木梯，梯上有一小木柱，兩邊木柱掛著一長木板，板上覆一有格宣紙，以數個大鐵夾，上下左右將其固定。梯下放有一小紅膠椅，椅上放著硯台等物，硯中儲有已磨開的硃砂墨。見他右手整隻懸著，高執筆管之頂端處，蘸著黑，一字一格抄寫著《般若波羅密多心經》，我在其旁良久，他並未受我影響，也絲毫沒有察覺到我的存在，用志不分，如佝僂老人。水泥牆上掛著其他作品，有一幅字，是寫在布帛上的，內文為「中國歷史上寫得最漂亮書法家出有字帖」，看了便覺這人真狂，狂者進取，狂有時是自信的表現，人帶幾分狂氣，則不會顯得太枯，但不可過頭。在我而言，「狂」也有優劣之分，「清狂」與「輕狂」之別，清狂者清高狂傲，是優，輕狂者輕浮狂妄，則劣。兩者之分在其有才與否，還有那才華是否足以能讓時人與後人皆折服。

便如蘇東坡作書，常常會於尺牘後留數尺，以待五百年後之人亦可為其作品題跋。確實，他所留的數尺，還是不夠用，後人還要特意加長而書。同為宋四家的黃山谷，其草書蒼老跌宕，他曾經在〈跋此君軒詩〉說過：「數百年來，唯張長史、永州狂僧懷素及餘三人悟此法可。」他草書直接影響數代書風，明代的沈周十分佩服他的草書，更稱其為「草聖」。不過，書家也有輕浮者，南朝時有一個人叫張融，那時的齊高帝蕭紹伯曾跟他說，你的字寫得不錯，有骨力，只可惜你沒有「二王」的法則，他便回說：「不恨臣無二王法，恨二王無臣法。」然後人的書法評論中，將「二王」的書法評為神品，而他的則只是下品之中。

陸放翁云：「尊前作劇莫相笑，我死諸君思此狂。」只

要是美的，狂又何妨，是清狂還是輕狂，留待百年之後自有公論。

　　而我沒才所以便沒有狂的資格，所以我還是選擇做一個狷者，時時反求諸己，看著內心。不過像那位先生可以「閑來寫就青山買」的生活，實為我平生所願。

古道熱腸人

　　又是一個「我以為」，別輕視這句「我以為」，其中包含著「不客觀」與「我執」。我以為頂多走到晚上十一或十二點，便可到達新營。過了永康、新市、南科、走到善代區時，黑色早已降臨了，已是八點多快九點，在台南慵懶了幾天，一下子要不進食，連續行走，身體開始不堪其累，拖著腳而緩步前行，非良策也，所以便在路旁公車站的候車座上躺了下來，以背包為枕，除了蚊子，一切俱好。我跟新營可供我落腳的一家道場主人連絡，交代了，道歉了，可能要明天一早才會到，讓他不用等我，因為今天走到新營時，最快也要凌晨二、三點。實在太癢了，睡也睡不著，躺不下去了，還是翻身起程。過了曾文溪，步入官田區，1號省道，貫橫公路上，橙黃的燈光，魚貫的燈柱，越執心、漸稀少的車輛，有時還會遇上全沒路燈處。

　　有一台摩托車從前面南行的線道，急轉過來，瞬間便停在我身旁，「都這麼晚了要去那？」那位身材略胖的青年男士問我，我回以「我要去新營」，聽後他便說：「新營還有好一大段路，上車我拉你一程。」我謝過了他，也婉絕了他，

與他表明了我正在徒步，所以不能以交通工具代步，只能用腳，一步步前行。「我就住在附近麻豆那邊，睡不著，便騎車出來吹吹風，其實我早前已經看過你，也在你身旁走過，那時好奇得很，已想停下車來，跟你聊個天問一下你。你再往前走，有幾段都是沒路燈，加上正在修路，路變窄，你沒反光衣物，又沒任何照明工具，會很危險，要不你在這等我，我去買個手電筒給你。」我不好意思，又怕麻煩到他，所以又再拒絕了。他發動了車，離開前還是不放心地問我「確定不要？」還是我載你吧。他見苦勸我不動，如斯頑固不化，只好風馳而去。

　　沒想到，沒走幾步，又是一台摩托車，又是同番對答，也是風馳而去，不同的是，這次他回頭了，他是附近國立台南藝術大學的碩士生，個子比我高，聲音溫和、儒雅，沒有絲毫粗曠之感。他說他剛本已回到學生宿舍了，但總是放不下心，便騎車回來尋我。「以你現在的步速，走到新營時，我想差不多是三、四點，你說你打算睡在便利商店或公車站，既然如此，不如你今夜就去我的宿舍房間睡一個晚上，明早再送你回這，然後繼續上路，你覺得如何？」我當下還是拒絕了，因為我怕會為他帶來不便，畢竟學校也有其規距。「隨便收留外人在宿舍，會否不好。」我問。他笑著答我：「當然不會，因為是碩士生，所以宿舍房間是獨立的，不包浴室與洗手間。現在同舍的朋友都去旅行，加上學校本來人就不多，所以你盡可放心。」最後我答應了，一者盛情難卻，再者接連十一多個小時的行走，體力早耗盡。

　　車子向南回走，轉進剛經過之岔路，直沿這條八田路呼

嘯奔馳，風打在臉上，眼睛也張不太開，背包上的黃布飛揚得厲害，我深怕他會隨風而去，所以曲手於後，緊握不放。不停地上坡，不停地轉彎，從漆黑得只有車燈探路處，到燈火通明處。

　　廊道左右，門門相對，我們相互交換了姓名，他叫阿毛，阿毛的房間不大不小，地上鋪著防跌地膠，床在離門最遠處，跟窗櫺相貼。沐浴後，阿毛從衣櫃中翻出枕頭、毛毯給我。他在床上，我在地上，我倆娓娓而談，談旅遊、談理想、談生活之瑣碎。我言起上海人輕看其他地區的人，彷彿有點崇洋，皆是歷史的沉積，自民國的「十里洋場」、「大上海」，至今的「國際都會」。阿毛說：「這我可以理解，就連臺灣，也存有地區的歧視，便如我們稱臺北為『天龍國』、臺北人為『天龍人』，他們也多少有高人一等之感，也輕看南部或其他地區，同是歷史沉積，這與當年國民政府的政策有關，國軍是外省人，多以國語為主，而當時的臺灣人，因曾受日治影響，民間語言混雜，有的說日語，有的講台語，平民甚少懂國語，就算懂也不會刻意用做日常交談。這對當時的政府而言，是不好的，沒有統一性，難以管制。所以他們就弄出一條法律來，限制國民一定要說國語，凡是講其他外語，給抓到的，一概罰款，還要在頸上掛上一塊『狗牌』，上面寫著『我不要說方言，我要說國語。』潛移默化，而形成一種奇怪的價值觀，台語是下層人的語言，而南部多以台語為主，所以也難逃被輕看與受歧視之命運。」

　　乍想也是，豈止政權，所有的「一言堂」，不管是形而上，或是形而下，皆懼多元，怕自由，更怕獨立的精神與自

由之意志，他們只需服從，服從於命令，不容有獨立的個體存在，容不下特立獨行者，所以要將其消融統一以方便「獨裁」之。

歧視、看輕，我無意去批評、因為我多少也曾做過類似的事，便如我現在說出歧視、看輕的概念與例子，正好也證明了我心中也有其在，不見六祖云：「若見他人非，自非卻是左。他非我不非，我非自有過」。

看著時鐘，快要兩點，阿毛說明天要早起回母校幫忙，而我則肩腳俱疼，眼簾也快張不開了，互道晚安後，滅了燈光，各自睡去。

東方魚肚白，阿毛和我皆盥洗過了，各背起自己的背包，阿毛跟我說，因為要趕著回去，所以未能載我回昨天原點，只可在八田路口把我放下。因緣是奇妙的，在昨天我們都是對方的陌路人，因為「信」之一字，將我倆聯繫。他相信我非歹人，我也相信他的善良，我是個不會去猜度的人，只因每事、每人都要去預先猜度一番，那實在太累了，我情願相信感覺，率性而為。

還是那條縱貫公路，走至六甲區，已是中午，買了兩顆茶葉蛋和幾瓶水與健康飲料，後來才發現，錢花得最多的不是在住宿，而在一瓶接一瓶的飲品上，因為便利商店的價格昂貴，雜物店又不常見，在脫水之下，無可奈何，儘管昂貴還是要買。我逆向而走，除偶爾一兩聲打氣外，很少有人理會，感覺真好，我愛這種默默。不過，還有是好奇者，便如走至林鳳營時，遇過一位老者，他看見我，停下車來，不是問我要去何處，不是問我打自那來，劈頭一句：「印度人，

你來臺灣何事?」我微笑了一下,回之:「我在環臺灣一圈」,他點了點頭,似懂非懂,便開著車子,揚塵而去。

我們都是時代的獨行者

　　走過了林鳳營、柳營,地名都帶有營字,包括我將到的新營也是,好奇一查,原來又與鄭成功有關,因為那時鄭氏到臺後,把軍隊分散駐紮,而尾帶「營」之地名,多由此而來。我站在急水溪橋上,遠望已見密密匝匝的樓房,便猜想那處應是新營,今天的落腳處是我用手機在網絡上尋來的,名為「感恩合一中心」,這可能也是緣分,我找落腳處,都是實現的,都以住宿一夜所需之金錢多寡而作考量。而這家「中心」只有「隨喜」二字。雖然我是浪漫得天真之人,但還懂旅費的重要。急水河水不急,從橋俯視,雜草叢生侵入河道,令其顯得窄狹,更像一處沼地。

　　過了橋後,我走進了市區,無意亂逛,一心向那「隨喜」直奔。跟著地址,找到了社區,這裡跟一路走來時所見都很不一樣,都是二十來層高的樓房,在附近繞了數圈,實在沒法,只好致電「中心」。中心的女士,叫我原地停住,不要亂動,她現在下來找我。不久,果有一位身穿白色襯衫、牛仔褲、帶著眼鏡的女士,從一大樓的大門步出,向我招手,呼我過去。隨著久違的電梯至十三樓,一般高樓的廊道結構,開了門,脫了鞋;大廳闊廣,地上鋪著「榻榻米」。屋內有三間房間,二間盥洗室,一間在我今夜休息睡覺的房間裡,行走早已令身髒髮臭,可能是氣味難忍,過於濃烈,以至於

令女士多次提醒，要不先去洗澡。洗滌後，我坐在大廳上，廳上沒有電視、電腦，只有一部唱碟機，正在播放著心靈系的純音樂（曲風像是印度與尼泊爾一帶）。那位女士（她叫Jessic，這是在交換了個人社交網頁才得知，在我們都不知如何稱呼對方時，一切自然。）她得知我一天沒有進食時，便從廚房捧出一大碗咖哩飯，「希望你不介意，這是我剛煮的咖哩，不過是素的，因為我是素食者。」她說。接著盤腳而坐於我前，她邊吃邊問起我行腳的種種，因何要走，有何理念，一路走來又有何感想之類。我回之只是單純想走它一圈，便從香港而來。的確，一開始我便沒有目的，只是單純的「想」，只為「是日已過命亦隨減」，不敢幻想我命會到八十歲，因為無常隨時尋至，所以想要做的便要立刻動身去做。但自經第一天後，便暗自為這一圈，賦以想法與意義，最後我將其視之為一次修行，一次心之修行。她聽後多次勸我不可浪費這次的旅途，要盡快找出目的與想法。

我是個不太跟人論起自身宗教、修行與哲學等形而上之話題，因為對我而言是很個人的事，未必每個人皆有興趣，特別是遇上味道不對者，因為我深知其聽後，只會虛生枯燥與虛無，不想再聽下去的人，都會盡快把話題拉開。畢竟清談還是要看對象，比方嵇康、阮籍與馬克思傾談，阮步兵可能又會翻起白眼來，我無意要論高低，只因每朵花都是真實的，談玄說妙與柴米油鹽，兩者獨立生存，各自精彩，只有交流，絕無「不是東風壓倒西風，就是西風壓倒東風。」

這次與往常不相似，我成了聆聽者，靜心傾聽著她說的每句話，說著人們感覺虛無飄渺，甚至荒誕的話題，宗教、

外星人、修行與心靈。但我偏愛著這一切的不實際，只為深信著「無用之用方為大用」。聽她說著家人對她現在所做的事之不瞭解，甚至覺得她瘋了，放下所有，只為著心中堅信不移的理想。是的，她是一個獨立而行的人，懷著與主流價值大有逕庭的想法，付諸行動。「『中心』的到來，對我而言是奇妙的，那時一直在想著有一所『靈修中心』以供人們打坐與做身心的治療，跟不同的人結緣，不用多久它真的就來了，那本《祕密》（The Secret）說的都是那麼真實。」她一再提醒著我，別受主流的價值所阻。

心中知道，但沒有跟她言起，其實我也是個獨立而行的人，也常感與主流的不脣合，沒法融入。有時會羨慕身旁跟隨著主流而跑的朋友之生活，努力工作、上進、存款、買房、結婚生子、孩子長大了，他便退休了，可能享著兒孫福，之後便老而死去。但我知無法去過這種生活，並非清高，只是自小而來便是如此，個性如此，性情如此，都是無法言傳的因緣，我知我心中一半是「使我有身後名，不如即是一杯酒」，另一半則為「縱有千斤金，不如林下貧」。是的，我曾在十八至二十歲時，有過出家為僧的念頭，只想渡過那片苦夢海。

可能是剛剛那個濃而不膩，香料咖哩的藥力發揮了作用，身體有點撐不下去，昏昏欲睡，我跟她道過了晚安，便回房間休息，她怕我會熱，又拿了電風扇過來。聽著窗外淒寂鳥鳴（晚上而啼也不知是何鳥，可能是夜梟），門外音樂，矇矓而進夢鄉。

我們都是這個時代的獨行者，是自心的獨行者，我總愛

反覆聽著張懸那首《玫瑰色的你》，心中默默，只願玫瑰色的你、我、他，不受沖刷，不被消磨，永不褪色。

鴨舌帽與跆拳道

　　剛好是第十六天，跟父母說好的半月之期已過，但我沒有回去，也沒有告知他們我正在徒步行腳，我不說，是不想令他們心裡的擔心加重。所以我撒謊了，只告訴他們，同行的朋友還沒走，今天去嘉義，一切安好。

　　在「中心」附近的洗衣店中，把多天未洗的衣物洗滌、烘乾、折疊、收拾。拿著菸蒂的洗衣店老闆，從衣袋中抽出一張名片給我，是洗衣店的名片。「上面是我的電話，我們既然有緣遇上，交個朋友吧，在路上遇上任何麻煩，打給我，只要是在本島，我都會立即來幫你。」他鼻孔呼著煙說。

　　萬里無片雲，也沒絲毫涼風，悶熱非常。行在這條由新營通向嘉義的省道台1線上，我一如以往，逆向而行，不要令人注目，只求默默而行。走至後壁區的頂寮一帶，烈陽已跑到我頂上，就連貨運的司機，也不得不泊車於樹蔭底下，乘個涼，再出發。南行還有大樹遮蔭，北行那邊真是沒遮沒擋，好在逆行。一陣急忙的跑步聲，是剛剛那位司機，喊停了我，可能看到我背包的黃布條，他說：「用走的？」「是，用走的。」我說，他又說：「天熱要帶帽，很容易中暑。你有沒有帽子？」「本來有一頂，我送人了。」我回說。彌陀葉大哥所送的帽子，我送大俠了，她甚愛，真好。大哥頂著他的大肚，又跑回貨車，他爬上車廂，又爬了下來，手握著一頂

鴨舌帽，跑到我的面前。「拿著，送給你，本來有頂新的，沒找著，這頂是我現在在戴的，你別介意。」他喘著氣說，我開心地笑著說：「當然不會，感謝還來不及，那會介意。」大哥又問：「你今天打算走到那裡？」我回以嘉義，他接著說：「嘉義，嘉義離這還很遠。」然後莞爾地 豎起拇指：「給你一個讚，加油！加油！」無論是行腳的路途上或人生之路途，能得別人幫助是幸運，是福氣，我知此非必然。所以珍惜、惜福。

　　背著省道坐於下茄苳公車站，乘著涼，看著前面那片綠油油的稻田，風吹穗動，若如波浪，火車轟轟，在蔥綠的盡頭滑過。我在隨身的本子上寫著、看著。動身走著走著，「老人癡呆症」又來了，過了二十來分鐘，才猛然一覺，我的本子不見了，左尋右覓，不得，奮力回想最後一次見它是在哪。在公車站的椅子上，深怕給人取走，深怕它從此消失，那刻也管不了背包究竟有多重，回頭便跑，一直跑，一直跑，跑得喘息不止，胸腹俱痛。跑回公車站時，一台自行車停放在椅旁，車尾放著一個行裝，椅上有一位男生正在翻閱我的筆記。當我走近時他已有所意會，「這是你的對不，我見裡面寫著徒步的事，加上我剛有在你身旁經過，跑得那麼急，所以我便猜想，你一定是為了它。」他把本子遞給我說。為了平復身體，我坐下來，而我們也開始聊起來。這位男生叫宗燁，年十九，彰化人，大一學生，而那自行

車是他的，因其正在環島，第四天了，計劃花二十天逆時針一圈。宗燁說他休學已經半年了，九月才會復課。我好奇問起緣由。「我是跆拳道選手，我父親是跆拳道教練，從小我便接受訓練，比賽的壓力、做為一個選手的壓力，壓得我喘不過氣，所以我決定跟我爸提出我要休學一年，去思考和冷靜一下。前陣子我出國了，回來後我決定好好去感受一下自己的國家，於是便出來了，就當是鍛煉。」他說。原來是跆拳道選手，難怪，身材如此魁梧，與他合照時，我的頭只到他的腹部，他手搭我肩，便如黑熊搭著小白兔。他說回去彰化後，要跟來自香港的同學說他與我的偶遇。他今天到台南，我說我要去嘉義，一南一北，互道「加油」，互祝平安，各走各路。還記得我問他：「家人沒有任何阻撓嗎？」他回：「沒有，他們盡量諒解。」諒解最真切，世間多少人與事，求的還不是一句「我諒解」。

04／嘉義

諸羅山諸事

　　每次步進各縣的市區時，皆是月華如水的三更夜，同為已連續行走了十來二十小時的路，拖著那疲憊不堪的身體去尋覓落腳處。

　　嘉義的落腳處為名叫「碰碰諸羅山」之背包客棧，年近半百的老公寓，碧藍的鐵閘，水泥的梯階，蒼青色的水泥外牆，不勝斑駁，聽說它原是菸酒公賣局宿舍。客棧有兩間房，男女分宿，全屋皆沒冷氣，只用吊扇，甚佳。大廳右下角露臺門旁，放著三張「榻榻米」，其上放著許多軟枕。應是供房客們交談交流的場所。我在此住了兩個晚上，第一晚客棧的管家 Ban 走後，便只剩我一人，獨賞此間，第二晚，則是管家「老狼」與其友人在廳中相談學運、社運等事。舊式的電燈開關、廚房與浴室，連地板也是以一棕一白的小瓷磚，梅花間竹相鋪而成，「古早」得很；舊時月色，一切都是那麼恰當、樸實之中散發出淡淡幽香。

　　「諸羅山」（Chu-lô-san）是嘉義的舊稱，是平埔族洪雅社社名的譯音，而今稱「嘉義」背後還是藏著那斑斑的血淚，「嘉其死守城池之忠義」，這是乾隆下的旨。前赤崁樓的御碑，因林爽文而有，而「嘉義」亦然。林爽文領兵圍攻當時還未易名之「諸羅城」，當時軍民一心，死守不投。以

至事件平息後才有那道易名聖旨。而我從何知，就在那「嘉義市史蹟資料館」的展覽中。日式建築，唐風猶存。資料館的前身是日治時期之神社的齋館和社務所（神社已給祝融吞噬），建材是阿里山的檜木，而館內則為介紹嘉義歷史、人物、文化為主，進內參觀，要先脫鞋，換上資料館提供的拖鞋。腳踏在館內的木地板上，一步一響，所以不敢碎步，只得輕提輕放，恐怕木板突斷，落得一個毀損文物的罪名。館裡館外，皆是那麼叫人恬靜、舒服；資料館與繞其左右的那一株株古木皆散發著馥馥木香。

　　神社不在的消息是從管家 Ban 口中得知，入住時他便手拿嘉義地圖，為我推介景點、夜市等等。在神社原址上建有一座「射日塔」，鋼筋水泥建成的圓柱體形建築物。射日塔一名是引自原住民的射日神話，與「后羿射日」異曲同工，相同的都是射日，都是有諸個太陽懸於空中，皆是拈弓搭箭把日射下。后羿一人數箭便完成任務，而三位原住民卻要背著自家孩兒，行走萬里去射日，父親老死，子承父業，經歷二代，最後才完成任務，然而當英雄回到部落時已是垂垂老者。

　　這傳說比后羿真實多了，回到部落的英雄們已沒有任何時間去享受那因射日而帶來的榮譽，因為他們已老去，但可能其內心根本不在乎外在的名、利，不在乎射日路途的遙離與艱辛，想那部落中應不單只有這兩代六人的勇士，應還有順著這個太陽而活的人，心中從未生起要將其射下的想法，或是已生想法而無勇氣與毅力去實現的人。姑不論是何者，其中無對無錯，有的只是選擇，但那選擇必須是自由、獨立、經過思考的選擇，而無論結果如何，是生是死，是好是

壞，一切都顯得不重要，重要的是已經聽到心中吶喊，而闊步上路。佛家說有過去、現在、未來三世，但我們都知道過去已逝，未來未然，除了此生此刻，並無其他。

這射日塔太過現代了，立於公園之巔，倍顯格格不入，宛如紫禁城太和殿後突然冒出一個艾菲爾鐵塔來了。難怪Ban會說不解政府此舉為何。所以面對它我猶豫了，從原本神社之神道直上，要經過頗長的石階，而我那時長滿水泡的腳底，平常走動已是一步一痛。最後還是決定忍痛走上，只為我相信這次不與其碰面，可能今生也再沒機會了，既然已到，不想錯過，反正痛也不缺這百來步。塔前站有兩隻雪豹石雕，走近看只見它門口下了鐵閘，原來它是星期一、二休息，可謂你選它時，它亦選你。

在台南赤崁樓時，曾言起十座御座，只剩九座，而最後一座，便放在這嘉義公園裡，當年十座御碑，那霸下與碑是分開雕成，打算用船將其搬至目的地後再組嵌，載著他們的船浩浩蕩蕩揚帆而行，船行至中途，有一霸下，可能沒了石碑的阻外，竟掉進水中，逃跑了。那時主事官員深恐頂上烏紗不保，頸上頭顱搬家，於是便偷偷補之，弄出一個「真碑假龜」來，也不將其與其他碑混放一起，而將其安放在當時嘉義的福康安生祠中，即今日公園處，生祠早已沒於歷史的洪流之中，只有這碑還默默地聳立著。

自製高點沿著神社的神道往下走，兩旁豎立著大正十年（即1921年）所造的石燈籠。其下還刻有造者之名。經過孔廟，孔廟新建，也是鋼筋混凝土造，總帶點不協調之感；既未能修舊如舊，還不如設計一所新的，有別於傳統卻不失傳

統的孔廟。

　　這個嘉義公園為日本人所規劃的公園，建於日治時代（明治四十三年，即 1910 年），嘉義新八景中的「公園雨霽」，因為我到時是大好晴天，未能一睹這景，但見園裡古木林立，想雨後應該很美。其他七景也未得見，像「蘭潭泛月」，蘭潭本想去，但如用行走實在太遠，疲倦身體易生懶意，不想走得太遠。「阿里山的小火車」我於嘉義沒看沒坐，但在阿里山上遠睹過。那條「文化街夜市」更是去也沒去，不是它不好，只是我不愛逛人如潮卻壅塞的地方。另外我還是有一怪癖在，就是不太愛熱鬧。

　　我曾問大俠，嘉義有何物何景，是非品嚐不可。她回以「雞肉飯」，那時還以為只限嘉義才有，後來發覺並非如此。於是我在「碰碰諸羅山」的第一個晚上，就用著房間的電腦，在網絡上搜尋著哪家的「雞肉飯」較得民心，有趣的是知名的那家，被批評得體無完膚，眾人所推的是，店名含「里長」兩字，位於東區公明路上，每天開店九個小時，過了下午二點半，就明日請早了。想破曉便去，睡過頭了，沒去。起來後，去嘉義公園時，已發現離其甚遠，也沒去。最後，遊完公園後想去，那知迷路了，當尋至大路時，已是二點了，只剩半小時，腳痛、腹空，趕不及了。但「雞肉飯」還是吃了，在九華山地藏庵附近一家小店吃的，那店面積不大，沒有令人站於遠處一望便見的大招牌，只有隱身市巷，甚不張揚。我到時店裡沒有別的客人，店主一家正在抬頭抑望著那懸在牆上的電視機，看得入神。菜單同樣也是寫在牆壁上，除了「雞肉飯」外，只剩那滷肉飯與切仔麵。飯有

大小之分，大的四十塊、小的三十，我點了一碗小的，很快一個店主，把白瓷小碗放在我桌，白雪般的米飯，粒粒分明，其上蓋著火雞肉絲與紅蔥頭；將三者拌勻，雞汁、油香、飯香俱在，美味至極，小小一碗也甚飽腹。往

後行腳也有以雞肉飯果腹，但味道真的卻沒那好，不知當時是否飢餓過頭了，凡有食物進肚皆是美味，還是此家真有過人之處，只知其在我腦海深處打下了烙印。

　　看著 Ban 為我圈製的地圖，在嘉義火車站後站有一「鐵道藝術村」。我自身是一名假文青，當然要跑去一探究竟。於是，我便沿民權路直走到林森西路，在林森西路尋找良久，未得。原來它要穿過火車站從前站至後站，後站的出口是與公車站相連著。步出去拐過灣，隨著路邊豎立的木製指示，哪知其所指處，正在修路，只好繞道，繞進民宅暗巷，左曲右折，過了兩雙碩大的鐵閘，藝術村的前身是貨運倉庫，右手是一條火車鐵道，左手則是魚貫的木造房，碎石地上雜草叢生，那時除了我之外，只有兩位鄰近居民在做運動操，而那木造房全是大門緊閉，想可能那駐村藝術家都不在，一派冷清、蕭條。看到這些興致盡喪，只好回背包客棧好做休息，為明天登阿里山做準備。

　　未到嘉義前，我對其陌生得概念全無，就算是到遊過後，也不過走馬看花，未見其真。

05 阿里山

登山記

　　我的童年是在大陸廣東台山的一座小農村中渡過，那年頭要聽音樂，聽的還不是光碟，而是磁帶，把磁帶放進家裡唯一一部舊式長條狀的收音機中播放，而那磁帶中的歌曲多是國語老歌，有一首歌當音樂響起時，父母都會隨其而唱，但二老好像只會這兩句：「高山青，澗水藍。阿里山的姑娘美如水呀。」兩句過後其他皆輕哼帶過。農村小孩未知天地之大，那時心受眼限，以為眼前所見的便是世界，不知有地球、有各國之存在，便連歌中所唱的阿里山是何物，是人名？是地名？其又在何方何土，一概茫然。

　　莫笑小時無知，此刻的我同樣無知，可能就是這無知的驅使，不甘於無知，不甘於「知其然而不知其所以然」。我是個問題中人，「有疑不決直須爭」千方百計也要得到答案，一直疑問著，一直尋覓著。有些答案只是道聽塗說而得，還不行，定要直至「親證」才心息。

　　從歌知，從書得，還不如親身登上阿里山，去看，去感受，去品嚐。

　　本來相約大俠一起登山，觀賞阿里山的日出，她已看過了，於是便改去蘭嶼，她說她沒去過，想去。我們相約當我行到台東時，她會從台南而來集合，與我一起同去。

　　上阿里山的小火車，每天只開一班，錯過了便是明天，加上受莫拉克風災的影響，小火車現在只開至奮起湖，因為奮起湖之後的路段還在維修當中，所以人們下了火車後，要轉乘客運才可上阿里山。有見如此，我便放棄小火車，直接於嘉義火車站坐客運而上；世事總在變化中，當我正要走去客運站購票時，一位頭帶花紋漁夫帽，身穿緋紅毛衣，年過七旬的佝僂老婆婆，將我攔了下來。「是不是要上阿里山？」她問，我回之以是。聽到我的回答，她那飽歷風霜的臉上綻放著如鮮花般的笑容，接下來她又說：「坐我們的車吧，剛也有一位小姐答應了，現在我們只缺一人，滿客便發車，車價跟客運同價，都是二百五十元，要坐嗎？」老人也等我張口回覆，便寫下一張便條遞了給我，叫我準時九點整，於客運站前集合，屆時便有車到，我付過了一百塊訂金後。老人又問：「是學生不？」「早已不是」我回說，老人命我隨其而行，進了火車站，他指著那遊客服務中心：「去，去排隊，去辦張青年卡，登山買門票有優惠。不是臺灣人也可以，快去。」

　　辦好後，解個手，坐在車站候車的藍色膠椅上，看著牆上懸著的時鐘，秒針一圈又一圈的跳動，彷彿聽到那滴答滴答之聲。回過神來，只見那老人四處張望，我想應該在尋我，便離開座位，向她走近。「車子已到，快跟我走。」老人著急地說，一女生與我跟貼其後。老人開始叫我明天回程時也坐他們的車，訂個來回，我拒絕了。但老人不死心，一直死纏，說回程只收我二百，我還是婉拒，說我正在徒步行腳，明早會坐最早那班客運，回來嘉義，便要立馬出發。老

人叫我先交剩下的一百五十塊再上車。當時銀包已空，便從背包暗袋拿出五百塊。家中二老，自幼庭訓，出門在外，錢千萬不可盡放一處，要分散存放，鞋子裡、褲帶中、衣物、行李等等。縱然遇搶、偷等不幸，也不會落得個一敗塗地之局。交付給她，那知其只找還一百五十塊，我平日雖然對數學和金錢沒什麼概念，但這一百五十塊，也太不對勁了吧。我望著她，婆子便說沒算錯，還一一分釋給我聽：「剛訂金一百，所以你還要再付一百五，明天的是二百，一共三百五，找你一百五，沒錯。」厲害，好一個「先斬後奏」。

　　她默默，我也默默，但其實當下的我，心中已無明火生，非關金錢，而只在於這位老人沒有尊重我的個體自由。我自幼起便對自由抱著強烈的追求，自由與生命相等，心中總容不下半絲限制，一強迫便生氣，後來知道生氣有害（聽說有國外研究，生氣時人體會產生毒素，一秒之毒素便足以毒殺一隻成年老鼠），傷人傷己，所以便用盡方法，令正要生氣或已生氣的自己平復下來。如在生氣或心中冒起任何足以影響情緒之念頭，我都會看著內心，對其追問，那個生起這一念的人是誰？

　　自生於世間便註定是不自由的，而我卻苦追自由，終墮於被追求自由那一念所縛之怪圈。後來我漸明瞭，外在世界的一切流動、成敗得失、生死病死，都是緣分，沒權決定；可以決定的只是盡力去當自己心靈的國王，只因我總相信著內心是我唯一的自由處。

　　所以那刻我也在追問著生氣的人是誰，隨之細想，面對別人的生命，我的個體自由是什麼，根本微不足道。由此頓

生不忍，不忍眼前這老人，其之所以如此這般，也是無可奈何，以其之高齡，應是在家中，弄孫為樂，安享晚年，現在卻要日晒雨淋，為口奔馳，苦纏客人，只因為生活迫人，必須努力活下去。記得數年前看陳可辛執導的電影《武俠》，還記得戲中主角唐龍有這對白：「因為一切都是因緣，所以一切無自性。一個人犯錯，大家都是同謀者。」誠如其言，都是因緣，這社會的變質，我也是同謀者，唯願微微金錢，能以贖罪。

車是一輛銀白色的「八人車」，上車時，連司機已同坐五人，原來是七人平分包車登山之費用，每人二百五，很值得。剛剛那位女生坐於司機座旁，而我則給安排坐在最後一排，而我之前的座位，則給各人擺放背包行裝之用，我鄰座是一對大陸遊客，像是夫妻，他一開始很介意我坐他旁邊，像我得了傳染疾病似的，那時我前面空座還沒擺放行李，於是他邊推邊說：「坐前面的空位吧。」我無所謂，反正坐哪都是一樣，不久老婆婆說：「你不能坐這，這是放行李用的，我不是叫你坐最後一排，快去，坐好就開車。」那中年男子，只好無奈地接受了。不過，後來細想，我真是有病在身，那病名叫「流浪漢症」，叫「下等人病」。

經過一個小時，車子已離市區，走向山林。路也從闊廣的馬路，轉為狹小委蛇的山路。從車窗向外眺望，中央山脈的疊疊山巒起伏、連綿，山峰則高聳入雲，煞是好看。

坐車便睡，是我的習慣。不睡即暈，也是我的習慣。所以每坐長途車時，我還是盡量讓自己保持在熟睡狀態。車開至番路鄉時，司機說還剩四十五分鐘的路程便可到達阿

里山，於是停下來休息十五分鐘，讓我們上個廁所，買個東西，再上路。車重新開動前，司機收取所有青年卡或學生票，以供一會買門票之用。

　　又睡了一會，寒意侵肌，將我冷醒。車開始下坡，拐進一停車廣場中，司機說：「已經到了，大家可以下車了。」下了車，又是一無知，登山前沒有考慮過，平地高山天氣與氣溫盡不相同，落差甚大。雲霧重重，還下著雨。微冷，沒厚衣，只穿一件白色無袖內衣，外加淡青色漢服褡子，杏色薄布休閒褲。就此開始了與極度恐懼和嚴寒相伴的阿里山二天一夜之遊。

春之佐保姬

　　寒雨連綿，遊人不是坐小火車至神木站，便是坐遊園車從停車場直達千歲廟。那時便想，兩者俱快，前者還可感受百年鐵道風情，而後者則是走馬看花、一瞥而過，只適合旅遊團式遊覽，還未感覺便已結束。我還是喜歡散步、慢行。人慢下來，心也隨之慢下來，當一切皆慢下來時，才得以品嚐到天地之大美。

　　孩時歌曲，今日終可一睹，自停車站上坡行至遊客服務中心，走過中心便沿水泥道而行，沒有任何地圖或路線，看過指示木牌後，便挑了往「沼平公園」的方向而走。沿途所見皆是茂林闊木，林間雲煙繚繞，微風細雨，宛若仙境。

　　但因阿里山的住宿昂貴，實在是住不起，所以未能如其他遊客，以輕裝行於林間。背著沈重行囊，行於二千多高海

拔之上，身體一時未能適應，行走起來倍感吃力，數步走來，已是喘息不止。

一步步踏上以石鋪砌的小徑階梯，左右兩旁皆是雜草泥地。這是「沼平公園詩詞步道」，沿道所見除了花期已過的櫻花樹外，還有那步道旁置放著的「詩碑」，由木料、玻璃、玄武岩等素材製成，余光中、向明、鄭愁予、席慕容、張默等詩人，一詩一碑，刻下詩人們對阿里山的情愫。自古名勝，因境美而生詩，因詩而耀景，我們是詩的民族，歷史、宗教、書畫，皆有此君在，乍想生命中豈能無詩，它是生命的濃縮，是血也是淚，我們都期盼自己是一位詩人。

李義山說：「人生豈得長無謂，懷古思鄉共白頭。」諸詩碑中有兩塊一高一矮、一大一小相依而立，大碑左側上刻有高一生三字，而其碑面則刻其詩歌〈春之佐保姬〉，刻的是日文。高一生，是詩人、教育家與音樂哲人，同時他也是一位鄒族人，本阿叫 Uyongu Yata'uyungana，阿里山是他的出生地，是其故鄉。「春之佐保姬」是春神，歌中唱道：「是誰在高山的深處呼喚？在故鄉的森林遙遠的地方。」思鄉更思人，創作這首詩歌時，高一生，被禁青島東路看守所，身陷囹圄的他非常思念家鄉的妻子湯川春子而寫下其作於五線譜上，連同家書一起寄回阿里山。

他是白色恐怖的受難者，二二八事件時，為保家園率高山部隊，攻占嘉義紅毛埤彈藥庫，取彈藥後，便兵分兩路，一組維持當時嘉義市的治安，又一組則與嘉義地方兵勇共圍水上機場。後因戰和分歧，便與族人退守阿里山。二二八後，高一生致力倡導原住民自治區、高原自治運動，又協助

涉案者避難。1950 年鄒族部落繳械，1952 年，被捕下獄，於 1954 年，以叛亂罪而槍斃處死。「叛亂罪」不過是個「莫須有」，他曾致書妻子：「我冤情日後必會昭明。」時間總是公平與公正的，清白之人終會還以清白，在受難四十年後，其空白的墓碑上才刻下他的名字。只可惜他理想中原住民可享有自治與建設之自主權，至今也未能實現。高壓之黨國思想扼殺一切，統一、和諧容不下多元意見。

高一生在遺書的結尾寫道：「田地和山野，隨時都有我的魂守護著。水田不要賣。」他歌猶在唱，而其便在這阿里山之一花一草一木間。

米家煙雨巨然山

雨霽，天放晴，陽光穿過參天巨木，照射在那條由沼平公園往姊妹潭的青苔羊腸小徑，兩旁木林不甚粗大，像是新種，間中還會看到那給伐去身幹，只剩根部的老樹們。如此美麗之大地，隔靴而行，無非糟蹋，於是我便脫去鞋襪，赤腳行走在迂迴曲折小徑上，雨水未乾，如踏冰雪，一道寒意從腳底直衝腦袋，再擴散至全身，帶來冷顫數下。

空山不見人，空靈寂靜，此刻宛如行於巨然和尚所繪之林麓之間，是抱琴入山者，是問道訪友者。突然一陣喧囂從我頂上林間傳來，不久，一位導遊從別路下來，揮動著手中的紅色三角小旗，領著那一群的大陸團員，叫喊著：「別著走，別走散。」那團員們也不甚理睬，自拍的有之，坐在石上聽歌的有之，還有一聲哮、一口啖的。本以為急步走過，

便可以避開這耳根災禍，那知前方早已有另一團人，看來躲是躲不過，靜謐不再，瞬間從《層巖叢樹圖》轉進《清明上河圖》。

　　突然冒出這麼多旅行團來，只為我已行走的觀光路線，同時也意味著，前方不遠處便是「姊妹潭」，只聽見剛剛那位導遊指著道旁一個四周長著青苔的小池說：「這是妹潭，前面還有一個比它大的姊潭，來來來，跟我走，到了那再講個故事給你們聽。」我也放慢了腳步，跟隨人群而行，不消一刻，便到姊潭，比妹潭闊廣多了，潭上有幾株古木殘骸，殘木前端，一木橋橫於潭上，橋末是兩座以茅草為頂的小亭。無論是妹潭，還是眼前的姊潭，皆是清澈如鏡，將附近諸景一一投映。那導遊站在那「姊妹潭」的木雕擺置旁，一小撮老人，圍成半月形，在傾聽著講之故事，其他人還是只管做自己想做的事，照相，閑坐，有人更高談闊論、大聲演講，說著阿里山比不上他去過的某某地方美。美麗與否，絕對是個人的審美，但心浮動不靜，儘管美景當時，也不過是浮光掠影，糟塌至極，牛飲之人，無法細嚐。我想那位先生心中最美者，非山川河嶽，只是自己而已。

　　「傳說，有姊妹兩人同時愛上同一男子，兩人皆不忍傷害對方，於是忍痛割愛，成全對方，癡情的她們最後選擇了雙雙詢情，投潭而沒。」導遊傾說著「這直教人生死相許」的故事，那時我見既然沒什麼人聽，於是便稍稍走近傾耳偷聽，妙哉，不用花費，便有導覽解說。我放慢腳步，隨著他們移動，應可長不少知識，可真，那位導遊又指著潭旁數株矮小而盛放著白花之樹說：「大家來，這便是臺灣高山杜

鵑，它的花有紅亦有白，一般生長在海拔二千五百至四千公尺。」真美，花潔白如雪。

走至橋頭時，三株年輕紅檜盤繞一老樹頭而生，叫「三兄弟」，與之對望的是「四姊妹」，因為他們共生於一顆被砍伐的古老檜木樹頭上，可能是周近之檜木種子隨風飄落，以老樹為基，吸取養分而長成。步道開始轉為下坡路，導遊還是一貫地盡心盡力，解說著沿途風光，也不管身旁聽眾聚之多寡，留心與否。那砍伐剩下的殘存古木樹頭，二株盤纏在一起，叫「永結同心」，碩大獨立株的叫「金豬報喜」，像與不像，全憑角度。

踏著石板道，兩旁皆為茂林，坡度漸趨平坦，豁然開朗，眼前出現一個園區，名為「木蘭園」，園中除了種植著「怪得獨饒脂粉態」之辛夷外，還有樹齡八旬的野生臺灣霧社櫻，遺憾花期已過，未能一睹芳姿。木蘭芳馥，只可惜只有數株是開著花的。

受鎮宮，聽說每年三月初三玄天上帝誕，會有「神蛾祝壽」，他們會飛駐神像之身，一動不動，人們將其視為神跡。而有專家則說因為那時剛好是其繁殖期，而受鎮宮燈光明亮，蛾本性趨光，才會如此。是自然現象也好，是神跡也罷，相信即可。我並未親見，就連受鎮宮，也只是在其門前經過，未曾走進。我想阿里山園區要數熱鬧繁囂，除了停車場那一帶的商店街外，便是此處，受鎮宮四周店販林立，吃的、喝的、手信、記念品、香燭、水果等拜祭品。我發現這也是聚集旅行團的結集地，人聲鼎沸。

有見及此，我挑了一條較幽靜的步道小徑，前往神木林

區。行至不久，天色漸暗，陽光不見了，山嵐又至，林間開始朦朧起來，只聞潺潺水聲，而不見溪流。走進神木群步道，與一路走來的步道盡不相似，不是以石頭而築，皆為木造，與整個神木林區，渾然一體，沒有絲毫突兀感。

我常愛用「參天」一詞來形容樹木，但在未到阿里山前，根本未曾見過，只不過是人云亦云而已。原來上千年之檜木真可參天，樹幹筆直而粗大，抬頭昂望，根本不能尋到頂端，擁抱著他們更覺自身渺小至極。也是，他們默默無語，傲立此山已千百年，飽歷風霜，看盡了時代的潮起潮落。然他們同時也是見證者、受害者與倖存者。因為他們，我們才不用藉著古老黑白照片而進行憑吊。

過了一條木板鋼索吊橋，不久便到了神木火車站，恰巧遇上小火車到站，從上俯望，人群如蟻，這邊下來，那邊上。鐵道旁有被雷所擊，而不得不躺伏在地的神木，自 1906 年日本技師小笠原富次郎發現後，便名揚天下。它曾如王般地傲立著，等待著遊人朝拜；它也悲傷著、無奈著，眼睜睜看著朋友、家人、同儕，一個接一個地倒下，軀體給整理、打包後，再從眼前鐵道運走。

已過百年的阿里山鐵道，猶如一條流動的血脈，不但是橫向，還是垂直的。其中包含的是期盼與希望、欲望與骯髒。

看過了「神木頌」，離開了神木站。從踏上棧道，沿其而上。千年檜木，散落道旁，每株檜木都有一塊專屬木板，寫著其年歲種種。自木棧道回到石板道，看了「象鼻樹」與其鄰近的「三代樹」，同一處，橫倒的是一千五百歲之祖父，其枯沒後二五十年，兒子再萌芽成樹，接著再枯亡，又經三

百年，孫子又再成蔭。

在高山博物館前是一群又一群的遊客，一位接一位的導遊，輪番入內參觀。因為是博物館，就算人頭攢動，也得隨著人流而進。阿里山的伐木史，伐木與鐵道等實物工具擺置、一張日治時代的阿里山與臺灣各地的手繪大地圖、鄒族的傳統服飾。

自博物館步出，往石階下走，遊人不多，可能大多對石造的「樹靈塔」與「琴山河合博士旌功碑」不感興趣，一望便過。那個碑上，「博」字的「甫」缺了一點、「功」是「力」不出頭為「刀」。有說是河合不敢以此居功。他是建阿里山鐵路的提倡者，也是由他對阿里山進行勘查的。當時他的目的只想打造一條世界級的登山鐵路。距勘查過後十來年，河合又回到阿里山，當時的阿里山已面目全非，蓊鬱山林變為伐木工寮，鐵路上載運著千年古木，他感慨地寫道：「斧斤走入翠微吟，伐盡千年古樹林。枕石席苔散無跡，嗚泉當作舊時音。」

純粹的思想，換來不純粹的結果，於是生靈塗炭；當廣島遭原子彈轟炸後，愛因斯坦後悔地說：「我現在最大的感想是後悔……當時我想把原子彈從瘋子希特勒手中搶了過來，沒想到又將其交到另一個瘋子手裡。」歷史反覆提醒，純粹的人相信著，另一人也是純粹的；而這惡世同時也演說著，不是每一個長得像「人」都可以稱其為人，不是每個人都像清泉般，名利當頭，「君子」難覓。

人群迎面走來四五位僧人，為這木間，帶來古意。天下名山僧居多，石階的盡頭是一座「慈雲寺」，木搭山門，簡

樸古拙。古寺紅簷綠瓦，寺牆上寫著「宛如終南」，要進寺內必須脫鞋，而我只於殿前合十稽首。過大殿前方的山門，是一個開廣平臺，倚欄眺望，只見遠處漫漶的山脈輪廓，低頭俯觀，雲煙拌合。轉眼間，山脈不見，眼前盡是白茫茫一片；煙雨隨風，向我而樸，穿過我身，一滴滴雨打在我每寸肌膚上。整座阿里山就像給山風吞噬般，煙雨迷濛，我也穿起雨衣，往朦朧溫潤處而行，行於這幅米家雲山中。

幻想與現實

「幻想是美好的，現實卻是殘酷的。」我常把這話掛在嘴邊，提醒著別人，但卻忘了提醒自己，這番終於輪到我了。開往祝山的小火車，售票時間在下午二點半至四點，那段時間，我正在神木林中，快四點半時，我還冒著霧雨，聽著流水聲行在那「香林拱橋」上。

手機已快要沒電，我心中急著尋找可以供我充電的地方，因為沒了手機，一者，意味著唯一的求救工具沒了。所以，在行腳中我意識到飯可以不吃，而電卻萬萬不能不偷。如果說令我放不下，不能灑脫，應只有這部可供求救的手機。

解手後，我嘗試著在洗手間內充電，拔起了那台對著濕滑地板猛吹的大型電風扇插頭，插上我的充電線，不知為何，可能是老天不容許偷電這行為，手機竟毫無起色，換回那台電風扇，照舊猛吹。走回遊客中心，躲在那個滿布著強烈阿摩尼亞味的傷殘人士專用洗手間中，因為只有那可以「偷電」。

　　從遊客中心拿了一張整個阿里山園區的地圖，將其打開，看著剛自沼平公園起一路走來的路線，發現已繞了一圈。再看看明天要看日出的地方「祝山」，地圖畫著在派出所附近有一「觀日步道」可達祝山。再望地圖上祝山的部分，只見那裡有食店、商店的圖樣。心中便想，那應是與阿里山火車站那一帶相近，有便利商店、餐廳之類。索性現在便走上去，待上一夜，起來便可看日出。

　　於是，我又回到沼平公園，這次穿過鐵道，經過派出所，再向火車站方向走，不消一會，一條石階步道出現眼前，看過幾間木造的員工宿舍，看來應該已沒人居住了，窄狹步道，坡度稍陡，只可供一人走動；青苔滿布，兩旁藤蔓侵道，濃霧、寒雨，自柳杉林裡間中傳來幾聲鳥啼，淒寂得很。本以為柳暗花明處便是終點。那知步道盡頭是一條汽車行走的柏油路，沿這「祝山步道」而上，經過了火車鐵道，繼續上坡，也不知爬了多少個坡，過了多少個彎，終到眺望台。

　　我是一位絕對的理想主義者，當我步踏祝山時，便心知不妙，心中輕嘆著我又再一次給自己的幻想蒙騙了。便利商店、飯店未見，只有那五家緊連的小商舖，鐵閘緊鎖。於是我想火車站，應有地方可讓我避寒飽睡，便從那長闊的石階而下，推開那及腰的小鐵門，抬頭是正在跳動的電子錶，月臺空空，連房間也沒人在，木門上鎖，推不開。這刻手機又再次響起警號，提醒著我，它又快要沒電了。回想剛下來時，指示板上有「洗手間」的字樣，那應該有電可偷。就此我又回到了那寮棚般的「觀日樓」，洗手間便在其左上方。充電器一插，沒反應，這洗手間有遮有擋，大門關起來，甚

暖。天色轉暗，想是那金烏快將下班回家了，沒了光線，洗手間內有點漆黑，我按下電燈開關，毫無反應，原來這根本沒電，腦海閃過拾枯葉殘枝生火之念，奈何身上並無火柴與打火機，鑽木取火，野外求生，一概不會。這刻真的應了馮夢龍的那句老話：「屋漏偏逢連夜雨，船遲又遇打頭風。」

沒燈、沒火、沒人，腦子一麻，心頭顫慄、慌張，拔腿便跑，心裡只有一念，要趕在夜幕降臨前下山。天越暗，霧越濃，沿著來時路，急著步走，把目光放於前路，不敢四處張望。可能這便是心中對黑暗與死亡的原始恐懼。

冷雨夜

走回派出所時，已入夜，溫度也明顯下降了許多，身體開始失溫，起著雞皮疙瘩，不時流著鼻水，全身肌肉猛烈顫抖，腦子空空。我對著燈火通明的派出所，舉旗不定，因為之前曾聽聞派出所可供借宿，但心中還是猶豫著，到底要不要進去詢問。最後，我抱著進去可以暖暖身的想法，推門而入。值班員警是位身材略胖、個子不高的中年男士。他見我進來，但問我何事。我顫顫抖抖、結結巴巴地說：「我正在徒步環島，因阿里山的住宿太貴，旅費有限，想省著用。未知可不可以讓我在此住一晚？」「不行，不太方便，我們是政府機關，我們有條例，不可收留外人。」員警先生說。我正想回頭離去，突然想到手機已沒電，於是跟他說我手機沒電了，可否讓我充一下電。這次得到了許可，他引我進派出所的休息室，坐在長木椅上，那時坐在我身旁的是所中另外

一位警員，身穿便服，個子高大，黑髮中混著銀絲，一臉嚴肅。我也管不了他們反感與否，那刻只求暖身。警員看來嚴肅但內藏著一顆慈悲之心，他可能見我衣衫單薄又不停搓揉雙手與大腿，便問：「用過晚飯沒？」「還沒，已有一天沒進食，一路走來，今天基本只吃早餐。」我答說。他說他也沒吃，正要去沖泡麵，問我如不厭棄，便請我吃上一碗。沸騰的水沖進泡麵杯中，剩下的就是等待時間過去。等待之時，他宛如面試主考官般，問著關於我的種種事情，我一一解答過後，我倆著便拿起筷子，大口大口吃著那美味的泡麵，喝下那暖身而不健康的味精水，當下簡直可以感受到，那麵已跑到體內何處。解了冰的我，開始不再顫抖。

看著電視播放的棒球比賽時，有一位同為警員的先生，帶著妻子進來訪友，他們三人是多年的老朋友。煮水泡茶，糖果奉上，我也沾上這位先生的福，飲著那一杯杯熱乎乎的高山綠茶，飲光了又再為我續杯，後來回想，綠茶性涼，喝多了胃寒，這意味著當下的暖意過後，人將會更冷。

這一坐便是三個小時，已是晚上九點，銀髮先生問我電充好了沒，這是逐客命，我當然意會；於是便道謝告別，臨行前，他們送了桌上糖果給我，說餓時可吃，又提醒我回去停車場，走沼平公園步道較好，那裡街燈較多。我沒聽話，選走了一條燈光昏暗、零散的柏油路。手機耗電快，一定要有行動電源，才能活得長，但行動電源早已沒電。於是我再次回到遊客中心「偷電」去，晚上，整個阿里山，人跡稀少，我不用擔心手機會給偷走而守在左右。只聽著遊客中心內哄堂大笑，應是留宿的工作人員。

　　雨停了，我還是不敢脫下雨衣，因為除它之外，我就沒有其他保暖的衣物。本想走進便利商店暖一暖、睡一睡，但從停車場遠望，只見店裡熱鬧得很，座無虛席，只好放棄。在遊園車站旁有一間洗手間，細想，天氣寒冷，風又那麼大，人們不是在便利商店吃著熱食，便是已藏在旅社房間的被窩裡；洗手間應該沒人會用，於是我便走進傷殘人士廁所，把門拉上鎖起，擋住寒風。連著背包一起坐在那個抽水馬桶上，看著那本從香港苦覓至臺灣才到手的《在印度聽見一片寂靜》。一頁一行地細仔看著阿襌師二十多年的修行之旅，看得入迷，連寒冷也忘了，二個小時轉眼便過。

　　打斷了我，把我從印度拉出的，是那陣陣濃烈的無水氨。實在難忍，於是我把手機放著充電，背著行囊，拖著這個失溫的臭皮囊，一派流浪漢風格，東尋西覓，只為一個安身處。阿里山火車站月臺的木梯下，地涼，久坐屁股也冷了，而那一樓的大堂則是大門緊鎖；最後在二樓的月臺找了一張倚著大木板、擋著風的長木椅，脫下雨衣以為被，背包為枕，側身蜷臥。面望著那台漆黑沒燈的小火車，不知何來的紅光折射在車窗之上，加上四周寒蟬，不知為何，那刻心中總是浮起一位臉色蒼白的日本軍人之影子，叫人心寒，儘管害怕想逃。但身體實在太疲倦，太需要休息了，只好往木板那邊轉身，緊閉著眼睛，迷濛間便睡去了。

　　寒風侵體，背部涼涼的，猛然醒來，看著月臺上那電子錶，十二點整，只睡了半個小時左右，再看看電子版上顯示著十三度，實在是寒意逼人，最後只好背上行囊，穿好雨衣，冒著風雨，向便利商店直奔而去。

　　當便利商店自動門打開，雙腳踏進那刻，我彷彿終於從寒冰地獄中得到了救贖。店中只有我與一位戴著眼鏡，長著鬍子的男店員。我深怕被趕，又怕令人帶來不便，於是不敢伏桌而睡，便繼續投入阿禪師的修行之途。

　　白坐久了深感不好意思，於是便買了一杯咖啡、一盒便當。與店員閒聊了幾句，他誤以為我是剛來不久，騎車上來等看日出，還與我說他剛騎來上班時濃霧擋路，叫我等下去看日出時，也要多多小心。

　　人生苦寒，一杯熱咖啡，一本書，有此兩者足矣。

心生怖懼

　　凌晨三點，雨降了，又停了，離日出還有兩個半小時。我心中盤算著路程，由觀日步道至祝山，大概要花一個半小時，從便利商店去步道，要四十五分鐘。此時便要動身出發，柏油路上杏黃的燈光，射不穿那白茫茫的濃霧，眼前視野，只剩十多公尺左右。熟識的沼平火車站，有零散的人群，想那是去搭小火車的遊人，而我則在步道前猶豫著，與其說猶豫，不如直說是我心害怕，害怕著再次踏上那段前往祝山的路。

　　於是我憑著腦海的記憶去尋找，那條汽車行走的柏油路。尋尋覓覓，來來回回，最後還是在劫難逃，我還是回到了那步道的入口，我對自己說，時間已無多，錯過這次，可能便再沒機會了。於是鼓起勇氣，再次踏上那青苔步道。

　　步道的前一小段，皆有街燈相連，那知山坡越趨陡峭，

燈與燈的距離也越隔越遠。我低頭看著石階，一步步地走，不敢胡亂張望。當我抬頭看著離我不遠的一彎處，那燈光忽滅忽亮，最後以至全滅了，眼前天昏地暗，步道一片漆黑，整個人給那無盡的黑暗包圍以至吞噬，此刻我終於明白何謂伸手不見五指，我恐懼、驚慌與不安著。我慌忙打開手機的照明燈，白色的燈光，微弱無力，射不破那四周纏繞的山嵐，只好照著下一步石階，小心翼翼地行走。本以為只要熬過這雜林步道，到柏油路時便會迎得光明到來，那畢竟是行車的地方。要取真經，還真的必須經過九九八十一難，整段路程除了那火車鐵道處，其他皆是一片寂靜漆黑。我只期盼著有車子會經過，為我照引。但期盼終是期盼而已。

心生怖懼，恐怖的影像不時湧現心頭，是那藏在霧中的日本軍士，對我拔刀怒目，是那林間一個個鬼魂對我張牙舞爪。是因怖懼而生起各種影像，影像而又引來新的怖懼，兩者不即不離，環環相扣，這是我心中那一場有關怖懼的輪迴。一邊走，一邊看著念頭浮動，等影像將出或已現，我便追問：「怖懼的是誰？」影像經過一問便散，散了又聚，生了又滅。我終知道「一切唯心造」，只要注心當下，步步前行，不放棄，定可走到，祝山就在那，目的地就在那，它是不會見我而逃的，而那心中所起的恐懼也會隨著當前這一步而成為過去，登山如是，人生亦如是。

神祕的呼日儀式。

到祝山時已是五點了，那幾家店舖，鐵閘拉起，亮著燈

火，商家排開戰陣，食物、手信、木雕工藝品等，等待著客人到來。在觀日平臺上停泊著幾台汽車，占領著最佳的觀日位置。雨勢變大了，沒有車子的都與我同躲於店家屋簷下。看著老天如此，心裡已涼一半，暗自嘆息，觀日無望了。不久，小火車到站了，人潮自月臺經石階湧上，當然還是少不了那些敬業樂業的導遊與情緒長期保持高漲的團友。我想假以時日這將會成為除了日出、雲海、晚霞、森林、鐵路之外，另外一奇。也難怪我在往後旅程，行至田尾時，一位曾為記者，現為食店老闆的女士，跟我說現在他們多不會去日月潭與阿里山等有名景點，因為已經變質了，走味了。此是後話，就此打住。

雨霽後，我隨著人群，行至那觀日平臺的木欄旁，眼前便是險絕山坡，天色漸從黑轉為蔚藍，此刻已是五點三十五分，我想那金烏早就醒來了，只是給那濃霧蓋住了，煙雲迴縈，好一片白茫茫的大地，真乾淨。

可能有感觀日之旅變成觀霧之旅，場面尷尬至極，對導遊來說或許早已司空見慣，但為了平撫團員那失望的心情，他決定領著大夥，舉行一次求日儀式，只見他高站石壘之上，高聲哈哈三聲，再大笑一會，而那團員們像深深信仰著這宗教般的儀式，相信著「哈哈」咒語定能撥雲霧見青天。

悲觀的我，信仰早已給那寒冷與煙霞淹沒了，只想早點下山，找個溫暖沒風處歇著，等待那台接我離去的車子到來。

奮起湖，非湖。

　　中午十二點整，我與昨天那位同車姑娘，俱站在那說好的集合地——「中華電信」大門前。車子遲遲未到，姑娘緊抓著昨天所給的收據，說是收據，其實不過是在傳單背面空白處，寫著集合地點而已。不久，有一位高大瘦削，四十來歲的男生走近。他說其他客人已經坐在車上了，只缺我倆。

　　追隨其後，急步而行，相似的銀白色「八人車」，不同的司機與乘客。那位姑娘與我同坐第一排，後排則坐著兩位老夫妻，丈夫是位日本人、老紳士，頭戴黑色紳士帽，一身黑筆直西裝，總給人彬彬有禮之感。其旁的老太太，一頭銀髮綰著髻，身穿素色連身裙，臉上常帶微笑，高貴淡雅。司機旁坐著一位女生，腦海對其印象漫漶，只記得她是位陸客，在車子回到嘉義時隨我身後，走了好一段路，後來發現我不是乘車離開嘉義，便自行離去了。

　　車廂裡布滿了久違的暖和，身體回溫了，人也放鬆了，在寒冷的阿里山只睡了半個小時，身心疲憊，頭貼著車窗，感受著它的振動，漸漸便呼呼大睡起來。

　　「快到奮起湖了，等一下我們在那休息一個小時，大家可以在那用膳，遊覽一下。」司機高聲地說，像是有意叫醒如我般沈睡的乘客。聽後我的腦海立即浮現出如洱海般之山中湖泊，清澈如鏡，碧水藍天，偶爾風過波紋動，將倒影吹歪。心也隨之而滿懷期待。車子沿著蜿蜒曲折山道，拐去拐來，終於到了。司機莞爾地說：「我的車就等在這，一小時後再見，忘了跟大家說，雖然叫奮起湖，但它不是一個湖，

只有老街和便當，奮起湖便當很有名，大家一定要去嚐嚐。」

「湖」為閩南語中低窪地之意，當地實際上並無湖泊。因東、西、北三面環山，地勢低窪，中間低平，形如畚箕，雲霧環擁如湖，故而舊稱「畚箕湖」，後因此名不雅，而改為「奮起湖」，「畚」、「奮」同音，「箕」改「起」則用意奮發圖強之意。

這是一個山城，有著山城的特色，依坡而建，石階特多，平路稀見。自入口牌坊步進，老街不大，但卻店家林立，除了便當食堂外，還有茶葉店、餅店、鐵蛋、愛玉、草仔粿等。小小山城，塞滿了聞名而至的遊人。因剛自司機那聽來，火車站車庫內，放著兩個蒸氣火車頭，我沿街直上火車站，現在的火車站，是阿里山鐵道的終點站。在沒受風災前，它是阿里山鐵道的中點站，也是全線唯一的雙月臺大站，有著最大木造機車車庫，即我現在所看到、收藏火車頭的地方。十八、二十九號的黑色扇型齒輪直立式汽缸火車頭，它彷彿乘載著阿里山鐵道的百年興衰。他們年輕時曾穿林過山，拿著人們從平地登高山，早上自起點嘉義開至終

徒步環臺60天

點阿里山，要七八個小時的車程，而當他們行至「奮起湖」時，正為中午，火車停站休息，添水加煤。而乘客也在此解手、用膳，而奮起湖便當也因此而生。

火車站旁有一家食堂，可能占有地利，下車便見，所以人龍特長，羊群心理，我也想排隊嚐嚐，看看人龍，再看看價錢，我便打消念頭。沿石階步下，走進右手一條小巷，第一家店「蘭香食堂」，老闆是位老先生，灰色的圓領毛衣，黑色西裝褲，頭已半禿，髮已白。其前是一鐵桌子，桌子有六個凹陷的半圓，內裡放著六款不同的食物，手拿剪刀，高聲呼喊「便當、便當」，便當一盒一百，收過錢後，老闆親自招呼客人，一手拿著長方形的木片盒，一手飯勺，用飯將木板填滿；再將那六款食物，一一擺放於白飯之上，紙蓋一封，橡皮筋一索。

他有兩款便當，滷雞腿與炸排骨，我要了炸排骨，在食堂內用，盒子打開，內有一塊大排骨，油豆腐、半顆滷蛋、高麗菜、酸菜、醃梅子，美味至極，特別是那酸甜開胃的梅子。

聽說在還沒有電話的年代，客人要訂便當，得像武俠小說橋段般，利用「飛鴿傳書」，客人可先於嘉義將訂單寫好，綁於鴿子的腳環，再以橡皮筋束緊，自嘉義飛至奮起湖，不消十五分鐘。

飯飽後，見還有時間便四周逛逛，老街人多道窄，我個子矮小，狹於人群，很不舒服，只好離去。沿指示板去尋找「博物館」，出了老街，走到一處叫「下腳店仔」的地方。可惜與其無緣，已將近一個小時，沒時間探索，無奈下只得回頭，走回入口牌坊。上了車子，只剩坐我隔壁的姑娘未到，

105

司機自司機座回頭對我說：「你女朋友還沒到，要不你打個電話或下車找一找她。」「她不是我的女朋友。」我聽後笑著回答。司機聽後似有那領會般：「原來你們已婚了，那你還是快去找你老婆，一會她掉了，你就糟了。」聽後，真是叫我啼笑皆非，於是只好趕快解釋，免得那姑娘回來時尷尬。

　　車行至觸口村，因為我與兩位姑娘去的是嘉義火車站，而後座兩位老者與前座女生是去高鐵站，為了節省時間，司機決定與同行朋友互換客人，高鐵一台、火車站一台，所以我們便轉至他朋友那台以火車站為目的地的車。同車的是一對香港情侶，車開動不久，他們便討論起來，觸口村那有名的「天長地久橋」，為何只見「地久」而不見「天長」，一開始他們還以為車子的下一站便是「天長」，所以當車開進嘉義市區時，耿耿於懷的他們，開始發出陣陣失望的嘆息，大概是只要見過那橋，他倆的愛情也可如橋名般，所以期盼著，也深信著。只可惜這世間，只有剎那的永恆，何來永恆的剎那。

玉山大旅社

　　我對旅社的刻板印象是，旅社是歲月的痕跡，房間都帶有一股全臺各大旅社統一的特有味道，那是一股只能感受，不能言傳的味道。鄰近北門驛的玉山大旅社，是個有別於其他旅社的待例，蒼桑的它傳來的卻是陣陣的咖啡香。

　　車子到達嘉義火車站時已是五點多了，夕陽西下，夜幕將至，我決定在嘉義多宿一天，恢復體力，明天再上路。有

緣遇上的終會遇上，由新營至嘉義那天，其實我是先致電
「玉山」，因為打烊時間為七點，那時趕不上，於是貼心的旅
社店員才將我轉至「碰碰諸羅山」。

　　騎樓上一個白底紅字的「玉山旅社咖啡」，正門上懸著
一匾「玉山旅社」，拉門而進，表明來意。正在沖泡咖啡的
女店員放下手上的活。領著我到三樓閣樓。在火車站時曾致
電，店員說因今夜房間早已客滿，介不介意住閣樓。閣樓比
房間便宜，只收二百五，哪會介意，反正眼睛一閉，五星酒
店與殘舊旅社，又有何分別。

　　一樓木梯旁的牆壁上張貼著一張「玉山旅社協力修」，其
內文為介紹旅社的歷史與復修之緣由種種，木梯已老，踏上
時會咿咿作響，難怪牆會貼著「老屋保存不易，請放輕腳，
Thanks。」之字樣。二樓窗櫺旁鋪著榻榻米，其上放著坐墊與
矮腳小木圓桌，那時二樓還有坐在那品嚐著咖啡與書籍的客
人。從二樓通上閣樓的是一條狹窄略斜的鐵梯。店員說已幫我
鋪好竹席，懸起蚊帳，熱時記得開電扇。閣樓靠鐵梯的一半是
給封住的，我從縫中探看，黑中可見樑柱，看久便覺心寒。牆
上也沒水泥處，露著木條。畢竟是已過花甲的老屋了。

　　花甲已過又何止它，還有我身在香港的老爹，多天未撥
電話回家，母親接聽，憂心忡忡地叫我趕快回去，她說老爹
肝血管閉塞，正在等著兩星期後的詳細身體檢查。聽得我心
亂如麻，我母親是位悲觀主義者，凡事總向極壞處想。所以
我叫母親找姊姊來，我問姊姊，是不是很嚴重，如果是我明
天便趕回。我姊回我一切還待身體檢查報告才可知。我是一
個優柔的人，遇上大問題時常要詢問、思考好久才可下決

定。我姊幫我分析著，如果你現在回來，你一輩子就這樣，再沒下次機會去做你想做的徒步行腳，但如果真的有事你就要背上不孝之名。行腳與老爹，夢想與至親之情，我自私地選擇了前者，我決定拖延，拖至老爹報告出來那天，那時心想有多遠便行多遠，一切就隨緣吧。

在一樓浴室洗過澡，回到閣樓，我把電風扇拿進蚊帳裡，臥在蚊帳下涼著，這番情景，令我回想起童年在農村的點滴，更讓我想起外公過世的那天，那年我四歲，外公得了急病，母親領著我與姊姊趕到外公家。外公家是一間百年老屋。那晚，我睡在閣樓，有一氣窗，可以望到大廳，家鄉習俗，人快不行時，都不住房間而睡於大廳，外公睡在我遺尿過的貴妃床上。還記得過了那晚，我母親哭著跟我說：「兒子你已經沒有外公了。」

七點過後，店舖打烊了，店員也開始關燈離去，一樓、二樓燈都滅了，獨剩我這閣樓還亮著一盞小燈。小窗櫺的橫樑上，有一行小字「伊藤君，民國 35 年 3 月 5 日別離宴。」伊藤君為何人？是前旅社老闆的至友？是旅行的過客？時間帶走了一切，只知當年在這閣樓上，曾舉行過一場別離宴，在宴中至友們依依不捨，淌淚痛喝，心裡皆明白著，宴散後隨之而來的便是天涯相隔，乃至是永成缺別。旅社對著北門驛，舊時繁華熱鬧，遊人來來往往，登山下山。轉眼便是一甲子，曾有無數遊人在這舞臺留宿歇腳，粉墨登場，千迴萬轉間唱著那一齣接一齣，相聚、離別、重逢的戲碼，人生如戲，悲欣交集。

06 / 嘉義至斗南

吉爾拉

　　在路上我常邊走邊唱著「我是一個流浪漢，全國各地我都走遍。我是一個流浪漢，大街小巷我走不完。騎上了馬兒去西藏，坐上了火車我去雲南。Sikenashka Sikenashka，坐上了火車我去雲南。」這是民謠樂隊「野孩子」的歌曲。詞是他們填的，曲子則是流傳甚廣的古民歌《吉爾拉》，塔塔爾族、哈薩克族、俄羅斯、伊拉克，整個中、西亞一帶都可以見其身影。歌者演唱《吉爾拉》時，都愛即興填詞，固定的調式，萬變的詞，但不變的是，其中一定都會出現Sikenashka Sikenashka。

　　「Sikenashka」在某些地區解作「茨岡人」，「茨岡人」即羅姆人（Roma），千年前自北印度一路西遷，一路流浪。千年間一直飄泊於歐亞大陸。法國人稱其為波西米亞人，西班牙人稱其為佛朗明哥人，在伊朗是羅里人，於希臘則叫做Atsinganoi。而他們還有一個叫人耳熟能詳的名字「吉普賽人」，但吉普賽一詞，在大多數羅姆人心中是帶有歧視的。然他們會稱自己為 Rom，Rom 的意思是「人」。而《吉爾拉》則是 Rom 的民謠，一直伴隨著他們浪跡天涯的歌曲。

　　羅姆人熱情、奔放、浪漫，終年流浪，放浪不拘。在歷史上他們受盡逼迫與歧視、驅逐與排擠。只因他們是主流

之外，對主流模式而言，當有一天，你突變了，你成為了個體，做出一些他們從未做過、想過、見過的事情，你將會被他們視之為「癌細胞」，於是「主流」恨不得馬上將你割除，以阻止擴散。

但「主流」似乎忘了，它不認同的，不代表它便是不好的、是壞的。除非那「主流」是個極權，儘管是極權，請不要忘了世界非以一個原子便可構成。「百樣花開百樣紅，百態人生各不同。」豈有絕對可言，有的只是交流與包容，而非那一直無理的打壓。

我期盼著如羅姆人般的流浪，肉體與心靈的流浪，也愛著他們對生活的一切浪漫。

照舊沿著1號省道北上，在民雄遇到請我吃親手種之小番茄的老婆婆，中午，毒辣的太陽晒得頂上冒煙，於是便在坐在三疊溪公車站的木椅上歇著，突然一位大叔出現在眼前，蓬頭垢面，滿身酒氣，衣服微髒，黑瘦的臉，眼蓋帶傷，手抱著一把破舊木吉他。他對我說的第一句話就是：「吃飯了沒。」我說還沒，他舉起右手食指，指著離公車站不遠的一家麵店：「你去那吃，我請你。」我那時心裡想著他會否是騙徒，所以便婉拒了，接著他又問我借手機。那刻我認定了他是有所不軌的。但又怕他真有急事，不給可能會害了他。所以我還是給了，但他只是講了號碼，叫我撥打給他姪子。電話通後，我將手機遞給他，他堅決不接，叫我與他姪子說即可。我不知其姪的名字，只是照他所言，說：「你的伯父問你事情都辦好了嗎？」在電話另一邊的姪子茫然地問：「你是誰，你找誰？」我彷彿變成電話騙案的匪徒般。

實在沒法，我只好將手機直著放在那大叔的右耳。隨後放手，大叔接過去，說了一回，又遞了給我，姪子又問我他伯父現在在何處，我回以三疊溪公車站。掛線後，他還說要給我通話費，我說小事不用。

現今社會要相信別人，好像變得困難重重，一道道鐵閘阻拒著我們，我們都愛猜度著別人，以第一印象將其分類與定義，我那刻也成了「主流」，不尊重與輕看那位大叔。他沒有一刻不是抱著吉他，我想他可能也正在流浪著，其實每個人都在流浪著，都在那條稱作「人生」的道路上流浪著，演唱著屬於自己的《吉爾拉》。此刻真想聽聽大叔用其心愛的吉他，彈唱屬於他的《吉爾拉》。

交叉點

一整天心中一直在重覆地想著，到底是去斗六再向南投走，還是繼續北上員林、彰化。我詢問大俠，大俠說各有各好。我又問了那時正身處彭湖花火祭的跆拳道男孩，他又幫我問了他朋友，得到的回覆是彰化是平原，路好走，但沒風景，南投有風景，卻多山，路不好走。如果我是騎腳踏車，他會毫不猶豫叫我去南投，可是我現在是用行走的。

所以便想於分道處「斗南」落腳，想清楚明天的去向。我四點多近五點時便到達斗南，在網絡上搜索落腳處，發現價格都不便宜。所以便打算先去那家價格最便宜的看看。沿著門號去找，這時才發現原本的旅社已經變成了咖啡館。網絡上的資訊和行腳以來遇上的人都告知我，可於派出所、廟

宇和學校借宿。斗南派出所對我說他們是政府機關，不能借給人留宿。員警指著右方說那有學校，又指前方說那有廟。於是我便往其所指的廟而去，我見那位年輕的女廟祝在講電話，不好打擾，只好立於其旁等待。電話掛線後，我表明來意，廟祝說的是台語，聽得我丈八金剛。後來她為了打發我這流浪漢，也不得已勉強說了幾句國語：「你不能睡在這，員警常常會來巡邏，你還是去別的地方吧。你出去，往右走，不遠處有一個掛著燈籠的地方，是一個公園，你可以在那睡。」

　　公園還是留待最後，於是我又把整個斗南的學校全跑遍，一家國民中學，學校大門正開著，向一間正亮著燈的房間直奔，扣門而進，一位穿著西裝的先生，正低頭專注工作，我問可否留宿，他帶著歉意回我不太方便，晚點學校將有活動。一家國小則鐵門緊鎖，全校無一絲光線。

　　不巧，正想去廟祝推介的公園時，老天突然下起嘩啦啦的滂沱大雨來。急步到便利商店避雨，本想在此過了這個夜晚，最後還是那句不好意思、不想打擾，就沒在便利商店留下，雨霽，我還是決定去找一家旅社。行腳時常落腳在小鎮上，如果那個小鎮一帶並不太重視旅遊，那些地方多是沒有背包客棧、青年旅社、民宿之類（不過民宿留宿一晚動輒一千以上，還有多是沒有單人房，所以行腳時，除非迫於無奈，如身體出事了或價格便宜，否則我絕不考慮），所以剩下的只有傳統旅社，不過有時還會遇上連旅社也沒有的地方。

　　自下午四點至晚上九點，東奔西跑於斗南的大街小巷，為的就是想找一個不花分毫的落腳處，最後還是找了一家「佳

賓大旅社」，老闆娘為人甚好，知道我來自香港，正在徒步，便說遇過很多香港來環島的，不過都是騎自行車，用走的還是頭一回見到，本來入住要登記資料種種也一一免過了，鑰匙給過了我，對我說辛苦了，快上去洗個澡，早點休息。

　　臨睡前收到大俠的短訊寫著「一路往北」，我心也拿定主意了，一路往北走便是。

07 / 彰化田尾

鳶尾花

　　我一直深愛著梵谷的畫，不是因為它的昂貴，而是它告訴著我們，在這個世界活著是一件不容易的事，是孤寂、是血淚、是燃燒，是在無盡的絕望中跳躍，在受苦中得到救贖。

　　在他自殺前的一年，畫下了一張《鳶尾花》，他是梵谷靈魂的天堂鳥，是對生命美好的追求與燦爛的期待。法國人將其視之為國花，它象徵著自由與光明。

　　從斗南沿著 1 號山線往北，經過了蒜頭的故鄉莿桐，自溪州大橋過了濁水溪，水尾、北斗。那天的落腳處是位於彰化田尾鄉南鎮村平和路一段 304 號，名叫「旅人小屋舒宿」，他是一座由穀倉改造而成的背包客棧，房子的正面是木板玻璃窗，自村道上行過便把裡面看得一清二楚，可能基於隱私，所以簾子常常都是拉上的。而內裡則有木梯閣樓，靠玻璃窗處鋪著六張榻榻米，左右各三張，其上橫樑懸著兩把吊扇；兩者中間放著一張木茶几，上面放著長方形玻璃；榻榻米前放著一屏風，其前是一張長籐椅沙發，進出皆走房左之側門。

　　在小屋對面有一水池，水池上有一木板道，其盡頭放著一桌數椅，浪漫至極。而這個水池所種的不是別的，正是「鳶尾花」，只可惜花期剛過，未能睹芳。

　　而這「鳶尾花」和小屋的主人——成哥，四十許歲，健碩、個子與我相約，不高，黑瘦的臉上總是常帶著燦爛的笑容，是一位挺好的好人，大有陶令之風，情鍾「鳶尾花」，愛自由，好旅遊。原在臺北發展，後來決定辭職歸故里，用祖上傳下的良地養花、建背包客棧，以供各方旅人在旅途上有個歇腳處，感受田園生活與風光。

　　我在還未過濁水溪時，曾致電成哥以訂床位，他得知我正在徒步後，叮囑我可以慢慢走，小心路況，逆線走會安全點，下午便可到田尾。

　　過了濁水溪後，心中又開始盤算，沒想到自己步速較往常要來得快，不如今天直接走到員林，找個二十四小時的投幣洗衣店，洗盡垢衣之餘，既可偷電又可睡。

　　其實這一圈，在行腳時心中總是擔心，想我如蝸牛般的步速，恐三個月，也不足以爬完，所以常會急著趕路，但儘管如此，有些本來只打算待上一天的地方，還是因為「人」的關係而留上二、三天，甚至五、六天。對我而言山川河嶽、日月星晨固美，但美者豈止於些，還有那非風景之風景。

　　沒想到，我剛走到北斗鎮時，成哥給了我電話，問我正走到何處，我回之北斗，他叫我在路旁覓個陰涼處坐著，現在要開車來接我到背包客棧去。那時我也正要打電話去道歉，說今天可能要趕至員林，所以未能如期到來。盛情之下，我打消前念，口喝進了便利商店，突然，後面有人拍我肩膀，不是別人正是成哥，身旁還有一位身型略壯，短頭髮，戴著一副黑框眼鏡的男生。（後來我倆漸熟，與他一席話後，對他更是佩服不已。我們最後以兄弟相稱，他比我年長

一歲，我稱他奕衡兄。）我問他們，如何得知是我；他們說我身上有一種相異於旁人的感覺。

　　接過我後，成哥並非馬上回去，而是領著我們，進北斗嚐美食，肉圓、紅茶、大腸包小腸。還去探望了一由記者轉行為食店老闆娘的記者。成哥對她笑說著我的奇怪，說我對風景像是沒興趣般，不走那條朱紅色、全國票選「公路八景」奪冠的西螺大橋。（說來有趣，我之所以沒走，是因為我根本不知，後來跟成哥也有談起，他受不了我這種全無任何準備之旅程。）老闆娘的丈夫現在在當地報社當記者，成哥說，之前他採訪了一對落腳「小屋」的香港女生，報紙說她們是直奔「太陽花學運」而來，報導一出，她們立馬嚇得喪魂落魄，因為如果給家人看到，兩人鐵定會給被罵死，經幾番安慰，才安心繼續環島。

　　隔日，用過早餐後，成哥和奕衡兄去員林買鴨子回來吃害蟲和探望朋友，我也跟上了。最後鴨子沒買到，朋友也沒見到，但有一位成哥朋友的朋友，自臺中下來找成哥。那時我們剛吃過米糕（因未曾見聞過，初以為是糕點，後來才知道是類似糯米飯的食物，香濃、郁口，美味十分）。那朋友也曾徒步環島，但他比起我來偉大多了，那時他父親得了病，於是便為父親發起徒步善行，邊走邊收集發票，以善行來為父祈禱，我與之相比，可謂螢光與日光。

　　隨之，又開車去了社頭的甘露寺，正值浴佛節前夕，寺前搭著長棚，棚下坐無虛席，看著臺上歌手表演，煞是熱鬧。寺中蹓躂一會，浴過佛，又跑去了看野生動植物與清水岩生態展示中心。回程時，吃著芭樂，聽著成哥說，他的祖

父常常背著貨物，自社頭山中古步道翻山越嶺，與原住民通商，當時是日治時代，漢人不可以與原住民通商，有時給日本人抓到，除了坐獄外，貨物還全充公了。

我們開始聊著小鄉小鎮漸漸城市化，相同的模式，一樣的建築，便利商店橫行。成哥說這是一種進步的退步。行腳看過的鄉鎮，開始趨向一體化，令我心生錯覺，我到底有前行過嗎？聽說在「舒宿」鄰近的鄉村，要求爭取著高鐵的興建，因為彰化在旅遊方面不太受到注視，遊客很少特意跑來彰化鄉間，所以對那些鄉民而言，高鐵便是其心中的「鳶尾花」。我只覺得如此恨不得一夜城市化，可能背後也是為了生存、求生機，但其實是短視，何不好好去找回自家的特色，找回自己那一株獨一無二、柔媚清朗，盛放在春天裡的「鳶尾花」。

在我離開小屋再上路時，成哥拿出一板「徒步環島名人榜」叫我於榜上簽字，他說簽過名後一定要完成，不能中途逃跑，臺灣是圓的，地球也是圓的，旅者們最終還是會回到起點。

農業環島家

剛到「舒宿」那夜，我和奕衡兄一見如故，促膝長談至四更天。奕衡兄是桃園中壢人，一口京片子，父親是位長年在大陸的臺商，他以摩托車為伴，離家南下流浪已半年。奕衡兄對我說，一開始考上了北部一所很不錯的大學，可惜那時好玩耍，加上自信滿滿，不太用功，因此被大學開除了，

突然失學的他，苦無對策，最後只好南下嘉義繼續學業。剛到嘉義時，第一印象便是這真是一個「鳥不生蛋，狗不拉屎的地方」。然其還是不改舊態，那時身旁同學也多是抱著混日子的心態來上學，直到有一天猛然覺醒，不可以再這樣下去，既有機會讀上大學，有太多人想讀卻沒法讀，不是考不上，而是因為生活迫人，家中清貧，不得已才放棄，於是便發憤忘食，樂以忘憂。原本北部大學的老師，見他改勵，便告知班上有空缺，問他有沒有興趣補之，於是奕衡兄又再考回去。

奕衡兄所讀的是與農業相關的學科，畢業工作，存下旅費，便開始了打工換宿的環島之旅，而他換宿之處多是與農業相關，亦在沿途邊走邊推廣有機耕種，純天然，不下農藥。一路走來，接受的人遠少於轟他走的人。畢竟其中牽涉現實利益的問題，用農藥可以保障生產，一但用上有機則代表農作物收成不穩，栽種時亦要比平時還花心思，若照顧不好，蟲害，枯死。站在農民的角度只是吃力不討好的事。要質要量，兩者必須平衡，但如果單只是有量，而全無品質，最後始終只能賤賣。曾經是士、農、工、商的社會體制，變成現在商人獨占的失衡，背後是有關社會模式的轉型、價值觀等一切的變動。

「採得百花成蜜後，為誰辛苦為誰甜。」農民很少直銷自己所種植的農作物，多是大量賣給盤商，而盤商往往特意以低價購入，高價賣出。奕衡兄為此增感不忍與不忿，不忿的是政府政策與農民社會的地位太輕，而不忍的是農民沒有意識到問題而作出相對的改變。很多事情當大眾將其視為理所

當然後，就算是問題重重，也不會去做出任何改變與抗爭，久而久之，心也隨之麻木了，最後只會淪為如魯迅《藥》裡那一個個於刑場拿著饅頭等鮮血的人。

聽著他一路南下的經歷，遇過將整個茶園放手給他打理的茶農，也有害怕有機耕種會間接影響到產量的農人。還有在南投深山中，遇到一位隱居其中的老人，他說老人常居深山之中，採山中之草藥製藥，人們都稱其為「現代神農氏」，常有人進山找他，各種歌頌與稱譽，為的只是想一嚐那老人親手釀造的壯陽藥酒，聽說，年近耄耋的他，還會與山中鄰近的原住民部落女生相狎。而老人曾對奕衡兄說，心中也想結婚生孩子，過個平凡的生活。我倆都不知老人為何要隱居深山，但知道他一定不只是「遁世無悶」的隱士，亦非「剛被時人知去處，又移茅舍入深居」的修行者。

奕衡兄說他不喜歡那些有感政治黑暗、社會齷齪而獨善其身，隱入山林的人，他覺得與其這般還不如投身洪流，盡力改變，是「為萬世開太平」之儒家情懷，是「我不入地獄，誰入地獄」之菩薩慈悲，我打自心中佩服著他，只因他現在所作所思，可要百年後才可見成效。而我則是他所不喜歡的那類人，我覺，人不可以不明身處之時代與政治，但不要受其限制，應立於其上，所以我總與社會和時代保持著一定的距離。

窗外傳來陣陣蛙鳴，想起家鄉的村莊、農田與春夏之際此起彼落的交響樂。我跟奕衡兄談起小時候，天還未亮，四點多便要起來，沒有削鉛筆機，鉛筆要用小刀一下下地削才可用。與同村小孩，秉著月光，走著山路上學。

　　兩天瞬逝，我也再次踏上旅程，當天的落腳點定為臺中，與奕衡兄一起用過早餐，他騎車送我至 1 號省道。每次的離去都是朋友載送，儘管我說著不坐車只行走的堅持，但堅持與情相比，算什麼東西。奕衡兄現在還在他的旅程，道別時，他跟我說：「榮幸認識你這匹狼，你並非孤獨，只是我們走在相異的道路上，最後仍會碰面。」我心亦然。

08 臺中

香港旅人們

　　戴著斗笠，經員林快到花壇時，圖快，差點走到彰化東外環道，好險，那是快速公路，行在其上我想不是給抓就是給撞。過了花壇到彰化，原本想在彰化待一天，但最後決定將旅費用於臺中，待它兩、三天。那跆拳道男孩宗燁曾說，到彰化時可住他家，再帶我去遊八卦山等景點，可是那時宗燁還在環島旅程上。所以八掛山沒去，簡訊問其彰化有何非吃不可，本想景點看不成，吃點特色小食，也不枉踏足過。宗燁回：「問路人。」好個白來便白來，連小食也不吃了，徑直前行去臺中。

　　坐在大度橋，正看著橋下流動的烏溪，突然狂風大作，降起大雨。頭戴斗笠，迎著風雨，步步向前，那刻心中在想，任他風雨再大，也難擋我向前的心。當在路途遇上波折時，心中總是冒出唐代玄奘的話：「若不至婆羅門國，終不東歸。縱死中途，非所悔也。」「縱死中途，非所悔也。」我亦如是。

　　那天自田尾至台中西區，走了三十多公里，十四個小時左右。過了橋，今夜落腳之背包客棧的管家來電，他見天已黑，我還未到，怕我出了事。我說我剛過大度橋，然後，他說現在背包客棧內，有好多香港人為我打氣。那位管家叫老

鼠，背包客棧叫「N joy Taichung 台中」，老鼠一直認為我是馬來西亞人，直至我離開那天，他才知道，我也自香港而來。當走至臺中烏日時，身體更是疲憊不堪，肉體可以不動、可以痛，但心卻不能，對我而言，只有心的倦與痛，才是真實的。但我的心沒有，行走不只單純用身體在動，更重要的是心，心裡也有不知那來的死勁，永不言倦，咬著牙根也要拚下去。

手機總在需要時獨自睡去，沒了它看不到地圖，我只好在它快要睡死前，死背著地圖路線，一乙省道走至復興路二段，左轉忠明南路，一直快到底時，右轉公正路，再找 156 巷 26 號。

真到達公正路時，才發現小巷難覓，自街首至街尾，來回十來圈，終於找到小巷，進了小巷又找不到「瑪莉亞背包客棧」，走進一位伯伯家，相問於他，他說「瑪莉亞」就在隔壁，店門鐵閘半降，彎著腰向內看，只見桌四隻人腳在動，很快店內的人，發現了我，出來了。我說我是今天打來訂房的那男生，店主是一位略胖的阿姨，說起話來總是那麼溫柔，她聽後驚訝不已：「你不是已經訂了『N joy Taichung 台中』嗎？怎麼到這來？」我此時才如夢初醒，原來我將兩家混成一家。我說我手機沒電，阿姨幫我圓說：「所以你就藉記憶找我來，不過，我這不方便，因為最近政府都在打擊私自開設的背包客棧，又不立法發牌照，只會不停打擊，叫人無奈。所以我也停下將客棧改為餐廳。不過你要留下也可以，不過盡量用後門進出。」她又指著她身旁那個子嬌小的女生，膚色略黑，烏髮及肩，笑起來小酒窩十分迷人。她

叫 Sandy，剛上大學，讀的是醫科，兩天後她與朋友也入住了「N joy Taichung 台中」。那時她輕聲問我香港人？我點頭微笑，流浪在外，最常見也最令我不知如何回答的問題是：「你是那裡人？」每次只好心懷惴惴地說我是從香港來的，我對香港毫無歸屬感，心中也未曾為自己製造標籤，人便是人，哪裡都一樣，再者人若浮萍，不過是飄泊世間而已，何用定義。

閒坐了一會，阿姨打電話給老鼠，便載我過去。後來得知那夜老鼠見我遲遲未到，電話不通，不禁擔心起來，帶著香港房客在客棧附近尋我。

摩托車引擎聲減，自動門開了，一片掌聲，兩行人，害得我既慚且愧，羞澀、不好意思只好點頭微笑以道謝。貼心地猜我應該還未吃晚餐，於是早就買了一盒咖哩飯給我。但已等涼了，問我要不要加熱，不用，儘管飯涼但心還是熱的。幫我將行李拿上三樓男生房間的是一位來自香港的俊美 Jerry，他先在這當兩個星期「小幫手」，然後便騎腳踏車南下開始環島，他的五官標緻極了，活像個混血兒，無他就是好看，就是美。那夜可能累壞了，腦袋空空的，除了與他們相遇的情境、樣貌、聲音、名字外，交談內容與其他一切皆回想不起來。

客棧共四層，一樓自大門進來便是客廳、沙發、木桌椅、共用的筆電、共用的空間，牆上手繪有台中各景點與公車號碼，還懸著老鼠的環島戰車與戰衣，這是房客相聚談天的地方。直走到底是廚房，兩間浴室與洗手間。二樓是女生房間，三樓則是男生房，房中放著五張上下舖床，四樓則從

未上去過，聽說有一浴室在。

那夜男生房中，住著一位叫 Winsome 的女生，三十多歲，同樣來自香港，長髮至腰，健談，細心，開朗，是位社工，不過那時剛辭掉了工作，她常因為旅行而辭工，她說身旁朋友多不解，我覺得或許這事跟本不需別人理解，活出自己才是最為重要，她曾與朋友坐火車環遊歐洲。言談間她鼓勵著我，推薦我可以來個西伯利亞列車之旅，還記得大家都在互派名片時，我說我沒有名片，可能是她怕我尷尬，便說：「他日希望你給我的名片上印的是旅行家。」還有她說第一眼見到我時，以為我是尼泊爾人，後來聽我說粵語，才知猜錯了。

與 Winsome 為鄰的是個子高大，雄壯，滿身肌肉，像座巍峨山峰的男生。他旅跡遍歐亞，曾登雪峰只為拍美照，拍下的照片從不與人分享，他說拍照是自己的愛好，而非取悅他人。年紀與 Winsome 相約，所以倆人最談得來，最後一晚，他們談至快將天亮才休。

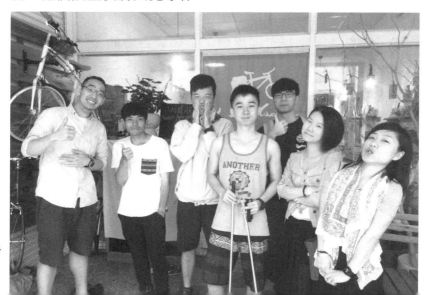

　　睡在我下面那層的男生叫阿宏，小我二歲，大學生，讀的是與環境相關的學科，個子高高，帶著眼境，溫文爾雅，一派書生模樣。

　　還有一位叫 Alex 的男生，我剛到的第二天，便去了鹿港，後來我們也有在鹿港再次見面，他是為了尋找人生意義，才踏上旅程，一開始打算徒步環島，卻沒有實行，改為交通工具環島，後來在鹿港時，他說要去臺南，我便把「窩窩頭」介紹給他，跟他說「窩窩頭」內美女多，聽後異常興奮與期待。那夜他見我後，開口便問我「人生意義」。其實我覺得「人生意義」這玩意，是絕對個人的，每個人因為經歷、思想、見識等而產生不同的「意義」。從他人口中得知，還不如親證，因為這是如人飲水冷暖自知的事，如禪宗言，不可說破，儘管說破，也終歸是我的，而不是你的。

三人行

　　第二天早上，一位來自廣東佛山的女生將離開，大夥站在客棧的門前合照留念。Alex 向鹿港奔去，而 Winsome 則打算只在附近閒逛、遊博物館、看展覽，問我有意同行否，反正無事，也無行程，就當個偽文青。阿宏本想跟隨 Alex 一起去鹿港，但在我倆遊說下，決定同行，三人小組由此成立。阿宏想騎腳踏車，大門旁的牆上懸掛著供房客借用的單車，他借取了一台。我不會騎，而 Winsome 則不想騎，怕累。小組的第一站是「國立臺灣美術館」，阿宏帶著地圖先走了，他跟 Winsome 笑說妳有人肉地圖，不用擔心，而我這人肉還是要

先看手機上的地圖，訂好路線背下，於是我們約好在館內集合。沿途 Winsome 問了很多我的事，說了很多她的事。

我們到了，但不見阿宏，本想他騎車應該比我們快，哪知他迷路了，苦覓良久才到。那時美術館所展為何，我記憶已漫漶了，腦海只剩零碎片段，就是有一間房間，牆上拉著數張大銀幕，播放著臺北與巴黎之日與夜的影片，一人在慢慢行走，自臺北的日走進了巴黎的夜，時地交錯，流動不息。還有一個有關山城九份的老照片攝影展。Winsome 看得仔細、認真、入迷，她是位畫家，酷愛藝術。

美街館的下一站是位於台中火車站的鐵道藝術村，「20 號倉庫」是文建會「鐵道藝術網絡」的首站，連其在內，還有嘉義、花蓮、台東與枋寮。嘉義的已去過，台東往後行腳將會踏足。我們從火車站後站而進，阿宏再次迷路，我倆先進 20 號倉庫，它是藝術村內行政中心與主展場地，那時正有一特展，是個畫展，至於是那位畫家我則忘了。21 號大門緊鎖，是個實驗劇場，23 至 26 是駐村藝術家的工作室，兩家開著，有進去過，但記憶還是朦朧，已說不出來。那時阿宏已到，Winsome 建議此時此地不如合照一張留念，但苦於沒有其他遊人，最後我為他倆照了一張。

參觀完畢，小組最後在附近一家食店吃過了肉燥飯後，便開始回客棧去，在快到廣三 Sogo 時我們迷路了，又找了一會，才找到那道藝術地下道，當人走在其中，只要是白、米等淺色衣物，都會變成螢光。那天我剛好穿著白色上衣，杏色休閒褲。整個人也螢光了起來，過癮。

晚上三人小組再加上 Jerry，坐著公車往東海夜市而去，

在臺中坐公車，只要用上「悠遊卡」，自上車站算起，八公里內是免費的。東海夜市不大，食物種種與其他夜市差不多，我們只嚐了不臭的臭豆腐與麵。鄰近的東海大學，大俠在那待過四年，她說那裡的建築很美，叫我一定要去看看，最後還是沒去到，旅途中總是帶著許多小遺憾，這一塊塊的小遺憾又會交織成下一個旅程。

鹿港小鎮

「臺北不是我的家，我的家鄉沒有霓虹燈，鹿港的清晨，鹿港的黃昏，徘徊在文明裡的人們。」客運走上了快速公路，又落下來，走過彰化市區，向小鄉小鎮開往。車子到站，車門打開，乘客紛紛下車，瞬間車子空空，只剩司機一人，因為這是總站了。

前天走到員林時，曾站在三岔路口，考慮著應否左轉去鹿港，那刻我決定將它化作這次行腳的一塊小遺憾，想著將來有緣再補之，有緣的終會遇上。我心中的鹿港是一個如烏鎮般的小鎮，都習慣了，習慣想像與現實的不相合。眼前所見的鹿港，便似換上了一件名為「城市化」的新衣裳，衣不如新，人之天性，但求新之時也不可忘舊，有時萬件新衣，也難抵一件斑駁舊衣，有些脈絡斷了便難已接回。

於清代的臺灣有諺語云：「一府、二鹿、三艋舺。」二鹿者，鹿港也，其名字由來眾說紛紜，一說昔日多鹿，常有鹿群聚集，荷蘭殖民時，鹿脯、鹿皮買賣成風，漢人自港口上岸，便見鹿群繁多，於是稱之「鹿仔港」。一說地形若鹿，

故以名之。但據鹿港鎮公所編的《地名釋義》:「雍正六年彰化縣設立倉庫於鹿仔港米市街西畔,門首有匾曰:天庾正供(彰化縣誌道光版載有此事,計得倉庫一十六間),因廩之方者曰鹿,竊以此命名曰鹿仔港。」

我們「三人組」下車後,看看木造指示版,Winsome 建議先向那鹿港老街觀看,老街是由瑤林、埔頭兩街組成,清代格局,老街不長、不闊,地上鋪著紅磚。在「友鹿軒」、「意和行」門前經過,未有進內。三槐堂,一棟東西合璧的二層建築,閩南式屋頂,西式女兒牆。三槐是太原王氏子孫的堂號,便如我姓黃,家鄉宗祠的堂號為江夏,祖上自中原江夏南遷而來,然世界各地凡是源自江夏一脈的黃氏之宗祠皆可稱為「江夏堂」。堂號背後的是慎終追遠,落葉歸根。

三槐堂前,有一口「半邊井」,古時不是每家每戶都有井,因開井取水是件昂貴的玩意,所以榮華富貴之家,有心的多會開一口「半邊井」,牆內一半自用,牆外一半則提供給窮苦人家與過路旅人。積善之家必有餘慶,自古以來,我們都心甘情願地相信著這句出自《易經》的話。

桂花巷鹿港茶館,紅磚牆上青蔓滿布,門上所繪是後現代門神,分別是忍者龜與蜘蛛俠,我與 Winsome 模仿著他們的動作合照了一張。

我們與 Alex 會合,他用了一天的時間,把整個鹿港都走了一遍,所以對路況與景點位置等,皆已爛熟於心中。這位小導遊領著我們穿街過巷,先去看看那極富盛名的「鹿港天后宮」,我們從側門而進,雍正三年建造,「三進」、「兩廊」、「兩護龍」,閩南重簷歇山正殿,五開間式三川殿。四

百來年的建築，水泥柱子鏤空雕著盤龍，紅磚換上水泥牆，但一切都來得那麼的新，不新的彷彿只剩那給煙熏黑的神像，長年不斷的香火與那跪拜低頭許願的虔誠人們。從正門離開時那隻馱著用漢滿兩文寫著「文武官員至此下馬」的霸下，對我說它已替代了那個百歲老頭子。

鹿港有所謂的「三不見」，走在那條中山路上，同樣是「不見地」，不過紅磚地早已煙消雲散，換上的是水泥柏青。新潮物又何只於此，在一家店前有一個懸空的水龍頭，水自上流下。很多在這條大街來往穿梭的人們也會佇足探看其中玄機，這是如魔術表演般，善用了障眼法，流水中藏有一根小管，水自下抽上再流下，儘管大家心中都知道它是假的，但還是會被它吸引住，因為我們還是浪漫的。

店名是「不可思議搜奇博物館」，Winsome 問我們要不要進去看看，門票買三送一，四人剛好。世界各地，奇異趣事，光怪陸離；基因突變的生物，兩頭羊、大頭嬰兒，還有各國出土的古屍，辛追夫人、樓蘭美女，但館中幾乎所有展品都是非實物塑膠模型。只有那些動物是真的，因為有他們，館子樓梯間都瀰漫著濃烈的臭味。原來最看家的本領已在門前耍過，隨後剩下的只是一些花拳繡腿。三層樓房，生意淡泊，還能生存下來，也給它算上一個不可思議吧。

烏雲蔽日，天免轉黑，那時我們在一家販賣山藥、雜貨的店前，一邊跟店家阿姨聊著天，一邊喝著鄰店的青草茶。突然一陣傾盆大雨，嘩啦啦地倒頭淋下。阿姨跟我說：「黃梅天就是這樣，你跟你的朋友快進來。」我們躲進了平頂樓屋下，這便是「三不見」的「不見天」，日治時代鹿港市區進行了改

造，屋頂多以「平頂」或「斜頂」，方便遮日、擋雨，樓房櫛比鱗次，人走其下，便不見天。但願往後不要將此發揚，弄出一批批鋼筋水泥的摩天怪獸來，把整個天吞下。

最後的「不見女人」，早已不復見得，但這是件好事，因為它包含的是陋俗，是對女性的極不尊重。自明代起三寸金蓮澈底變成社會主流風氣，同為男性的我也難以理解那時的男性，心理究竟多麼不平衡、多麼扭曲，纏折女性腳骨，以為弓形，還將其視之為性官器，以滿足性慾。所以「不見女人」是因為小足在家亦行走不易，更莫言出門。看著現在街上美人如雲，每人打著傘，走起來都是正常的，真好，這才叫作美。

Alex問我們要不要衣雨，他去買，我不想花錢，所以回以不用，Winsome、阿宏各要一件，阿宏個子太高，衣不合身，穿起來特別辛苦。我則問店家借了一把雨傘。

「桂花巷藝術村」，兩排魚貫的日治時代老宿舍，現在活化成藝術家的工作室。「淡墨書印工坊」，粉白外牆，書著黑墨大字，古人作風，草行間雜，或濃或淡，氣動滿壁，攝人、奪人。可是大門緊鎖，未能一進。「鹿港傳藝」傳的是「獅藝」，各地各式各種風格的「獅頭」製作，進去只見擺滿室、大大小小、各式各樣的「獅頭」，或置放地上，或懸掛於牆上，一個年輕人，坐於案前，俯首作自己的活，數支毛筆，為一個小獅頭賦上五官與色彩。我走前與他閒聊，他放下毛筆，跟我訴說著有關獅頭的種種。他是在地鹿港人，製作獅頭是家業，傳至他已是第三代，本在北部讀大學，畢業後回老家，接手家業。是擔當，也是傳承，「獅頭」避邪、保

平安，望其能一直傳家。可能因為大雨的關係，很多工作室也關上門來。最後進了一家，是藝術家們的作品展，他們有感鹿港的傳統漸漸流失與走味，為了作出保育、傳承，為一切老去、快將逝去的作出吶喊。

　　雨勢太大，我們到了 Alex 留宿的「背包客棧」，老闆是老鼠的朋友，那天他不在，聽留守的小管家說，他跟朋友郊遊去了。客棧是老屋改建的，大廳會提供給藝術家們作展覽和販售手工作品，我給一張臺灣地圖所吸引，其上蓋滿朱紅印章。小管家說這是一位女生的作品，她曾徒步環島兩遍，收取全臺各地天后宮的神明印章，她現在也正在鹿港忙著出書。小管家又說鹿港每個人都是書法家，每家每戶的春聯都是自家寫的，不假手於人。「藝術」彷彿便如門外的雨水般，布滿與滋潤著整個鹿港。

　　吃過包子，玩過桌遊，上了個廁所，然後我們告辭了。雨停了，傘也還了，還去了 Winsome 期待的「摸乳巷」，「摸乳巷」這下流的名字，卻形容得貼切，巷窄如男女相碰雙方必有身體接觸才得以過去，但「摸乳」一詞則帶有刻意輕薄之嫌。所以我還是喜歡其別名「君子巷」，刻意變成了試探。

　　回臺中前，我們去了龍山寺，伴著細雨，令古剎更顯寂靜，禪味悠然，踏過五門殿前那長著荒草的石板地，紅磚圍牆，斑駁的木造樑柱，其上紅漆早已褪色，五門殿後是個舊戲臺，走進臺抬頭便見那帶擴音功能的八掛藻井。一層層的向上收緊，中央處畫著一條金龍，山門、五門、正殿、後殿、樑柱、斗拱之彩繪皆漫漶了，然全寺沒有用上鐵釘、鋼筋、水泥、全是卯眼與榫頭的完美結合而成，大拙大美。

寺建於清乾隆五十一年（1786年），現貌為清道光、咸豐年間之重修。建時比天后宮晚，但就目前所見卻比其要老。

　　「聽說他們挖走了家鄉的紅磚砌上了水泥牆，家鄉的人們得到他們想要的，卻又失去他們擁有的。門上一塊斑駁的木板刻著這麼幾句話，子子孫孫永保佑，世世代代傳香火。鹿港的小鎮。」這是羅大佑的《鹿港小港》，是因為他的歌我才那麼想要來鹿港，歌中唱的是變動，時代與價值觀的變動。我滿腦子不合時適，好古、懷古、惜古。我真的不忍見到這些歷盡風霜才得以生存下來的舊物們，就此給歲月偷光，煙消雲散後就連半寸痕跡也不能遺下以供後人弔祭。我願如龍山寺般的一切舊物們，永遠斑駁、蕭條，卻安寧活著。

他口中的浪子，我心中的傻子

　　坐著客運回到臺中時，天早已黑了。今天是香港旅人們的最後一夜，離別宴是老鼠親自下廚煮的。我只記得海鮮飯這道菜，其他都忘光了。記得那天，有數個外國人入住，我心悸得很，大概是因為我對英語一竅不通的關係，怕他們會跟我搭話，所以，趕快吃完，便跑廚房洗碗去。說到底還是那個愛「面子」的我在作祟，怕丟人，其實現在想起，又有什麼好丟人，磊磊落落，不會便不會，何需心悸。所以那時我應與 Winsome 他們說一下，也好煩請他們幫個忙，當個代言與翻譯。

　　飯飽酒足，其他房客都坐在客廳聊天，我則回了房間，衣服又全髒了，不去洗今天便沒法更換，那時九點多，我提

著那包髒衣物，去找洗衣店，手機搜尋，依電話打了兩家附近的洗衣店，店主皆回以不是二十四小時投幣洗衣店，我又問附近可有，皆說加油站那邊有一間，問題是我並不知他們口中的加油站在哪。最後，還是找了一家位於五權路與民族路口，叫「馬上好24h投幣式自助洗衣店」。路越走越熟，是昨天去台中火車站時走過的路，到了五權路苦找了一遍，原來看漏眼，走過頭了。開動了洗衣機，手機響起了，是阿宏打來，他說他們一群人要出發去「逢甲夜市」，正在等我回去，再一起同往。雖然平日對夜市不感興趣，但曾聽聞是臺灣最大的夜市，一直想去見識一下。我說我正在洗衣服，可能要一個小時左右。阿宏又將手機給過老鼠：「你在那？」我回以地址。「跑那麼遠，快到火車站了，客棧附近也有投幣式的洗衣站，要來載你嗎？」我聽後愣了，心中在想，我為何沒問他。再想也不好意思讓他們等我，那實在太過無禮，再者也不好意思麻煩老鼠，便回：「不用了，你跟他們說，不用等我了，你跟他們一同前去吧。」

　　洗完整理好，又下雨了，沒帶雨傘，只好緊抱那袋衣服，淋雨回去，到門口時，我又忘記了密碼，好在大門是透明玻璃，只好默默站在門前，等他們發現。我也忘了是誰開的門，只記得，踏步進去，坐在沙發上的Jerry微笑對著我說：「浪子，這就是不羈。」我現在回想那刻，沒有浪子，只有一個手抱衣服的傻子。那晚大家都聊到很晚，彷彿是此生最後一個相聚的晚上。過了今夜便各散東西，Winsome和阿宏去了南投，Jerry留守在此，其他人我則不清楚了，而我則繼續行腳之旅，往苗栗而行。

09 / 苗栗

披星戴月赴三義

　　當走出臺中中西區時，已是中午一點多了。我放棄走 1
號省道，因如果再走下去，便會走上海線，就會繞上大圈，
為了省下時間，留予東部城鎮，可以在那多待上幾天，聞說
那邊的山與海俱美。所以便改走 3 號往苗栗前行，在田尾
時，奕衡兄曾跟我提過苗栗是外流人口最多的，年輕人幾乎
都外出謀生，剩下的只是老者。又說這時正值桐花花季，可
以去觀賞桐花。苗栗舊稱「貓貍」，原自原住民道卡斯族巴
里（Bari），Bari 是平原的意思，但當我行走在苗栗時卻全
無此感。

　　因為天氣悶熱，加上昨晚只睡了四、五個小時左右，平
日行走甚少休息，這次也不得已在便利商店小睡了半個小
時。下午五點才行至豐原，又從 3 號轉為 13 號省道，繞了一
個半環後，便沿三豐路直走，站在那大甲溪上的後豐大橋，
佇立遙望夕陽，冉冉而下，直到其消失在地平線上，晚霞將
天空與溪水染得橘黃片片。

　　過了大橋，走至后里，夜幕徐徐而下，月輪漸漸顯現，
偶見微微星火相伴其右。那時睡意漸濃的我，邊走邊考慮
著，是否要放棄今日出發時所訂下的落腳點「三義」，在此
留宿一晚。但最後還是決定繼續下去，沒停下來的理由，可

能是一種對自身的挑戰，不願輸給那個用身體疲憊當作放棄理由的自己。

走過了后里市區，還是那條三豐路，不同的是開始下坡了，俯視山坡下，只見在那漆黑的畫布上有著零散的點點燈火，明月為我引來涼意，山道多彎為我帶來謹慎。下得坡後，一路平川，道旁多是田陌，犬聲四起，偶爾才見小店、加油站、便利商店。在一家名叫「中社花市觀花農園」的門前，坐下來休息，享著涼風，看星月。

又過了一家便利商店，看到前方暗處，地上有東西在竄動，因為我眼有散光，所以看不清到底是何物。走近一看是一隻全身雪白、眼大耳大，身形嬌小的吉娃娃，牠見我向其走近，便荒忙走避，牠走起來非常的慢，只因前左腿已斷，向內彎曲淩空懸著，一拐一拐地跑著。我心疼著，不忍著，我望著牠，牠也望著我，那刻我身上沒有任何食物，只有一瓶清水，我把水倒於地上，心裡默默對牠說著，對不起，我現在只有水，未能給你食物。我相信，牠定能聽到，然後，我前行了幾步，還是放不下心，走一段，停一下。牠慢慢也跟著我前行，想著要帶著牠上路。走到義里大橋時，我踏上了橋，牠猶豫了一下，便往附近黑暗的農田而去，最後一次見到牠，是我在橋上下望，牠跑上了那個雜草叢生的河堤。

自高雄那次經歷後，每行於路上時，我都會在心中默默地說著，這個地方的浪流犬們，如果你們願意跟隨著我一同上路，請來吧。雖未能把牠們帶回香港，但至少可以在我這行腳的路上，讓牠們不用東藏西躲，擔驚受怕，喝汙水，吃垃圾，也可領著他們去相關機構，好讓他們得個安身處，不

用再餐風露宿。未知牠們是否有感我的樣子不太可靠，整個旅程也沒有一隻朋友願意跟我走，除了高雄的小黑犬。

我們遇上流浪狗時，不妨對牠們微笑著，表示出你的善意和愛。好讓牠們在這苦困的一生中，也曾記得還有一種叫人類的動物，讓牠們感受過關懷與愛。

我在橋上被遠方那流動著的光點所吸引，光點是那風馳在快速公路上那南來北往的車輛，這是城市的血脈，一個光點的流動，同時也是一個人生的流動。

橋的盡頭有分岔路，一條向下，另一條則反之。我選了後者，但是越走越覺不妙，怎麼沒有要向下的跡象，而且還是條高架公路，於是拿出手機看著地圖，地圖上的十三號省道與高速公路相黏，令我分不清，所以那刻我懷疑著，剛剛那條岔路是分開省道與高速公路的下坡省道，而我選的便是……一個碩大的指示牌瞬間打破了我的疑慮，其上畫有13號省道的標示。

過了高架橋，踏進尖豐公路，皆為上坡，道路像是依山開鑿，兩旁蛩聲滿山林。終見下坡路，自見到嘉義市區的提示路板後，四周便光亮起來，終見人煙。因自從過了大橋後，路上人跡稀見，車子也是間中一兩台。那夜落腳的背包客棧叫「正在旅行」，致電管家，他說見到「三義木雕博物館」的指示牌轉進八股路即是。三義是個山城，13號山線直接貫通，房子依其而立。而其地勢為一個山坡，向北而行，皆為下坡。三義是有名的「木雕王國」，誠如古云：「靠山吃山。」三義古稱「三叉河」，因西湖溪（古稱打哪叭溪）流至此地，形成三叉狀；後來有感「三叉」不雅，便改為現名。

　　轉進八股路，是條上坡路，於是我再致電管家確定客棧位置，那裡沒路燈，貼心的他怕我迷路或遇上危險，叫我站在原位不要動，他現在開車來接我。不消一會，伴隨著引擎聲與風聲，我到了客棧，門前置放著一隻極美的小鹿木雕，管家帶著我去今天的屋子，他說他那邊的客人已經睡了，所以帶我去第二間屋子，那屋子平日多用來接團體或家庭。原來我訂的只是通舖床位而已，但管家卻給了我一間日式的獨立房，房內有冷氣、電視，露臺，還有洗衣間。登記了基本資料後，管家叫我好好休息，如果明天要一早出發，只要離開時把大門反鎖上即可。感謝這位最後也不知其名的善良管家。

餓與痛

　　客棧開在藝術村裡，早上起來便聽到窗外傳來陣陣的篤篤雕木聲。收拾行裝，將門反鎖，把鑰匙放進門旁信箱。只見對面有一家店開著門，一老伯手拿鐵鎚，一下又一下地敲奏，宛若寺院誦經的木魚聲。四周開始飄起濃霧，整個藝術村，只有早餐店與那家木雕店是開著的。早餐價格稍貴，我

不捨得花錢去吃。村中各處皆佇立著雕塑，小孩、動物、母子，或木或石。尋覓不到木雕博物館，只好放棄。

出了藝術村沿著來時路下坡，至昨天等待管家處，木香彌漫，諸木雕店也紛紛拉起鐵閘。走過苗栗，卻一朵桐花也未曾賞過，一路皆是走馬看花，一掠而過。出發時，每到一處皆十分在意當地的風景，覺得此生難得再來，一定要把應看的風景都看過才甘心。自苗栗後，像是變作一種對自身極限的挑戰，多是一整天未進曾進食，只靠喝運動飲品，補回流失的體力，忍住一切苦與痛，以及心內各種情緒的變化。我曾懷疑自己患有輕微的自虐傾向，自始漸由關心外在風景回到自身，我將此視作肉身與心靈的苦行。

在路上與人相遇、交談，皆愛問我：「你自己一個在行走時，都在想些什麼？」但我多是笑而不答。因為我什麼也沒想，同時也什麼都想了，我沒有主動去想過任何一件事物，而是心頭之上自然會有許多各式各樣、光怪陸離的念頭，自然而湧起，其如一個泉眼，不斷地湧出泉水般。有時候，我以為自己沒在想東西，當回過神來，便察覺已給那些念頭牽至天際去了。所以我以第三者的身分站在遠處覷著內心，看著那些生起、滅去，又再生起、滅去，輪轉不停的念頭，便像坐在電影院裡那離銀幕最遠的那一排座位上，觀賞著一部不會落幕的電影。

下著大雨，我穿著雨衣，下了坡，離開三義到銅鑼，因為那雙黑色的休閒鞋鞋底已破，雨水自各個大洞小隙中湧進，不消一會鞋裡積水，腳襪俱濕，只好於公車站坐下，把襪子的水擰出，水泡太久了，腳皮已起皺摺。

雨勢趨細，我穿起鞋襪，繼續趕路，細雨行走，望著左右兩旁沉碃的山巒，縈繞著絲絲山嵐。在未至苗栗前，已知山多平地少，但卻萬萬沒想到，是一山過完又一山，一坡才下又上坡。雨天，好處在於沒了毒辣的太陽公公，加上一路走來，車子不多，不用停下讓道。但在雨中行走始終穿著雨衣，而雨衣要連我背後的大背包也一同蓋上，就顯得窄小，為了保住背包，只好放棄遮蓋胸前上衣，上衣漸濕再加上腳泡著水，隨之而來的便是身體開始失暖，體力消耗變快。

自昨天於臺中客棧吃過老鼠親手所煮的早餐後，便一直沒有進食，腹中像有蟲子不停在蠕動，胸口悶得像頂住一塊大石，整個感覺就像給真空機抽空了一般，虛無得很。因為整個環島行腳的旅程中，每天都幾乎處於這種感覺與狀況，反而習以為常，不覺得是個問題。直至後來，一圈行完，回到「窩窩頭」，生活作息改變後，不用每天自起來便行至晚上，漸才明瞭原來那便是「飢餓」。

在剛過南勢不久，撐著腿走上一峭拔坡段，身體開始出現問題，右腰至右股一陣劇痛，右腳曾斷過的腳指也開始隱隱作痛。原本想著走至頭份，沒法完成。無奈下只好停在苗栗市一家與鐵道為鄰的「福星大旅社」，老闆是位阿姨，六十多歲。她座下有四隻護法，叫我便吠、便抓，不分盡職。阿姨知我未曾吃過東西，便跟我說附近有家不錯的麵店，叫我趕快去。一碗麵六十塊，我又來了，不捨得花錢。中正路、中山路走了一遍，最後只買了兩個紅豆餅，二十塊。回到房間，躺在床上，兩個餅嚥下，也管不了飽不飽，進了腹，等它運動一下，不死便可。

10 新竹

夜進風城

　　遠處，夕陽西下，我站在前往香山的省道上，一動不動地看著那純白的風車，頂端三片葉片在不停轉動，這是我人生中第一次看到實物的風車，而不是透過照片與影像，我愣住了。我曾聽過一則故事，有一位居住在沿海的人，有一天，他的幾位蒙古朋友打自草原而來探望他，他想自己在蒙古時得朋友們熱情照顧，天天請他吃羊肉，現在有朋自遠方來，於是便辦了一席洗塵宴，桌上擺放著最新鮮的海產。但他見朋友們皆互相對望而不敢動筷，心想一定是講錯了話或是做了令其不悅的事，而自己未覺。越想越怕，便開口直問，朋友便說你為什麼要請我們吃這些稀奇古怪的蟲子。蒙古朋友打自出生便在草原，他們的世界只有一個草原，從未見過海。

　　站著不動的那刻，我便是那幾位蒙古人。世界太大，而我則太狹小。狹小的不單只是生命，還有思想、見識與心靈，只因心有多大，世界便有多大。我不喜歡待在同一個地方上，我不要我的思想與價值觀，死守一隅，畫地自限，要像流水般流動著，衝破所有的隔閡，因此我願一直流浪著，是身體的流浪，是靈魂的流浪。

　　身體彷彿也隨著夕陽而去，與疲倦為伴行在香山的街

頭，心裡突然冒出一個人的形象，下午在竹南時，見到一個人扛著有點破、帶點髒的土地公神偶在我身旁跑過，就像電影《陣頭》般，不知其是否也在行腳。

身體越走越重，快要走不動時，身體突然變輕了，像一團棉花，那刻身體更像不是我的，而我則像站在別處看著自己。這種狀態和感覺一直維持到我步入新竹市的北區，才漸漸消失。

新竹，舊稱「竹塹」，光緒元年改淡水廳為「新竹縣」，取竹塹之竹字，在其前加以一新字，以期望此地日日新又日新。而這裡也是一個風城，於清代《淡水獻志・風俗篇》：「竹塹多風，蘭地多雨，諺謂竹風蘭雨。」因為受到來自東海經臺灣海峽而來的東北季風，而東北季風還會從大屯山和大雪山脈而來，所以這是強風匯聚之地。

下午苦找新竹市的住宿，跟著網站上所提供的低價住宿名單致電，「中華大學實習旅館國際青年旅舍」一定要會員才可入住。「Eastdoor Hostel」因為只有一間單人房，已有人訂。「五月天。空」跟我說現在已不是民宿，於是我便尋找旅社，新竹不愧是「臺灣矽谷」，一晚房金動輒過千，最便宜也要一千五。最後找到一家「江山藝改所」，是咖啡廳，是旅社，也是藝廊。

他們營業至晚上十一點，那夜因為睏倦，走得慢，所以便致電跟店員說，我可能要十二點才可到，店員說先將後門鑰匙放在外面信箱。哪知到達時才十點半。房間只有一張床、燈、電風扇、吹風機。是間老屋，活用而成，房間之上的閣樓，住著兩位女生，木樑、木板不太隔音，走動、說語也可聽得。那夜的記憶有點漫漶，腦海裡印象最深的只有那

位黑長髮，身穿一件露背連身裙，溫柔軟聲的美女店員。

城隍廟

　　將後門鑰匙放進信箱，自江山街走出中山路，沿路食店林立，凡有廟處，必有食店縈繞，而形成夜市、商圈。這裡也不例外，我走近便見紅柱樑、綠瓦當之牌坊，牌坊正中高懸一斗方牌匾，其上橫書「新竹」，其下直書「城隍廟」。自坊而進，食家林立，經苗栗一役，我也有所意識，三餐之中，午、晚可以不吃，但唯獨早餐不能廢，因為可餓不可死。商圈中頗少店舖未開，營業的多是魚食，我不吃海鮮、魚類，一怕腥味，二不忍因我口腹而傷其性命。

　　香客遊人不多，未知是否時間尚早的關係，商圈之內有一「東轅門」，是廟與商圈的分界點。城隍廟、法華寺庇連，走在那接連兩處正殿的門廊，整條門廊無論是天花板或用紅磚鋪砌的牆，皆被長年的香火薰黑。法華寺為「兩殿兩廊式」，匆匆遊過「佛祖殿」與「彌勒殿」，自正門三川殿步出，抬頭便見那斗方牌匾「法華寺」，其上則是平頂天花板。

　　走在城隍廟，便讓我想起常聽有關城隍之粵語俗語「咁近城隍廟都唔求返支好籤」，意思即是貴人就在身邊，為什麼不求他指點迷津。又或是「水鬼升城隍」，形容人事上之特殊升遷，自低位驟進高位。這俗語背後典故源自與城隍相關的故事，城隍故事於民間流傳甚廣，版本繁多，如《聊齋誌異》的王六郎，但各版故事內容總不離善良忠厚的水鬼要尋找替身，才可再次投胎，然而不忍害及無辜，三次遇人，

三次放過。有感其慈悲與犧牲精神，天上政府的最高決策人玉帝，決定將其招入政府，封其城隍一職。

城隍原非神也，城者挖土以築之高牆，隍者則為沒水之護城壕，《禮記》：「天子大臘八，祭坊與水庸。」然「水者隍也，庸者城也。」周代所祭的水庸神為城池之守護神，後漸演變為城隍。城隍祭祀自漢代漸趨盛行，就連一些歷史名人也加入其行列，如霍光，霍子孟。發展至明清兩代，明朱元璋下旨僅以府、州、縣，以分城隍之等級。清代則以現實政治之爵位官階以作區分，都城隍（公爵，威靈公）掌管省。府城隍（侯爵，綏靖侯）掌管府，而縣城隍（伯爵，顯佑伯）則掌管縣。

而這間新竹的城隍是都城隍，即是臺灣諸城隍中爵位官階最高的。

城隍廟正殿，見諸香客，燒香禮拜，低頭跪下，口中唸唸有詞，可知他們一定是遇上人生之苦困與低谷，來求一份心安，為此我心中也不禁肅然起敬。

平常我於兩個地方，是不敢開口亂說，不敢胡思亂想，一為寺廟，二為墓地。不敢只為尊重，便如作客於人，如果

客人一進門來，開口便是粗言穢語，又作出極無禮之行為，主人想必不悅。有人會感鬼神之說不科學，但我覺得只是現在的科學未能確定，科學精神在懷疑與探究，如果每每畫地自限，斷言沒有者，那不過只是迷信科學而已。肉眼所見為真是有，不見則為假是無，但我連現在眼前所見也感懷疑，認為是真，真是真的嗎？莫胡亂斷言，莫忘謙卑。

　　其實信也好，不信也好，有否進香、跪下禮拜，可能這一切小節在城隍眼中都不為要緊，要緊的只是，你心中到底是善，是惡。不在乎外在形式，而是以道德作準則。當我一圈行完，再次到達臺南時，我在那裡的城隍廟，見有此聯：「作事奸邪盡汝燒香無益，居心正直見我不拜何妨。」

11 / 新竹至桃園

滷肉飯

　　整個行腳像藥石般令我不至死於路上的是那一碗又一碗的滷肉飯，在全臺食店價格相約，小碗二十、大碗三十，十分便宜，一碗下去便可解飢。沿途令我印象最深刻者，莫過於竹北近郊中正西區與新興路 181 巷交界的一家鐵皮小餐館。三十塊一大碗上有兩片漬物，豬肉非肉碎，是小塊狀，其上還灑滿肉鬆，加上粒粒分明的純白米飯，吃起來香、軟、濃。

　　滷肉飯，是臺灣一道極具名氣的小食，有些店舖會把「滷」寫作「魯」，魯是誤寫，因為這個還引起過一段風波，《米其林指南》曾指滷肉飯的發源地是中國山東，因「魯」是山東的簡稱，便斷章取義。其實「滷」是一種烹調手法，以醬油配以香料，以文火慢煮，令食物入味。而滷肉飯所指的是將含有豬絞肉的滷汁淋於白飯之上。但其也有南北之分，南部稱其為「肉燥飯」，要算南部最好的肉燥飯，幾乎都在臺南，隨便一家皆好吃。

　　那天一心只想吃一碗便宜的滷肉飯，城隍廟專門販賣滷肉飯的店舖都沒開。跟著手機地圖指引的路線，走的不是平日自行決定的省道，自新竹北大路、水田街、浦雅街，再過溪州大橋去竹北，沿途食店繁多，但皆以早餐店為主，難

得遇上一兩家，不是東主有喜，便
是還未營業。於是終於在看似簡陋
的店裡，嚐到一碗回味至今的滷肉
飯。乍想人生勿勿數十寒暑，苦苦
奔波，尋尋覓覓，為的可能也不過
是一碗「滷肉飯」。

山東饅頭

　　人們愛說人生是場賭博，我卻愛說人生是場選擇，而是
一場添上浪漫的選擇。選擇不存在對或錯，存在的只有那因
選擇而帶來的果實，有時果實會甜美可口，但更多的是偏酸
的，偏酸時會感後悔，後悔當初的選擇，請莫忘後悔之時還
要懂得接受，因為這是自己所做的選擇，因為選擇即是因果。

　　剛過新豐不久，我站在分岔路前，一是山崎陸橋，為台 1
山線，去楊梅，橋左邊是成功路，去的是湖口。如是往日，
我一定選山線而行，但我圖快，想早點到達桃園大園，所以
選擇相信某家國際公司的網絡地圖，自新竹起便一直沿其指
示的路線而行。

　　到湖口時，已是下午三點多，天氣如往常悶熱，陽光猛
烈。路旁一個小木攤，白、褐相間的帆布頂，亮著一張黃底
紅字的布條，其上橫書著「手工饅頭」四個大字。攤中木桌
放著兩大個發泡膠箱。攤主是位朝枚之年的老者，臉上滿滿
歲月的刀痕，口中的牙齒也凋落得只餘門牙，老伯姓王，現
住楊梅，是位東北漢子，眉髮俱白，高頭大馬，虎背熊腰，

手掌大若我臉，聲音洪大，中氣十足，健朗得很，性情豪邁爽朗，大開大合。

「不好意思，請問一顆饅頭多少？」我問。「一顆十五，都是我今早親手做的。」王老回我。我要了三顆，那時我皮膚晒得棕黑，像是東南亞一帶或尼泊爾人士。「你國語講得不錯，是不是華僑？」王老驚訝地問。我回答：「我自香港而來，正在徒步環島。」王老聽後哈哈大笑起來說：「哎呀，不簡單，不簡單。你有這個心念，不簡單。」他說從未遇見像我這般的人，隨即從布袋中拿出隨身的本子，叫我在上面簽名留念。我寫下名字和香港的電話號碼，王老則將寫著名字電話的紙條交付予我，說往後記得要去楊梅看他。王老字寫得極好，字如其人，磊落。

王老搬出椅子，叫我坐下歇會再走，我倆便談得開懷，王老說他來台已六十多年，他問我去過桂林沒有，說他年輕時去過一次，那裡的風景卻是好看，難怪會說「桂林山水甲天下」，叫我有機會一定要去走走。我們漸由各地山水聊到饅頭。饅頭者，蠻頭也，明人郎瑛於《七修類稿》記：「饅頭本名蠻頭，蠻地以人頭祭神，諸葛之征孟獲，命以麵包肉

為人頭以祭，謂之蠻頭，今訛而為饅頭也。」

我自幼便酷愛吃饅頭，而我家鄉的是典形的南方饅頭，小掌般大，象牙白色，嬌小玲瓏，吃起來更是鬆軟可口，奶香甜美。王老賣的是北方饅頭，南方人以米飯為主糧，而北方人則以饅頭為主食，所以北方饅頭多是挺立飽滿的高樁饅頭，講求筋斗，吃起來要有咬勁。一方水土一方人，王老的饅頭好比他的個性，而其饅頭裡包含的是濃濃的鄉愁與六十年來所流下的汗與血。

每當有熟人經過，王老都會從發泡膠箱拿出自己的饅頭相送，還會跟熟人介紹我，說我不簡單。離別時，王老得知我愛吃饅頭，特別是白色那款，自箱挑出兩顆，包好，讓我留待路上餓時可吃，我倆擁抱起來，王老說：「捨不得，真捨不得。」

小時候愛饅頭，因為純碎愛吃，現在愛饅頭，愛的是饅頭背後那份平實、簡單與樸素，只為「天真爛漫是吾師」。

迷路

別過王老，中山路二、三段，左折德興路 242 巷，湖口市區，早投身後，眼前田陌漸現，地圖路線所指是由湖口穿過各鄉直上大園。我本來打算走台 1 山線自楊梅至中壢，再轉行大園。但地圖顯示所訂之路線，比我的要快上兩、三個小時。

走於小徑，路旁不是田陌，便是池塘，黃昏時分，西山日斜，雖無枯藤，卻有老樹與昏鴉，未見流水小橋、人家；路燈休提、信號免問，沒有信號，手機地圖迷路了，我也迷路

了。小徑縱橫交錯，歧路特多，轉得我眼花撩亂，頭昏腦脹。

天色由橘紅漸變藍灰，再由藍灰又轉成黛藍，星月的輪廓也清晰了，我的心彷彿也隨天色而變，變得慌張。行走約一小時，終得聞人聲，四、五位大漢，正在將剛砍下的枯幹枯枝搬上小卡車。因此便想，前面應有大路，路口是條柏油路，站在十字路口於難辨四方的情況下，對面又是一條渺無人煙與燈火的羊腸小徑，最後只好憑感覺而行，走了不久，剛剛那台小卡車自身旁而過，那刻更加覺得我選對了，有時自信心是會騙人的。

山重水複疑無路，可是柳暗花明處，不過是來時路，我繞了一大圈，最後又會到原點。此時本來，剛繃緊的心，突然鬆開了，那刻的我不再想回湖口至楊梅再走山線，而是選擇了走 15 號海線而去，因海線直經大園。在便利商店前，停泊著一台計程車，我請司機指路，海線從何而去，司機舉起左手食指向左邊小道直指，沿這方向去可到。沿路全無街燈，可幸有月華引路，那刻心情沒有往常的焦慮，只有興奮與期待，便如國中時刻意翹課去會情人般。

誠古人云「路在口邊」，沿路雖冷清，但每逢有人必問之去 15 海線自何而去。邊走邊吃王老的饅頭，三顆下肚，口乾舌燥，水早已喝光。見前方燈火明亮，走近一看，門旁寫著「竹北分局後湖派出所」，我推門而進，問路之餘，還借了水。員警說沿 117 號道走到底即是十五號海線，不過還有一段頗遠的距離，路上沒燈，叫我多加小心。

聽得前方已有人車聲，也漸見燈火通明，這才算是「柳暗花明又一村」。

夜奔

　　黑夜趕行，這 15 號海線不比山線來得熱鬧，幾乎沒車又
沒人，好在沿道皆有路燈，不至於摸黑前行。山線那頭，燈
光染紅了天，而我這頭則是燈火闌珊，闌珊也有闌珊的好，
星明月朗，天空清澈，走得累時，可以閒坐馬路，邊歇邊賞。

　　過了永安，道旁田陌之上建有一小廟，廟裡只亮著神像
旁的紅燈，是間土地廟。「進屋叫人，進廟拜神」未敢無禮，
燒過了香，見神案沒有供品，剛好身上還有一顆饅頭，便跟
土地公說，這饅頭好吃，可以嚐嚐。然後放於案上，便離開
了。不知為何，自此往後便與土地廟結下不解之緣。

　　這一番情境讓我想起一齣崑曲折子戲《夜奔》，自古戲
行裡素有「男怕夜奔，女怕思凡」一說，其中〈思凡〉是指
崑曲《孽海記》中一折，屬於小旦劇，講的是年方十六的小
比丘尼色空，情竇初萌，不耐佛門清規生活，遂私逃下山。
為何言怕，只因戲中身段繁多，加之唱詞內多是佛家名相，
曲牌也繁重，自「誦子」至「尾聲」，共八個曲牌。《夜奔》
與其同似，皆是從頭至尾，臺上只有一人獨演，是明人李伯
華作品《寶劍記》的其中一折，講的是林沖夜上梁山，劇中
也是身段繁多，還要滿宮滿調，邊唱邊跳，十分耗力氣。林
沖在白雲庵中歇息，跪求神聖：「保佑弟子林沖，一路無災
無難，早到梁山。」而我心中也求土地公保佑，一路無災無
難，早到大園。

　　林沖夜奔為逃命，我之夜奔卻為承諾，因我於新竹時已
經跟大俠說明，今天應可走到她的老家大園，而大俠也跟父

母、弟弟說了我將會到。在還未迷路前，大俠還說，她父母問我晚飯要不要在她家吃。

　　但自 117 號出來時，已是八點多。我跟大俠說，可向家人說一說我的狀況，好讓他們不用等我，因為我應該會在深宵才到，大俠將其弟電話予我，叫我快到時可以致電，讓她弟幫我開個門，讓我進去。所以一定要趕到，不能食言，大俠可是我行腳途中的柴大官人，一路幫我，為我解困，江湖分明猶在。

　　林沖後有追兵，所以心裡焦急，隨之人也趕起來。我後無追兵，心中也無家仇國恨，所以心中懶散，慢步而行。原以為一點可到，那知走至三點多時也只是站於觀音街頭看地圖，突然兩名員警自警車下來，問我三更半夜，為何不回家。我如實相告，他們知我非歹人後，言語也變得隨和，還教我如何而去，不過還是勸我下次看地圖，不要站在馬路中心，危險。

　　林沖的夜奔是成功的，而我的夜奔終以失敗告終，到草漯時玉兔西沉，金烏東昇，自新竹以來，已走二十二小時，睏倦難耐，我在一家便利商店伏桌歇腳時，不經覺便睡去了。

12 / 桃園大園

麥你。麵子

　　大園是桃園縣北之一鄉，鄰近桃園國際機場。醒來又走去，到達大園時已是中午，隨著大俠所寫的地址去尋覓，乍觀這大園不太大，走上一圈定能找到。那知苦尋不得，還差點弄錯去了與大俠家一街之距的素食店扣門。大俠家是一棟三層高的樓房，最底那層為店舖，大俠家是開麵館的，館名「麥你。麵子」，是句雙關語，妙哉。館子門楹柱子皆為玄黑，大俠跟我說這是她的佳作。

　　我那一個星期無賴式的白吃白喝生涯，自阿姨（我以阿姨與叔叔，尊稱大俠之父母）臉上露出燦爛笑容而始，阿姨煮的麵，極味美適口。第一天到來時便吃了碩大一碗，後來因白住、白吃、白喝而增感不好意思，於是只好常躲於大俠房中，因為我知道只要一下樓給看到，美味的麵便會隨之而來，而我的難為情之感亦隨之而至，有時想出門走走，便要看準時機，要來個神不知鬼不覺地離開。

　　大俠一家皆熱情、熱心，盛情、盛意，阿姨將我視作子姪，大俠的大姊，帶我去林口廟中禮拜，請我吃火鍋，那天夜奔後，腳底腫病，休息三天，便想動身繼續上路，不巧剛好遇上梅雨時節，接連幾天大雨下過不停，大姊擔心我路上遇險，叫我多待幾天，等天氣好轉再走不遲。

叔叔與我話不多，傳統嚴父，我父亦然，我知他們皆屬那種「愛在心裡口難開」的類型。老一輩多是喜歡默默愛，卻不揚聲。而我則不敢苟同，如果我有兒女，必天天跟他說愛他，若說等他感受就遲了，或者是個感情遲鈍兒，一生也未覺我的愛，豈不壞哉。

本來大俠想於我到後第二天自臺南乘客運北上，剛好碰上「母親節」，各地遊子歸家，沒票。後來，因為海外提款到期，然又未能在本地申請銀行提款卡，大俠擔心我帶著現金上路會遇險，於是便從臺南郵寄了自己的提款卡予我。任俠是家風。

田舍與小魔怪

至第三日，中午，彷彿聽見大俠呼我，原來大俠一大早便自臺南趕來，因手機預付卡一個月期限已至，然三十天無限流動上網的預付卡只能於機場買到，便利商店等皆無，所幸大園便在機場附近，於是只好麻煩大俠開車載我去，用過了午餐，去過了機場，辦好了雜事，大俠說要帶我去他們家的農田走走看，從小客車換成摩托車，一路飛馳。

田上種著各種蔬菜，還有西瓜，大俠說這片西瓜是叔叔的命根，曾因為要天天澆水，便連出國旅遊也不去，天天照顧。田旁有一兩層高建築，是大俠與慈芸親手一塊木板接一塊築成的，不懂建築，但還懂得分別美與不美，而這田舍，簡樸，美。

田舍，一水溝之隔便是別家稻田，那時風吹稻動，大俠

154

說有錢要把這幾畝稻田全買下。這年頭，歸隱田園，梅妻鶴子，也得談本錢，說資本，不知五柳先生與林處士聽後會作何反應。

這田舍與周近稻田，都是我與小魔怪們的遊樂園，小魔怪們，分別是大俠的三位外甥，大姐的兒子，二姐的一對姊弟。小魔怪們，平常於上學前七點整便會打開房門，站於我的床旁，聲聲叔叔把我喚醒。小劉魔怪（大姐的兒子）年約六、七，別看他年紀輕輕，卻是了了，察言觀色，知進退，喻如其舅不給他看電視和借我手機玩遊戲，他忍著不玩，儘管我說幫你把風，他也是不玩，一直閉眼裝睡，直至舅出門，才玩耍起來，又如我請他們吃冰棒，他吃過一根便知不能再吃，再吃不是被罵就是挨打。與之相反的是那對姊弟中的弟，他活潑、頑皮、愛耍個性，常常搗蛋，如我不給他手機，他就剪我的充電線，請他吃過一次冰淇淋，貪吃，鬧著要我再買一次。那刻我也想買，但礙於其舅早已下令，只能讓他們享受這一次，我是作客於此，不得不顧主之情面。而他哪理主客這迂腐的世俗禮節，他知到我在意大俠桌上那本《彌陀經》，一手剪刀一手經，要脅著我，不買立剪。因為是佛經，我還「猶有這個在」，所以當他剪下時心裡忐忑。這小魔怪有一個好姐姐，他弟弟闖禍了，姐姐總是幫他善後，弟弟弄得一桌墨汁，姐姐擦。與我極像，我也有一位好姊姊，她是後盾，無論我做何事，皆支持；有她在，我才可活至今日，她是雨傘，總為著我遮風擋雨拒太陽。（所以我姊啊，我愛你。）希望那小魔怪能珍惜與愛護他姐。

小魔怪畢竟是小魔怪，道行還未夠。我小時候也是一頭

小魔怪，還記得四、五歲左右，從睡房一木櫃中拿了那個放鐵釘的鐵罐子，將鐵釘倒得滿地皆是，然後整個人跳起騰空再落地，讓母親又氣又心痛之餘，還要幫我將扎滿腳底那血淋淋的釘子拔出。還有一次，活於農村，當以大自然為伴，約了鄰家朋友，坐在池塘邊釣蝦子，不用芳餌，只用空絲騙牠，在它鉗住那刻立馬拉上即可，那次大概是專心過頭失了重心，撲通一聲，水花四濺，我不諳水性，好在當時有沙丘在旁，幾經掙扎才得以爬上免死。回到家裡，母親暴怒，用繩子將我縛於樓梯扶手，痛打。現在他的兒子，又背著他徒步行走臺灣。

小魔怪們最愛玩「鬼捉人」與「躲貓貓」，那「鬼」當然是非我莫屬，因為他們都會共推我當此職，赤腳跑在田陌之上，迎著風雨和太陽，宛如回到那已回不去的童年，走了味的故鄉，那時的小魔怪，早已變成大魔怪了。

因為我是頭大魔怪，所以他們自然是喜歡我的，大俠說我寵他們，確實，我常說若我他朝有兒女，那我一定是位昏君爹爹，因為我鐵定是不罵不打，有求必應。一生愛好是天然，最怕作出非天然之事，現在有些家長，從小便要求兒女學琴、學畫、學外文，恨不得將天下間所有知識、技能一夜灌進腦中。以愛行兇，把魚放於天空，將鳥置於水中，或許你說，我兒不同一般，他是入水為鯤，出水化鵬，但世間鯤鵬又有幾許。

陽明先生言：「大抵童子之情，樂嬉遊而憚拘檢，如草木之始萌芽，舒暢之則利達，摧撓之則衰痿。」

聽說我走後第二天，小魔怪們如往常七點到房間尋我，

而最後帶著失落而離去。

秀姑之家

電話響起，是那位曾在新營收留過我的「中心」主人Jessic，她得知我在大園，剛好這天要去一家名為「秀姑之家」的地方，也在大園，所以便問我是否有興趣一同前往。反來無事，就隨去見識見識也好。

我們相約上午十一點於大俠家對面之一所便利商店會面，一台黑色私家汽車的車窗徐徐而降，比了個手勢示意一下叫我上車。正在開車的是位男士、國字口臉、黑絲中混雜白髮，像是已過不惑，隨著 GPS 的導航，漸從市區駛到鄉村野外，

狹窄鄉道，不勝泊停，幾經轉折，下了車向一兩層村屋逾進，屋之四周皆為荒地，於門前脫鞋進屋，那時屋裡人聲鼎沸，拍打聲此起彼落，好生熱鬧。邊唸著梵咒邊使勁拍打在人體上，拍得一片黑紅，經屋中志工阿姨們的解說，這樣拍打是要打通體內經脈不暢通處的所有病邪。「秀姑之家」除了不收分毫的義診外，還會為病者們提供素食午飯，而其中幫忙的阿姨都是秀姑的好朋友、好姐妹，不收工資全是志工，皆是抱著悲慈心以行菩薩行。喻如他們自 Jessic 口中得知我正在徒步，於是集資予我一千五百塊，無功不受祿，所以不好意思收下。見我不肯收，他們便說是支助我的旅程，讓我代替他們走一圈。只好接下，最後也不敢亂花，便將其用來請小魔怪們吃燒烤和冰淇淋。

　　志工阿姨將我的住址、生辰寫在紅紙之中，再將其放在菩薩像前。然後從屋外抱來一個大木盤，木盤裡裝滿熱氣騰騰的沐足藥湯，以毛巾將腳與木盤圍起，叫我把雙腳放進沸湯之中，這樣藥才可隨熱力滲進身體以達療效，阿姨說我的雙腳只是勞損，無礙。

　　離開時，秀姑將名牌給我，還親手寫下手機號碼，說因為政府收地擴充機場，下次我再來時，可能已經搬家了。

　　車子離開鄉道時，道旁正有一位男生也在慢步中，不知他是否也在流浪。Jeccic 跟他朋友笑著說，我的上輩子一定是一位四方雲腳的苦行僧。

外公

　　那夜如常，小魔怪們下班後都會雲集吃晚飯、看卡通，玩遊戲等，看著他們坐在外公的懷裡，我突然鼻腔一酸，眼眸一紅。徑直走回房間，坐在那張靠牆的床上，腦海裡有關我外公的影像，一幕幕飛快呈映，但時間的河，歲月的風，沖刷著，侵蝕著，影像也漫漶不清了。記得兩三歲時，我追著外公，將手中的塑膠水果拋予他，我的淚水也滴滴流下。

　　母親說外公是一名木匠，年輕時提著工具箱討生活，闖江湖，大江南北都跑過了。在家鄉那一帶的鄉村，只要家中木桶、木傢俱等等有損壞，皆上門尋外公去修。在那個貧苦、物資缺乏，溫飽是期盼的年頭，外公愛用修木具得來的錢，天未亮，便提燈拿桶趕路去買那剛屠宰豬隻而剩下的新鮮豬血。夏，天熱，外公會拿著一張小木板凳去坐在大門前，手

搖著木蓋搧涼。春，新年將至，外公會將紅紙裁好，寫春聯。我數年前回鄉曾見外公一本子，蠅頭行楷，俊秀飄逸。

外公在我四歲那年得了急病，過世了。若外公還在，我會跟他說什麼，我會跟你學起木工來嗎？我會像你一般寫出一手漂亮的書法嗎？外公你知道嗎？那時還在學習走路，咿啊作語的小娃，現在已長大成人了，我想你一定知道。真想再聽聽你的聲音，因為我忘記了。真想用這個長大的身軀，深深地擁抱著你。真想在你耳旁說一聲：「外公我愛你，好愛你。」只是你已不在了。

13 / 臺北

風雨夜宿福德廟

　　一星期過去了，我跟阿姨道別離開了大俠家，謝謝的話最後還是沒說出口，但卻是不捨，人生的離別叫人神傷，是無常，是聚散不定，是離離又合合，或許我能做的只是珍惜共聚的片刻，後來聽慈芸說，我走後，阿姨哭了。

　　連日綿綿大雨，終於停了，雨霽時已是下午一點，我也自大園踏回 15 號海線之上，後厝、方厝、竹圍，在過了竹圍不久，天空已烏雲密布，風自身後吹來了。我想趕走望能躲過，但那烏雲像追我而來般，很快雨點便打了下來，而我的腳又要濕透了，冒雨前行體力消耗特快，至林口時已顯疲態，好在雨來得快，走得也快。

　　有一位女生自竹圍始騎著單車與我路線相同，看其行裝不像是環島旅人，我望向她時，她也鬼頭鬼腦地對著我笑，她心裡大抵在想有個流浪漢在走路，未能問她向何處而去，很快我倆之間的距離便越拉越遠，直至她消失。

　　我在林口上高架橋路口，再見到她，那時她把腳踏車停靠在鐵護欄旁，佇立望向道旁的雜草叢生之荒地，眼神泛著淡淡哀痛，若有所思。

　　一千個人便有一千個哈姆雷特，因為每一個人的內心，信仰不同，人生經歷、苦樂也不一樣，世界觀也因此不同。

我相信每個人背後都有一個屬於自己的故事，未知那位姑娘
的故事又是如何。然我則期盼著我這生的故事會像赫爾曼·
黑塞（Hermann Hesse）《流浪者之歌》中的悉達多，又或是
傑克·凱魯亞克（Jack Kerouac）《達摩流浪者》的雷蒙。

　　站在高架橋，看著那給夕陽染紅的臺灣海峽，蕩漾著的
彷彿不是海浪，而是血。這裡曾被人稱作「黑水溝」，「柴船
渡烏水唐山到臺灣」，說的是閩、粵的漂泊故事，因為有黑
潮流經，所以常有海難，民謠《渡臺悲歌》曾唱道：「六死
三留一回頭」，有人壯志未酬，有人去而復返，也有人落地
生根。海濤與浪風在我耳旁傾說著他們的故事，背鄉離井，
漂泊流浪，只是為靈魂與肉體謀求一份生機。

　　林口至八里，公路多是漆黑，整條快速公路幾乎沒路燈
可言，如果只是一心想著每台車子皆會亮著車前大燈照路，
這很危險，15海線還比它好些，每隔五六百公尺便有一盞
燈，但有些路段也是全無。如因省電與環保而省著不開，而
節原減汙是要以人命換取的，那值得嗎？

　　在瑞平有一騎士，見我天黑還在路上，便停下問我是否
在「徒步環島」，他說他在去年時也想著要環島，可是最終
沒有實行，又問我要走到哪，我回以八里，他說還有一段距
離，這一帶沒燈很危險，要不我載你前去。我答之不用，我
不能乘車前行。「在前方有一瑞平國小，便是電影《練習曲》
男主角借宿的那所，你到時可去問問看，能否讓你睡一夜。」
他給了我連絡方法，說有任何事都可以打給他，可以幫的一
定幫。最後，因為路黑根本弄不清國小的位置，以致過了甚
遠才猛然覺醒。

八里，一說八里這名源於「Parecuchu」，是為八里窟社之譯音，其西接林口，面臨淡水，背為觀音山，所以是背山而面海之局，其亦是臺北最早開發的城市，比我們熟悉的艋舺還要早，還記得我曾在淡水望八里，想去最後沒去，這次則是經過而沒進。八里與新竹雷同，沒有背包客棧，旅社昂貴，所以那夜還是決定找便利商店休息，變化遠比想像來得快，看著地圖快到八里，因睏倦與腳痛，所以便在一個公車站坐下歇會，鄰近臺北，果然不同一般，一路北來，還是第一次見到晚上十點，還有公車靠站。

離公車站不遠處，有一小屋亮著燈，我趨步向前，燈光照出了扁額「福德廟」，福德者土地公也，《孝經》云：「社者土地之王，土地廣博不可遍敬，故封土以為社而祀之，以報功也。」一方之主，不可不敬，於是進廟燒香，禮拜，身髒既冷又倦，而小廟燈火暖和，未敢無禮，擲筊為允杯，於是便在神案左則以雨衣為被小睡片刻，寒夜連綿，風雨淒淒，地面若冰，冷寒侵肌不時而醒，睡至五更天，放於廟門外的鞋、襪已風乾；再次換過了香燭與土地公道別，便往八里市區走去。

關渡站長

天還未亮，經過了一片寂靜的八里街頭，沿淡水河岸而行，至「龍米河濱公園」時，只見八里與臺北的天空皆是密匝匝的烏雲，不過對岸淡水還是依舊陽光普照。果然不久後大雨如注，我不想剛乾的鞋子再濕，於是便坐於公車站蓋蓬

下避雨，雨勢不減，走到頂寮，街道多處淹水，豪雨打得上學、上班的行人東躲西藏，狼藉不甚。

　　關渡大橋宛若洛神衣帶飄揚於淡水河上，一道鮮紅的血脈，帶動著兩岸的流動，如果沒有橋在，我根本不能自八里徒步至臺北，因為在它還未建成前，兩岸互動全仗渡船。不過它並非第一條橫跨兩岸的橋樑，早於雍正年間，那時有一群原住民為逃避蕭壠社的追殺而逃至今竹圍一帶，為了能往來關渡便築起藤橋。

　　過橋時一直在考慮著究竟往左去淡水，再北上走北海岸線經淡金公路而去基隆，還是向右穿過臺北從北基公路而去。海線較花時間，亦會繞上一個大圈；山線則沒名勝美景，但花的時間則短。

　　最後還是挑了山線，橋的終頭是一條以木板築成的自行車道，沿道而行便走到了「關渡自行車租借站」，陰晴不定的老天，又下起濛濛細雨，突然身後有人把我喊住，回首只見一位先生，年不甚老，像是三十許來歲，戴著長方黑框眼鏡，一頭爽朗短髮，踏著自行車在打轉。

　　他會喊住我全為好奇，因那時我背包上懸著一塊小白板，從左至右豎寫著「徒步環島中」，這是在大園時作下的決定，我因為個性不想張揚，沒有必要告知別人，只要默默完成就可以。所以打自開始，便沒想過去弄任何環島標語放於身上，後來心想，如果要

亮出板子，一定要有益於人群或世界。想來甚是愧疚，我能做的只是為我踏著的臺灣土地和在路上有緣遇見我的人，獻上一首美麗的詩。於是每天在出發前，便寫下一首詩於板子上，但後來才知道這是一種一廂情願的浪漫，因為板子小字也小，司機、行人，趕走的趕走，風馳的風馳，壓根就沒看到。因此便像用一個聽起來漂亮的藉口來掩飾自己的虛偽。

那先生說：「我叫 Mark，是這『關渡自行車租借站』的站長，你趕時間嗎？如不太趕，請到我站內歇坐一會。」我那時確實有點趕，因為我不打算停留臺北，一天之內直達七堵，於是我已在過橋前，訂了一間名為「First Stop Backpacker Hostel」的背包客棧，但也不好意思拒絕。

Mark 為人古道熱腸，感謝他對我的幫忙。我的休閒鞋已穿破不好走，所以 Mark 在午休時間，便騎著摩托車帶我四處去找鞋，最後買下了一雙螢光透氣的懶人拖鞋，因我不想再用雨水泡腳了。出了商場又是一陣傾盆大雨，Mark 急忙跑去買了兩件黃色雨衣。

風馳電掣的摩托車在馬路飛揚，雨點隨風打得我滿臉疼痛，宛如針紮。雨衣穿上不久便破了，身體也濕了。Mark 見我昨日整夜未曾沐浴，加上現在渾身俱濕，怕我生病，便問我是否願意去他於附近所租的小房，洗個熱水澡。所租的房鄰近關渡捷運站，房間在三樓，牙色壁牆瓷磚地，空間不大，有一小閣樓，一台小電視。這不是 Mark 的家，是他午休與加班的歇息處，得 Mark 的收留也成我那夜的落腳處。他家在板橋，生於斯長於斯的道地板橋人。跟我說他去年便計劃著要來一次單車環島，最後礙於工作未能如願。我勸有

想完成的事，最好還是立即去做，因為我們都沒法得知這盞
生命的燈何時熄滅。

　　Mark 請我吃自助餐便當，因為天雨，那天都沒人來租借
自行車，算上臺北其他各自行車租借站，整天共出租六輛。
我猜錯了 Mark 的年紀，他已將近知天命，他偷偷告訴我，
之所以看上去如此年輕的祕密，不是整容而是運動，他下班
回板橋家後，便會立即出門運動。難怪他如此熱愛腳踏車，
只可惜我不諳此道，平日也懶散不運動，難怪我看起來如此
滄桑。

遠山長，雲山亂

　　坐在自行車租借站裡那張牙白塑膠圓椅上，聽著音樂，
遙望著對岸巍峨、莊嚴的觀音山，山嵐翻過頂峰縈繞山腰再
一瀉而下，剎那間淡水河面被雨打得一片零散，八里、關
渡、觀音山，霧淞沆碭。整個臺北皆是雪雪、淋淋之聲。

　　儘管是驟雨狂風，但是河畔自行車道上還是有人在，或
行，或坐，或騎車與溜狗，多是年歲不太大，四十來許。
Mark 說別看他們這樣貌，很可能是「有錢人」，有錢才會有
閒，可以風雨不改，天天都在。風雨不改的還有一位，下午
四點多，一位銀髮老婆婆，打著一把透明雨傘，徐徐而至。
Mark 見到她，便立即起坐走去打開冰箱，拿出一根冰棒，等
老人走到門前，一方付錢一方遞上冰棒，一連串行雲流水般
的默契動作。老人走後 Mrak 跟我說，她是每天固定時間來
買固定的口味。可能那冰棒背後包含的是一段人生的刻骨回

憶，有時一股氣味，一種食物，便像一塊小石片打在腦海的深處，而掀起一波接一波的漣漪。

晚上，Mark 決定領著我和一位叫阿鋒的香港男生去遊淡水，這位阿鋒的出現，緣於他整個下午不停遊逛在關渡碼頭與自車站一帶，一開始他跑去看了一下地圖，Mark 便斷言他並非本地人，是外國遊客，於是我們便開始互相猜他到底是哪國遊客，我見他一開始就猜是日本人，Mark 說不像，應是香港或馬來西亞。將近六點，因天雨 Mark 可以早點關門下班，而他得知我不會腳踏車，於是叫我可以試玩一下，一台供予行動不便者的車子，它是用手動車輪以前行的，而他也踏著自己的專車與我在店前空地轉圈，見阿鋒又回到碼頭，於是我們便上前搭訕。

我與阿鋒坐公車至關渡捷運站等待 Mark，捷運一站接一站快速在眼前跑過，淡水以前我曾遊過，對其半熟不生，我們一開始沒在淡水夜市一帶，而是步行前往漁人碼頭，淡水情人橋，Mark 興致勃勃，冒著細雨打著傘也要為我倆拍照留念，我們那刻彷彿成了平面模特兒。阿鋒給拍到有點不是味兒，但 Mark 的用心則如我同，人生一期一會，緣聚時合照，以待緣散時懷念。回程時沒再步行，而是坐公車回到淡水，逛夜市，吃冰去。儘管下著霪雨，也不減旅者們遊淡水的興致，滿街雨傘在遊動，五彩繽紛，煞是好看。本想邀阿鋒同去 Mark 的小屋，但他早已入住民宿，說是朋友後日要與他會合，所以不便轉換住宿。

回到小房，洗澡後與 Mark 閒聊、看電視，新聞報導這連日的梅雨堪比颱風，之後數天，北部雨勢不減。

　　Mark 八點便要回去開店，所我們六點多便起來，一日之計，不能無早餐。Mark 領著我到一家他嚐過而覺得不錯的早餐店，一盒自助餐便當，一大塊潤餅，一杯杏仁茶，最後是他自昨天中午開始便一直苦覓不得的泡麵，這泡麵十分特別，比其他泡麵價格昂貴許多，是由「公賣局」推出的，分別是「花雕」與「米酒麻油」兩款口味。我心裡明白，他那麼急著要找到，只想讓我得以一嚐。

　　我低頭吃便當時，突然感受到四周晃動，心中第一反應便是地震了，但當我將目光轉向 Mark 時，只見他如常佇立望著電腦，我便狐疑難道剛剛是我一時頭暈。哪知過了三個小時後，Mark 突然跟我說，剛剛我看到網絡報導說花蓮發生了六級地震，還說臺北也感受得到。我便如況說道，他聽後大笑說他真的沒有任何感覺。隨即收到大俠的訊息，說阿姨十分擔心，問接我回大園好不好，大俠替我解說了一番，才平復了阿姨的憂心。接著又收到家裡的，母親說除了地震，捷運發生了砍人事件，嚇得她全身發抖，叫我立即回去。我答以：「我很安全，人不在臺北，勿念與掛心。」

　　昨夜雨水時歇時下，但今早關渡已見陽光，想著吃完便當休息一會便上路，見那觀音山上山嵐如舊湧動，河上漫漶如昨，八里河岸有幾座高聳的鋼筋水泥怪獸，特醜，如果臺北的建築越趨高聳，那城市的步調也越快，步調越快人的心理壓力則越大。還是慢下來為好，把生活慢下來，心也慢下來，當一切慢下來時便得心閑，得心閑時便可見天地之大美。

　　東坡先生《行香子・過七里瀨》：「但遠山長，雲山亂，曉山青。」

水城

　　風雨如晦，Mark 勸我等雨勢變小再上路，雨大不好走，危險；要不今天跟我回板橋家留宿。我拒絕了，坐到中午，Mark 也午休了，他用摩托載我至大度路三段上，便像要送弟弟出征般，把未喝的杏仁茶與未吃的三明治，放進紅色塑膠袋中綁好，再交付予我，再三叮囑路上小心。

　　台 2 乙省道，過北投，到士林時整個氣氛一轉，是久違的城市感，飛快的節奏令人窒息，儘管在如鳥籠般的香港生活了十來個年頭，然終未能適應。只怪我生活節奏還停留在「已知用火」的時代。

　　本想沿 5 號省道而上汐止，但走到圓山時迷路，最後決定以中山快速公路定位，公路是高架公路，我則於其下之道路而前行。

　　整個臺北大小街道皆有淹水，行人地下道成了唯一乾爽處，雨衣也擋不住豪雨，衣物，鞋子等俱濕，走至松山時，雨漸歇。走至石潭公園時，天已黑，濛濛細雨又再降下，本想坐下歇會，但見剛乾不久的長條石椅又被再次打濕，此時心裡想著要不現在坐捷運去板橋找 Mark，在他家過上一夜，明日一早再坐捷運回到原地繼續旅程，但不久便打消此念，因為這無非是貪逸與不想吃苦的自己想出來的逃陣方案，於是繼續前行。

　　永保街道窄，而停泊著車，不易行走，好在車子不多，過得永保街往基隆河畔而去，佇立於河堤草地上，雨點變大答答打著我的雨衣，看著對岸點點燈火晃動，突然一道閃電

劃破長空，唭嚓一聲，眼前的基隆河發亮起來。

人常說六月飛霜是蒼天的憐憫，那天的雨水是天的哭水，為著人心的齷齪與骯髒而痛心，為著不幸者而痛哭。

離開了河堤，便到了吉林街，道路比剛才的永保街還要來得狹窄，車子幾乎是擦身而過，如不側身佇立一定當場被撞，加上這是一段稍斜的上坡路，疏刺刺的雨水，汩汩自上而流下，車子經過身旁時濺起水花，打得我內外濕透。

於中興路，過了一道小條橋，前行不久便是大同路一段，5甲省道，道淹水，雨淅淅。

汐止，舊名「水返腳」或「水轉腳」，因基隆河受海潮影響，潮漲至此，便以此而名，日治時則取其意而稱其「汐止」，歲月如梭，現在潮汐不復，有的只是高樓與城市繁華，走在路上，大有一種走於香港街頭的熟悉感。

天雨下的汐止火車站，擺著大大小小的流動攤販，所賣的以衣物居多，還有少不了的雨傘。飄風急雨夜，不懼風吹雨打，不為別事，只為生存，活著是件不簡單的事。

14 七堵

終到七堵

　　過了汐止火車站，雨霽，我看著地圖發現沿 5 甲而行會繞一大圈，所以便選擇右轉茄苳路，茄苳路是一條上坡路，原來是一個小山丘，上面多是民居，看起來應屬豪宅區，靜謐的街頭，那一刻我拖著腳步，穿著白衣雨衣，背後一個突起的大背包，蓬頭垢面，一位姑娘回首見我，便慌張起來，我猜應該是把我當作精神帶點問題的流浪漢，肯定是躡手躡腳隨尾的歹徒，要對她作出不軌的事，於是她拔腿就跑。到達山丘的制高點，便是茄安路的下坡路段，這裡沒有樓房，左右兩旁皆為林間，因為是雨後，所以牛蛙聲此起彼落。

　　行至保長坑溪，疲倦不甚，見路旁有一福德廟，廟中有小廟，而小廟則背馬路而向山，小廟右邊則有一長鐵皮頂小屋，本以為該廟無人，進過香後，突見小屋內亮著電視，一老人躺在沙發上看足球比賽，我倆相覷了一下便不作理會。小廟前是一水泥空地，其上同用鐵皮為蓋，鐵架橫樑上懸亮著一排排絳色大燈籠，臥在其下木椅照得我滿身通紅，蓋上雨衣便朦朧入睡了。

　　「First Stop Backpacker Hostel」的管家見我遲遲未到，便來訊息想問，我回以可能要早上才能到達，管家又說另一位管家 Ann 在外，要不要叫她開車接你，我婉拒了。我問其

早上大概幾點方便讓我入住，他回八點。

　　自關渡至七堵，共十七小時，離八點還有三個小時，於是我便在離客棧二十分鐘路程的便利商店坐下，伏在桌上，聽著歌不經便入睡了，店員是一位中年大叔，用力敲打桌子，然後用帶點不屑的語調說：「這裡不能睡覺，請你馬上離開。」經此往後便打消了於便利商店歇息的念頭。

　　走進泰安路的地下道，經一夜風雨，身體僵冷，於是就在便利商店買了一杯奢侈品——熱拿鐵。店員阿姨見我膚色棕黑，五官立體，便以為我是南亞或中東一帶的外勞，後來禁不住好奇才過來相問，我一一解答。還問我是否要去「First Stop Backpacker Hostel」。「一開始並不知到附近有背包客棧，有一次，一位外國人找不到來問我，我用有限的英文帶著他去找，後來又經過幾次，便熟了，你等一下，我七點半便下班，下班後帶你去。」阿姨說。

　　在熱心阿姨的引領下，走過幾條巷弄。「到了，我是上夜班的，如果睡不著可以來找我聊天，但晚上清水寺那條路有野狗，不要走那條，要走剛剛我跟你說的另外一條，可直達便利商店。」臨別時阿姨莞爾地說。

七堵雜憶

　　客棧為兩層，打開大門便見一條樓梯，二樓放著一台公用電腦，二間房間為兩位管家的房間，往內而走有一浴室與廚房，兩者旅者皆可用。三樓兩房間，男女分房，不混住。公共空間，放有書本、雜誌與一台電視。過了公共空間更有

數間浴室。而管家說房間的上下層雙人床，被單、枕頭與床都是特意訂製的，為了讓旅者們能得到一個舒適的歇息空間。

我浴後躺在那軟綿綿的床上呼呼大睡，醒來後，「First Stop Backpacker Hostel」的兩位貼心管家自鐵架中拿出三本厚厚的本子，一頁接一頁翻開解說基隆、北海岸線、瑞芳一帶的山城等名勝風光，本子是兩位管家去過、看過而感到美麗的名勝，一一寫下路線與前去的方法，中英對照的文字，名勝風光的照片。

因為其中一位管家的外婆剛動過腳的手術，所以便接來同住照顧，所以未能帶我四處遊逛而覺得不好意思，而背後的泰安瀑布，因連日天雨，山間小徑，易生意外，也勸我不要前往，如真要去，他可以開車帶我，但只能放我於步道口。我想去但最後還是沒去，一來不想麻煩與打擾到他倆，二來經昨天夜行，精神不濟，體力也有所不逮。

下午自七堵火車站坐火車至基隆，於基隆看過了油輪與港，然而踏出火車站時眼睛便給一座建築物給攝住，尖塔圓拱，日治建築，本為日本郵船的基隆分址，光復後由招商局接管，後又成了陽明海運的辦公大樓，現則改作「陽明海洋文化藝術館」，我對館裡的記憶漫漶，只記得在大門登記填表後即可免費參觀，還有那一樓有關橋樑的攝影展。本想去基隆廟口遊逛，路行至一半，興盡而返，上得火車便回七堵。

七堵，堵者古之防禦土牆也，土牆一丈謂之「板」，據彎曲的基隆河而築堵以拒，久而久之便形成以「堵」為名的聚落。如我已經過的四堵，還有將要行至的八堵與頂堵「頭城」。

　　七堵火車站，新蓋數年，甚大。舊的在其北不遠處。車站是自臺北以北諸車站中碩果僅存的日治百年木構建築，是倖存者，是一個時代的見證者，是飛鳥盡而良弓不藏，免死而走狗猶存。

　　Ann 管家告知七堵有幾款食物是非吃不可，其一，連日本旅人吃過也覺適口的咖哩麵；其二，營養三明治，這三明治是老店比基隆廟口的便宜。到達崇智街，天空下著毛毛細雨，雨花未能拒擋饕客們的興致，兩家店前或坐於車廂或打著雨傘排隊。有見及此，我先於附近的巷道蹓躂蹓躂，房屋不高，大騎樓，多為老店，小鎮風情，一洗臺北、汐止那都會繁華之感。

　　談起三明治一般我們的刻板印象是兩片切成三角形的麵包中間夾以肉類、雞蛋、蔬菜等，再加上醬料。其實三明治種類繁多，魯賓三明治、潛艇三明治，還有比較特別的斯堪地那維亞人之三明治，他們僅用一塊麵包皮，在其上放以魚、肉和乳酪等，而這個營養三明治則是將油炸的長麵包，用刀分出一條溝，再於溝中放以滷蛋、蕃茄、青瓜，酥脆、油而不膩，果真好吃。Ann 說這是源自上世紀中西方文化的碰撞，當時的人們只聞三明治之名而不見其形，所以便運用想像力而創出來。因有想像才創造與發明，無論是藝術、科學乃至日常生活種種皆自想像而得，因想像而得發明，因發明而改變時代，左右時間的脈絡。賈伯斯則是例證，然其曾以重金購得達文西之手稿，為何？因達文西不單是位天才，還是一位敢於想像與勇於實踐的人，他的手稿內有直升機、坦克、機器人、計算器。當十五世紀時的人們譏笑著因

飛行機器試飛失敗而跌傷的達文西時，我們今天不妨抬頭仰望廣闊之穹蒼，即可得見那傲翔之飛機。我們現在的教育與社會所教的是一成不變的標準答案，學生只要將課本硬背進腦中，以供考試之用。社會失去多元，當一切都變成只有唯一時、當我們都習慣了知其然而不知其所然時，不單是想像力，就連與生俱來的好奇心與創造力也隨之而喪失，更莫說自由之意志與獨立的精神。

而咖哩麵則吃得我滿頭大汗，背部俱濕，斗大的汗珠自臉上滴滴而下。

晚上與 Ann 閒聊，她跟我分享了他們於早前不久，自基隆坐夜船去馬祖看「藍眼淚」的經歷，一開始我並不知其為何物。Ann 看著一臉迷惑的我便問我是否看過李安的《少年Pi 的奇幻漂流》，整片海發光而呈現寶藍，一開始以為只是電影特效，小說家之言。Ann 拿出照片說這是最後他們去了五天，等了五天，本以為今次會失望而歸，那知最後一個晚上便出現了。藍眼淚學名 ostracod，又稱 seed shrimp，是一種生存於海中的微生物，大小約零點二釐米左右，已石化，具有發光特質，因而又名 Bioluminescent Ostracods。

本想經瑞芳再去貢寮，但途中經皆山路，天雨路難行，所以最後決定先至基隆，再走海線下宜蘭。決定落腳點為基隆後，Ann 問我訂下今日落腳的客棧沒有，本已訂下一所位於基隆市區的民宿，Ann 見我不語，便打起電話至一客棧，幫我訂下。她找出報章說客棧是由一群畢業不久的大學生合力所開，剛開張也未足一個月。因為他們曾來人拜訪過，所以便有連絡。

　　自七堵走向八堵時，在路旁一男生見到我白板上所寫的字，便刻意停下摩托車等我。當我走到他身旁時，他說要請我吃午飯，他把車停泊好，然後我倆便步進一家素食店，店主阿姨、叔叔自板子得知我正在徒步後，便送我小食和加大分量的便當。我們四人相談甚歡，分別時我們合影留意，我則留下香港電話，以供阿姨來香港時可以找我。那熱心的男生是位佛家弟子，家在瑞芳，除了請我吃飯外，還送了珍貴的紅茶給素食店阿姨，分別時下起雨來，他又跑去便利商店買了雨傘給我。我不知其名、電話等等，只知他姓張，謝謝張先生的所贈。他十分難得，菩薩行。勿以善小而不為，有時舉手之勞，一顆熱心，一句問候，一個微笑，隨時可救人一命。

15 基隆

漁港女巫

　　張先生勸我走瑞芳再回海線這樣就不用繞圈，而晚上則可落腳他家。我婉拒了，因為已有承諾，不想失信。未失信於客棧，卻失信於民宿，好在其主人大量，接受了我的道歉。

　　又是雨天，乍想這也屬於正常，只因基隆是個「雨港」，長年霪雨，基隆舊名「雞籠」，由來眾說紛紜，一者，基隆山脈形若雞籠；二者，漂洋而至之先民，站於山巔聽得海峽對岸福州之雞鳴，因而此山便名雞籠山（莫非先民有順風耳乎）；其三，於 1870 年修訂的《淡水廳志》稱今基隆港外的和平島形似雞籠，因此而名。最後，古之基隆聚居著平埔族 Ketagalan，漢人聽後取首尾之音「Ke」、「lan」簡化而成。而今名基隆則有「基地昌隆」之意。

　　基隆山多而平地少，一路下坡經過火車站、港口，古蹟只順道去了「北白川宮能久親王紀念碑」，夾於樓房中間，碑文漫漶，雨水紛飛，莫顯寂寥，其背後的歷史也如此境，血與淚，榮與辱，於人們心中也漫漶，也寂寥了。

　　過了八斗子漁港，自北寧路 369 巷而進長潭漁巷，路口左則有一碩大雄偉的國立海洋科技博物館，Ann 曾跟我提及過，言館內展覽融以科技，館內頗大，展區多，要認真走完可能得花上二天。最後，我也只是與其擦肩而已，於路口對

面的公路旁立著一塊「臺灣水準原點」。路口的指示牌有「潮
境公園」一項，看見「潮境」二字倍感親切，因為我家鄉有
一個潮境鎮，鄰近諸村皆在那解決民生所需，大有方圓萬里
只此一鎮之感。小鎮不大只有一街貫穿，街之左右為民國初
年的老房子，多為兩層中西合璧的建築，大騎樓，拜占庭式
建築。想它也曾風光、繁榮過，年代久了，風霜飽歷，樓破
的破，塌的塌，蕭條，壞落。

在漁港苦尋，從上至下，由左向右，都不知走了多少
遍，有地址卻找不到，問過海巡與居民皆回以不知。因為那
時我的外形像極了菲律賓、印尼一帶人士，所以問路時居民
們多誤以為我是外勞海員。

最後在里長家裡走出一大叔，說見我在此巷來回很多
遍，所為何事？語氣中帶點猜疑與提防，覺得我是歹徒，我
表明了來歷後，他心也放寬了，臉也露出了笑容，還領著我
去背包客棧。原來客棧便在古井旁，在剛開始尋覓時曾經過
此屋，那時心血來潮直覺眼前所見便是客棧，踏上小石階，
走過門前的木板地，落地玻璃大門，正想致電或扣門時，看
到門旁懸掛著一木板，其上黑字寫著「長潭魚村生活體驗
館」，撲門向內而看，只見內有一桌數椅，右手邊靠牆處置
著一大張木櫃，木格中放著各種魚具，牆上懸著魚網與木船
航。左手則有一條樓梯，旁邊有一個白色長案，像一個接待
處，烏燈黑火，大門緊鎖，加上剛進漁港時正巧碰上一個導
遊領著一大群學生，邊走邊講解，又指著剛回港的漁船說起
故事來，但看得出那群學生臉上一副不甚感興趣、只想早早
結束的樣子。我便猜想此屋應是一所有關漁業的博物館，剛

開放給學生過後便關上門來。

我錯了，原來是遠在天邊，近在眼前。接過我的電話後，隨次而來的是一陣急步聲自樓梯傳至，轉眼一位烏黑短髮，瘦削的男生，顴骨凸而臉頰凹，小鬍黑眼圈，一臉病容，是五位管家之一，他說自己叫阿澤，跟隨其後的還有一個小傢伙，一隻精白毛色的瑪爾濟斯，水汪汪的眼睛，特別惹人愛，牠的名字聽過來，但我忘了。樓梯直上，二樓放著六張上下舖床，說是他們特意訂製的，概念是想將整個客棧化為一艘船，所以床便參照船艙的床而來，踏過小鐵梯上了三樓，共有三間房間，互相黏連，所以只有首間是有窗戶與陽光，價格也只比通舖貴一百塊，在浴室前放著一台洗衣機，因我想在此多待一天，把多天未洗的衣服都洗了，天雨晦暗無陽光，阿澤怕衣服來不及乾，於是便搬出一把大電扇，對著衣服們狂吹。三樓是屋主的祖先神臺。「屋是我們五人租來的，先試它一年，若真不行，便散夥結束。」阿澤說，開了用繩子索緊的小鐵門，便是一廣寬的天臺。

傍晚，另一位管家冒雨送便當來，小平頭，高個子，橫練身材，正在服兵役，愛料理，得知我未曾用晚飯，於是便自一樓廚房生火起，不久便拿著一碟朱紅色的食物，踏梯而上，白飯之上淋有醬汁，顏色雖曖昧，但除了那幾顆魚丸外，其他甚是好吃。

本來阿澤說不會在此留宿，但可能談晚了，又可能放心不下我一人在此，所以留下相伴，在他餵過白狗與朋友送養的飛鼠嬰兒後，便熄燈睡去，漁港的燈光在濛濛細雨下忽明忽暗，雨淋鈴作響。

這間藏身漁港的背包客棧叫作 Pataw Hostel，「女巫國際背包客插旗駐點」。

淋雨忘憂谷

稀見，風和日麗的早晨，阿澤領著那小傢伙與我，提著剛買的早餐登容軒園區，山陵不高，但站於觀景臺上卻無障無礙，三百六十度，九份、八斗子、和平島等盡入眼簾。無雲海面碧藍，九份那邊的山脈烏雲已聚，阿澤說這幾天天氣皆是如此，早上陽光普照，中午過後便是滂沱大雨。

因此我們還是先回客棧把早上掛於天臺晾晒的衣服收回，中午收到帥哥 Jerry 的訊息說，今早四點天猶未亮便自宜蘭蘇澳出發，現在還剩十來公里便可到八斗子，我生怕他騎過了頭，於是便佇立路口。本來我倆於臺中分別時相約於花蓮會師，我走慢了，而他也騎得實在太快了，一般騎行環島大概要花十四天左右，而他自臺中南行，過臺東再北上，只花了六天左右，騎一天休息一天，一天騎上數百多公里，十分驚人。半個小時過後在前一彎道中轉出一輛銀白自行車，轉眼身穿螢光黃無袖透氣上衣、花紋短褲、運動鞋的他，頭戴擋風布巾出現，晒黑的皮膚比我白，長的小鬍比我短。我邀他進「女巫」歇息一會，推著單車上石階的他，笑我每次的落腳點皆選在小巷中。因時近端午，昨天素食店阿姨於臨別時送了兩顆粽子，我把一顆弄熱給阿澤，一顆給 Jerry。閒坐一刻，用過粽子，合照後，他要趕路了。我問他今天打算騎至何處，他回以今日新竹，休息一天，後天便可

回臺中，那刻心中只浮現「鐵人」兩字。

　　我十分佩服騎行者，一因我不會騎，二則是步行如遇上突然而來的狀況，還可及時閃躲；而騎行者則未然，既要顧及路況，又要用力踩踏，車來車往間意外較易發生。

　　送走 Jerry 後，天便落起雨來，躲於客棧與阿澤看了一部電影後，雨霽，動身出門向漁村後的潮境公園而去，公園裡草地上站滿了手拿線軸上下拉扯的人們，線的頂端繫著一隻接一隻的風箏，望著漫天風箏，龍形、鳥形、菱形帶尾，林林總總，繽紛多彩。憶起小時候，每年九月鄉間秋風起時，我們村中小童都會將報紙裁成一菱形與兩條長方形，再去取竹削成竹篾以為骨，十字置放於菱形報紙上，以針線紮緊，再接上尾巴。傲翔天際，看似逍遙，但無奈其後還是有線牽繫，哪得自在，此若人生。「楊花還夢，春光誰主」。

　　自小徑而上，兩旁密草雜林，木板階級，雨水紛飛，出門時沒有帶上雨傘，只好淋雨而行。木階換以石階，上得山坡又下坡，石階鬆脫不穩加以天雨差點閃腳。兩座山峰突起，中有一谷。想這便是忘憂谷，果然，草地上置有數張長木椅，椅前有木柵欄，欄前便是峭壁懸崖，崖下有數處小灘，海浪拍打著礁石；山谷幽靜，耳旁只剩海濤風嘯，心也隨之而靜下，「鳶飛戾天者，望峰息心；經綸世務者，窺谷忘返。」難怪其名「忘憂」。

　　於忘憂谷的羊腸小徑徐徐而下，與阿澤邊走邊談，說人生談理想，相談甚歡，雨點也忘了，腳步也輕了。下了七斗山，走過八斗子漁港，買了晚飯回到「女巫」，我買的是小籠包，阿澤跟我說那位賣包子的老婆婆已是九旬高齡，但不

像，頭不白，說起話來中氣十足，身體也硬朗得很，看起來頂多只是剛過喜壽。我要了一籠，想著小籠包嬌小一籠剛好，但其非我所知、所想的小籠包，是如菜肉包般大，內有餡卻無湯汁。

現在的小籠包定形於清同治時間常州一帶，為江南名點，講求「體小、餡大、汁多、味鮮、皮薄、形美」。憶起數年前我曾於上海城隍廟聞名的「南翔」前排了近一小時的隊才得進樓，但沒有傳聞中好吃，想是我點的是二十塊一籠的，它還有價格更貴的，大概是一分錢一分貨，那些貴的可能便是好吃的。但因阮囊羞澀，未能一嚐。

我生怕阿澤因淋雨而生病，便跑去買了幾顆檸檬、一瓶可樂，弄了一個可樂煲薑，暖暖身，驅驅寒。阿澤說其他管家問我明天要登和平島嗎？因為那島不是開放的島嶼，這次剛好有活動缺人手，早上六點自八斗子出發，中午回。我婉拒了，一因阿澤明天便要回臺北家休息，他走了留下也很無趣，二我是一個好逸惡勞的人，但因此我也失去了一次長見

識、開眼界的機會。阿澤得知我打算明天一口氣走到宜蘭頭城時，他有點擔心我太過拚命而弄壞身體，怕我趕夜路時發生意外。於是便幫我苦覓苦尋，中途可有歇腳處讓我過上一晚再上路。2號省道北濱海公路，幾乎沒有背包客棧，有的只是昂貴的民宿，因此往後的旅途，「客棧」有無成了路線選擇的主因。

然福隆民宿昂貴，動輒過千，貢寮有背包客棧，但不順道，最後阿澤幫我找到位於三貂角燈塔下，馬崗漁港中有一家價錢便宜的民宿。

我四點起床，把昨天寫在白板上的詩擦了寫上新的，收拾好行囊，留下一張便條與十來張「窩窩頭」的名片給阿澤（因我曾答應過大俠，我要將窩窩頭的名片撒滿東部）。然後將大門鎖上，鑰匙放進信箱，便與「女巫」告別了。

16 / 北濱海公路

蔚海蔥山

旭日自海平面徐徐昇起，散發著那像酒後泛在臉上的酡紅，在我眼裡、在海水的波浪中、在漁船的舢板與船身上。可能因為星期天的關係，加上又是清晨時分，公路上既沒車又沒人，只有山間鳥啼聲，海浪的拍岸聲，整條濱海公路依山開鑿而成，左為廣闊無垠的蔚藍大海，右則是青蔥蓊鬱的山林，斜削的懸崖，嶙峋的怪石，沿路散落著大小的漁港，此格局至頭城才改變。

過了深澳漁港，到磅磅子時，一台汽車停泊在我身旁，車窗緩緩而下，坐在司機座上是一位五十來歲的阿姨，她從車窗中遞出兩個塑膠袋給我說：「辛苦了，這是我剛買的，還是熱的趕快吃。」我接過連聲道謝後，她高喊了一聲加油便揚塵而去了。我在路旁一個停車站的木椅上翻開了綁緊的塑膠袋，一袋藏的是溫暖的豆漿，另一袋是兩包石榴紅的辣椒醬和數個餃子。我在進食時，蚊子也在進食，求生不易，與我而言，蚊子的生命與我的生命相等，殺它即殺己，我不殺生，就當供養，如豐子愷先生云：「護生即護心。」

基隆山、水湳洞漁港、南子吝山、南雅漁港。鼻頭港中停泊著數艘漁船與小舟，遙對者為前方的鼻頭山，這是臺灣的最東北角，鼻頭名字何來？我不甚瞭解，猜想大概是因遠

觀山形若鼻頭吧。漁港遊人甚多，一改沿道的冷寂感，只見自民宿走出者、坐於餐廳用膳者多是穿著潛水裝束，而多家店舖前也張貼著「潛水」、「浮潛」等字樣，我是個旱鴨子，所以所有水上活動皆免談。

從行人天橋及下走過，前方有一個穿山隧道，漆黑的入口上寫著四個紅色篆書大字「鼻頭隧道」，因連日天雨入口有水自上流下，形成數條小瀑布。我打起張先生所送的透明雨傘而進。豁然開朗，沿柏油路下坡，海水蔚藍如舊，岩石櫛比。

龍洞漁港，車比人多，只見前方山麓林間，有時閃現汽車身影，近看才知是一條委蛇如腰帶般的柏油道縈繞山陵，翻山越嶺。

烈日當空，背包收拾得不好，所有較重的物品都放於低處，而非平日一層重一層輕的梅花間竹擺放，爬起坡來非常吃力，以雨傘墊於左肩膀上以減輕背包壓下的重量與疼痛。

腸胃不好，不能受辣，平日甚是克制，哪知只是一時嘴饞，便惹來了腹肚翻騰，加以肩疼背痛，冷汗、熱汗淌流全身。幾段斜坡配以烈陽，水分消耗得極快，水瓶早空，一路走來又未見便利商店、雜貨店等補充處。

一台接一台的自行車迅速下坡，像是結伴環島的車隊。有的對我高喊加油，有的豎起拇指，有的則專心前方路況。過了龍洞隧道，風光依舊旖旎，本來緩慢的步伐變得更慢，在「佛祖廟公車站」歇坐，又把背包的物品重新整理。繼續下坡時，兩位騎著單車，年齡應在五十以上的先生，他們停下來，因為見我一身已晒得焦黑的肌膚，便斷定我非華人，

不會中文，不知自哪國而來，於是便用國際語言英語問我，可惜我人長得國際，知識卻不國際，不諳英語的我，也沒回話，只是應他們要求，合照了數張。便繼續前行，那刻我曾猜想他們是於外國長大後再回流臺灣，所以腦海深層的母語是英語，便下意識與我說起英語來。但聽到他們看見背包上的白板後用國語說：「他是用走的耶！已經走了三十九天了。」

南來北往

　　青坡翠嶺不減，海水拍打著岸邊那玄青的岩石，擊起白浪陣陣，俯見不遠處的漁港中，停泊的非漁船，而是一艘艘櫛比鱗次的鉛白遊艇。走近時見有「龍洞南口遊艇港」的字樣。

　　過了和美漁港，腹痛難忍，於金沙灣海濱公園解手時，把雨傘掛於洗手間的門上，走時竟忘了拿，記性越來越不好，毛巾、沐浴乳與洗髮乳，一件接一件地遺留在不同的地方，可謂「凡走過必留下痕跡」。過了美艷山漁港後，南行道上車輛越來越多，當到達澳底漁港時更見交通警察站於紅綠燈前控制車流、指揮著交通。起初也不以為然，只覺前方可

能發了交通意外，所以南行之路受到阻塞。

　　在便利商店補充水分後，過了漁港南行道上開始暢通，然時過中午，烏雲開始密集，風也自山上吹下，我趨步前行想趕快離開雨雲的籠罩。一台古董車，一動不動停泊於路邊，當我走到其旁時，一把銀鈴般的女聲自車廂傳出：「你是不是以徒步環島方式來反核？」我尋聲而看，車內司機座上是一位女士，瓜子臉孔，應是三十以上；一縷青絲，一襲連身長裙，左手食指與中指間夾著一根已點燃的香菸，裊裊白煙，空中瀰漫著菸味與香水味，那刻無他唯有美。我回以不是，她邀我今晚到她家落腳，說完地址與前去的方法，這邊說那邊忘，只記得她叫我於派出所對面的路口轉進。她走後公路上彷彿還殘留著那股香味。

　　香味給絲絲雨水沖散了，沙崙仔下，車輛便把公路塞得水洩不通，諸車紛紛關掉引擎，打開車窗。我於其旁走過，有的豎起拇指大喊為我加油，有的遞出飲料送我；一台八人車中坐著一家人，三名小孩，開車的應是他們的母親，問我打哪來，從何地出發，而今已過多少天，現在又要前往何地。我一一回答，最後他們拍手鼓掌、高聲打氣，羞愧的我連聲道謝。

　　車龍時動時止直向福隆，福隆街頭上人頭湧動，宛若波浪，投身奔進人潮；我彷彿成了如貓熊般的稀有動物，有的看到板子後會竊竊私語、有的會拿著手機追跑合照。人潮皆朝海水浴場湧去，只因那裡正在舉辦國際沙雕節，恰好又是星期天，此番狀況也屬正常。阿澤也曾叫我去觀看沙雕，他去過感覺不錯，還有叫我一定要嚐嚐聞名的福隆便當。人潮

太洶湧，區區貓熊豈可敵，一粒沙也未曾進眼，一粒飯也不曾進腹，便匆匆走過。

　　雨紛飛揚中，不減北往福隆的車，在公路旁別出心裁闢出一條自行車道，我沿其而行，安全許多。過了桂安漁港，走到卯澳漁港時已是黃昏五點，金烏漸西沉，雨後天空格外清澈，薄紗般的雲朵染上了彤色，海中波光閃爍如朵朵浮蓮。

　　Santiago 是 1624 年西班牙艦隊抵達此地時所改的名字，而「三貂角」是漢人訛音而成。仰觀山麓立有一象牙白燈塔，俯瞰大海旁有一條由十來間小屋聚集而成的小村，阿澤說的民宿應該就在其中。阿澤還說除夕夜時，人們開車來這東北最東處迎接那年的第一次晨光。

　　在福隆時曾見公路上置立的提示板寫著到頭城還剩十來公里。心想現在才五點多，七點天才全黑，走到八點左右應可到達，這便可多騰出一天用來參觀蘭陽博物館。

夜行人

　　福隆的自行車道一直伸延到石城才結束，當天空還帶靛藍色時，我一直望著大海而前行，大海隨著天空而變色，當它不再蔚藍，受海水與風侵蝕的怪石與半屏山連同遠處海面上矗立的龜山島一一淹沒於黑暗中。

　　數不清是第幾次給自己的信心欺騙了，也記不起打自何時開始，心中都會為當天的行腳訂下一個落腳點，就像正在參加某場運動比賽般，一定要有起點與終點，往往為終點而拚命，不進食，走到身體已到極限時，還得用意志強撐，以

求達成目標才心息。起初只因為受那三個月的留台時間影響，恐怕不夠時間繞這一圈，後來慢慢將其視為一種對身心的刻意磨練，現在才明瞭原來這只是一場時間與內心的競賽。

福隆的指示板沒騙我，到達頭城的邊界真的只用了十來公里，然要到頭城市區則必須走完這道東北海岸線，那是三十來公里的事。

東北岸的美貌給層層的黑紗遮蓋，看不見卻還能聽到海水與山風的呢喃。在石城漁港濱海路七段眺望著，只見遠方山脈盡頭下有一燈火通明處，心中直覺那處定是頭城。哪知到達時原來是山脈的轉角處——大里漁港。類似的直覺伴隨著我走完這東北岸。望梅止渴是件好事，因為那代表著對未來的希望，人生遇上窘絕時，有盼望總比沒有來得好些，儘管盼望原來只是個轉角處，我相信著走過了諸多彎道，總會有一小段的直路出現。我猶生存，只為我在人生黑夜之中對那一絲微弱的燈光還存有盼望。

今夜星月全無，公路隨著時間的轉動，往來的車輛也逐漸稀落，我坐於公車站歇息著那個快要垮掉的軀體，對面小屋的老伯開了門，急步穿過公路走來，為的只是要提醒我已沒公車，不要白等。一輛北往的銀白跑車煞車調頭，只為載我一程。公路是那麼的荒涼，而人心卻是那麼的暖和。

行至大溪漁港時，已是夜上十一點，自用過早餐後未曾進食，飢腸轆轆的我，在便利商店中買了一碗泡麵，正在等待泡麵變軟時，鄰座坐著兩位五十多歲的阿姨，容貌、穿著、聲音等俱漫漶。她們說是自桃園隨丈夫而來，丈夫喜愛夜潛，而她們則在此等待。早前已見過我在路上走，因為我

的模樣本來以為我是剛下班的外勞，問了有關我的許多事情與有關人生意義的話題，當得知我打自香港而來，便向我推介了他們信仰的基督教教會，說香港也有分部，叮囑我一定要去，臨別時我收下了小單張，便道別離去。他們確實深愛著丈夫，記得我問：「夜潛危險，妳們怎麼放心得下，讓他們去？」她們倆莞爾回道：「沒辦法，這是他們喜愛的事，我們不會只好相隨。」

夜闌人靜的公路，極為淒涼、蕭殺。有時，兩旁荒煙的山間，突見數十來間小屋，定睛一看，一道透骨寒意直刺脊骨，原來漫山皆是墳墓。有時，荒廢無人的小屋中亮著一盞紅燈，十分詭異。在過了河東獅子堂博物館後，整段北關海潮公園漆黑，路燈全無，我貼靠著公路邊界逆線南行，當大卡車的前燈射破黑暗時，我佇立不動，一者，可以讓司機見得我在，二者，盡量把前方路況記入腦海。黑暗中我等待著卡車的到來，儘管它快速經過時會帶來強風與地動的危險感。面對著黑暗，我心慌亂，唯有邊背誦詩偈，邊前行，令心專注，令心安定。整個東北濱海公路中有三處是漆黑無燈的，分別為三貂角至石城、北關海潮公園與濱海路三段至二段中間一小段。

我曾想過於途中放棄，隨便找一所民宿歇息，但想起於福隆時已致電「烏石港北堤民宿」說了晚上會到，後來隨著時間的推延，我與民宿老闆也以訊息聯絡，老闆提醒，見有一碩大廟宇牌坊處進即是。

走了五十公里，花了二十二個小時，終在凌晨三點到達，我怕打擾到老闆的清夢，於是便往海堤而去。

憶烏石

　　我爬上水泥的海堤，渾身疼痛，於是以背包為枕，躺臥歇息。這片天空沒有橘紅的光汙，沒有嘈雜的都城聲；這片天空有的是漫天星斗，有的是皎潔月兒。月華無溫，灑得我通身俱白。看著天色自漆黑轉成靛青，再由靛青化為蔚藍，雲朵與海平線抹上了海棠紅，不久，海棠紅又化成了石榴紅，接著是朱紅，火紅，最後金烏徐徐升起，天空與海水炎紅片片，艷美如花。

　　如花美眷，似水流年，美的東西都是短暫的，彷彿終敵不過時間的流淌。我走回民宿門前，天早已變回蔚藍，星月也都躲藏了起來。

　　民宿有兩道門，左手小鐵門，直上二樓，我出入多用此門；右手的大門是店舖的主出入口，老闆叫阿貴，一頭棕中帶黃的長髮，瘦削的臉頰，一身晒得黝黑的皮膚。他是烏石港中衝浪執牛耳者，我與他見面時，他問我為何現在才到；我說我三點便到，只怕打擾。他聽後笑著告訴我：「我整夜都在等你，三點多時還未睡，你打給我就可以了，我立刻下來給你開門。」阿貴的民宿除了提供住宿外，還有提供一切衝浪板工具與教學。一樓店面的一則牆壁上貼滿了阿貴與美女們於沙灘之合照，內有一條樓梯通往二樓，梯前有數

間浴室，難怪阿貴叫我出入多用小鐵門。二樓有一客廳，廳中放有沙發與電視。一浴室三間房，一間為阿貴的，一間為通舖，最後一間則為獨立房。通舖可容六至八人。我洗滌過後，爬到床上便進入夢鄉。

烏石漁港，何以為名，因開港時港中有烏礁石，因此而名烏石。「石巷深深口乍開，漁歌鼓棹任徘徊。那知一夕南風急，無數春帆帶雨來。」這是清人烏竹芳蘭陽八景詩之一〈石港春帆〉。這裡曾經繁榮過，是對外貿易的商港，是東北角貨物集散地，北船、南船、唐山船、彭仔船，千帆蔽日。蘭地多雨，一次水災，一艘美國大船的擱淺，令海床泥沙沉積，港道淤塞。「眼看他起高樓，眼看他宴賓客，眼看他樓塌了。」世間容易冰消的事物實在太多了，自 1826 年開港，1892 年沒落，短短四十六年，烏石商港從此湮沒於蒼海桑田中。

現在的烏石港已非百年前的原址，也因為海沙不止地累積，而形成了今日的海灣沙灘與巨浪，千帆已盡，隨之而至的則是多可填海的衝浪板。

小睡了四個小時，便匆匆出門尋那蘭陽博物館而去，我之所以落腳於此，多是為此，因這博物館便在烏石港旁。

山南為陽，宜蘭平原位山之南，亦為向陽之地，故名蘭陽，然其亦為宜蘭之別稱，宜蘭一名來自原住民葛瑪蘭族（kebalan），而 kebalan 則有平原人類之意。博物館前有一水池，為百年前的烏石港所在。博物館為姚仁喜先生的作品，外形取於東北海岸常見之單面山，一翼陡峭，一翼緩斜，外牆採用石材與鑄鋁板，進時因是晴天外牆相似皆為玄青色，離開時斜風細雨，石材被雨水打濕後呈現出鴉青色，與鑄鋁

板有著鮮明的分別。

　　博物館共有三層，分別為「山之層」，主要介紹宜蘭的山林地理，居住其中的動植物與木場歷史。連夜趕路的後遺症便是精神渙散，展覽只好走馬看花，一切都來得匆匆，包括我的記憶力。有見於此，我只挑了喜愛的歷史與民俗相關的展覽，所以遊觀最久者為二樓「平原層」，歷史上活於平原的族群，漢人吳沙領一千餘人來蘭地開拓，居於山林間的泰雅族，濱水而居，與水共生的噶瑪蘭人。宜蘭的雨、河道的變遷、平原的形成、歌謠、風俗等等。走得疲憊，我站在那播放著頭城搶孤的記錄片螢幕前，台語、國語、英語都看了一遍。往下走是「海之層」，展覽內容不知為何彷彿腦海未曾有過，只記得場中置放著一艘漁船，是船主自願捐出的。最後，深覺看博物館還得於精神充足時去，才不至於空腦進，空腦出。蘭陽博物館之美在於建築本身，然常設展覽則次之也。

　　去過了頭城，吃過了肉燥，冒著飄風急雨，回到了民宿，沐過浴臥在床上，進入了夢鄉。睡眼朦朧間，聽到了房門打開的聲音，喃喃人聲與眼前模糊的女生身影，剎那間又昏睡過去了。

　　當我醒過來時，已是翌日的早上，在房間的記事本留下了言，阿貴說本子的封面都是手繪的，出自一位大陸旅者之手，他共住了四天左右，到來時便向阿貴坦白說道，旅費已盡，但會畫畫，可否以畫抵住宿費用。除了畫了數冊本子外，店中壁畫也出自他手。

　　阿貴早已買了早餐，待我下去，那時店中還有兩位女

生，聽她們的聲音，便是昨日那朦朧身影。應是阿貴已向她們提及過我，於是我一踏入店裡便喊出我名，互道早安後，便坐下來，聊了起來。坐在我左旁的叫雅婷，長髮，眼戴半圓黑框眼鏡，淡抹。而另一位正在為手機找充電處的叫Hsuan，頭髮及肩，皮膚潔白，臉頰有著小酒窩，笑起來特別迷人，她倆應是閨蜜。昨晚才自臺北而來，中午前便要回去。雅婷還是背著其家人而來，只為幫 Hsuan 慶生，令她有個難忘的生日。早上想觀日出，可惜天公不造美，只好安心跟阿貴學衝浪。我酷愛著這「雪夜訪戴」式的浪漫，隨心、隨性、隨興。

而阿貴對這種浪漫則不敢苟同，他對我說，他絕對不會像我這樣不做任何預計，他會於出發前預先搜集好那處的景點，有名的食物等等。像宜蘭，他覺得宜蘭之美在山脈林間，只可惜我這次應不能行走而去。阿貴愛旅行，曾騎摩托車環島，但與此相比他更愛烏石港與衝浪。「政府應該大力發展烏石港與東北岸一帶的觀光，而不是有優勢而不會利用，任其受糟蹋，只是可惜。」他惋惜地說。

時光荏苒，離別時，我們合照了一張，之後便是各散東西，可能今生便就此別過。在白駒過隙的人生，太多的人與物，還未來得及認識，便已成過去；太多的事來得太快，快到連後悔也來不及了。一切一切只因我們皆為時間的過客。

蘭雨

竹風已過，蘭雨將至，剛離開烏石港，去了阿貴推介的小籠包店，店舖不大，聽說常有人龍，加上他們是現點現蒸，其名「正常」小籠包的味道確是正常。

沒有繼續沿 9 號海線而行，改走不大的頭城，樓房不高，行人不多，所見最多者為那南來北往、載運貨物的大卡車。清代漢民遷徙於此地築圍開墾，而名「頭圍」，然此又為「開蘭第一城」，所以又名「頭城」。

出頭城向礁溪前行，烏雲閉日，雨花漫天，我想起從小便愛淋雨散步，我愛紛飛的雨水打在臉頰，打在身體每寸肌膚之上，那刻心彷彿也隨其滴滴地沉靜下來。隨著年歲的增長，雨天沐雨便越來越少，應是在意與忌憚著旁人的眼光，宛如無時無刻皆戴著面具演出著能劇，千萬人物，千萬臉，一幕接一幕，演完《江口》便來一齣《敦盛》，不同的面具輪番上場，最後連自己的原貌也都忘卻了。如果人生真是一場戲劇，戴著與生俱來的臉孔，每一次的迴轉舞，每一句的

「謠」，為的只是自由地呈現出真實的自己，而非為了在他人的認同中得到存在感或讚譽。

隨性的浪漫代價則為淋著淋著雨勢突然變大，傾盆大雨，衣服內外，背包、銀包俱濕，還要在途中一所廢屋中，脫下濕透的衣服擰乾，穿回雨衣以防護照等證件全毀。

礁溪，礁者台語為「乾」，所以礁溪意為乾枯的溪河地，吊詭的是，今之礁溪卻以溫泉而聞名，溫泉酒店、旅館林立。整個礁溪提供免費泡腳處甚多，其中以「湯圍溝溫泉公園」最為有名，往昔曾遊過礁溪，也曾於郵政局買下一套有關礁溪的記念郵票，可惜已記不起放於何處。

本想泡個腳歇一會，溫和一下已失溫的雙腳，那知位於火車站附近的泡腳處正在整修，湯圍溝離我太遠，於是只好放棄，繼續上路。

雨後落腳於四城市郊鄉村田間的背包客棧，客棧為老房改造，那夜真是有例不可破，又是只有我一人獨占這三樓的客棧，而老闆很年輕，只與他碰面不足五分鐘，唯一的對話便是：「冰箱有便當，你不用去外面吃，有微波爐可以加熱，吃完把錢放在廚房的箱子中即可。」我說好，然後他便匆忙離去了。

一樓客廳中放有公用電腦與電視，洗澡後，看了一會電視便睡去。次日，早餐也是便當，連同昨日晚飯，我已將冰箱內的便當全部橫掃進腹。

本想直走2號省道過宜蘭，落腳羅東，但乍想兩處往日曾遊歷過，夜市種種也不感興趣。於是便自壯圍轉走海線，直奔蘇澳而去。

海線便利商店與雜貨店很少，沿道多為塵土飛揚的公路，人跡與屋子稀見，好在還有廟宇在，臺灣廟宇特多，十步一小廟，百步一大廟，已成一道獨特的風光。舊時大部分的廟宇皆設有「奉茶」之處，在風雨亭與道旁皆有善心人設下「奉茶」，擺放著茶水以供過路人解渴，但隨著時代變遷，一切都來得那麼便利時，此等良風便日漸稀見。

落腳地是那次「女巫」與 Jerry 小聚時，由他推薦的民宿，名為「宜蘭淺食坊」，未到蘇澳，在馬賽。他說自己入住那天一人獨享三層高的民宿，房中還有 3D 立體電視機。因他要趕路所以出發那天四點便要走，但老闆娘堅持要為他親手做早餐，所以三點就到，讓他吃上一頓豐富的早餐。Jerry 答應老闆會將民宿推介，還囑咐我要與老闆說是他介紹而來的。

快到馬賽時，雨便像躡足隨尾似的，走到哪便落到哪，本以為蘭地多雨，只要翻山至花蓮後便會停止，那知非也，這陣蘭雨，與我相伴至結束。

淺食坊

下午四點到達「淺食坊」，老闆娘特意開車過來幫我開門，還領我到三樓的房間，房間內有一小門，門外是一露天花園，園中放著一把月白色太陽傘，其下放有一長木桌，數椅圍繞其旁；四周種有植物，或花或草，或紅或綠，只可惜雨水未歇，若坐於其中，應該頗愜意。

阿姨奉出茶具，又自園中剪採下新鮮的香葉，而房間桌

上則放著數個小玻璃罐，罐內為各種已晒乾的花草，九層塔、玫瑰、茉莉、茴香等。「水不夠可於二樓浴室旁的飲水機拿。」阿姨莞爾叮囑，把我安頓好後，阿姨便離開了。在二樓小露臺上放有洗衣機與衣架，多日積下的髒衣服，有見整座樓房只有我一人，所以索性脫下身上衣物，一併投進。誰知突然傳來煞車聲、開門聲與那響朗的踏步聲。心知不妙，人急智生，立馬按停正在轉動的洗衣機，掀開其蓋，飛快地抓出那濕答答的衣服，然後穿上。

阿姨去而復返，只因剛才忘了問我明早早餐要中式還是西式。後來我越想越不對勁，那時阿姨可能已見，但卻只是默而不宣而已。

阿姨是花蓮人，應年不甚大，花甲上下，長髮青絲中混雜著雪白，清臞秀氣，臉上常帶和藹的笑容，誠心待我。兩天為我烹飪的早餐，是食物，是藝術，是關懷與濃情。還記得離別時，阿姨笑著說：「下次相聚時要帶個女朋友一起來，給阿姨看看。」

從整個「食坊」的布置與格調看來，我猜想本來應該是一餐廳，後來改成民宿。民宿是先訂先得，不管你是一人或數人，每次只接待一個訂房，阿姨說不想像其他民宿或客棧，因熱鬧而影響到休息，只想他們來到這裡可以忘卻繁囂，讓身心的沉澱下來。

阿姨的心便像她所泡的花茶般，清香，滲入心脾，讓人溫暖，讓人安寧。

林叔叔

次日，用過早餐後，阿姨對我說待會要開車送小女兒上學，所以未能領我四處遊覽，不過她已將我託付予正在釣魚的丈夫，即「食坊」的老闆。

不久，一輛兩座位越野車停泊於門前，開門進來的是老闆林叔叔，年六十來歲，頭戴一頂牙色鴨舌帽，身穿一件水藍短袖襯衫，襯衫尾端塞進一條卡其短褲中，一副細框眼鏡，兩雙既大又長的耳朵，說話聲音低啞而輕柔，手常提著一把雨傘，走路時以當拐杖之用。

阿貴曾對我說，行至蘇澳時一定要去泡冷泉，無獨有偶，林叔叔也做其思，於是領著我去感受冷泉，所以首站便去了蘇澳冷泉公園，把車停泊好，然後我倆走至入口售價處時，只見沒人，仔細一看原來營業時間還未到。於是叔叔說先帶我去別的地方看看，待會再來。

右邊是那山嵐縈繞，高聳入雲的疊疊青蔥山巒，左邊則為兩個綠油油的矮矮小山，腳踏在那細嫩的茶白色海沙上，聽著海浪沖刷著小卵石的聲音，海灘弧彎如月牙，可惜陰天多雲，海水呈現的是碧藍而非蔚藍，這是內埤海灘。叔叔愛釣魚，說閒時便會跑來投一鉤，有即有，無即走。剛有漁友來電說某處有魚類，邀叔叔去，可能因我在之故，叔叔推卻了。車子經過漁港時，叔叔說：「現在有很多假新鮮魚貨流入，都是大陸漁船捕獲了，然後，在魚身內注射化學品，以假造新鮮的模樣，我們這邊的漁船都是出海跟他們買的。」

這是一個利益橫行，視人命如草介的時代，良知與金

錢，人們不加思索地選擇了後者。人們都給外面浮動的一切
所吸引，漸漸連自己的良知，也全數丟掉。現在人比野獸還
要來得殘酷、血腥，這是五濁惡世，這是一個人吃人的時代。

叔叔得知我對要不要行走蘇花公路而猶豫不決，於是帶
我去了南方澳觀景台，只見大卡車、砂石車飛馳而行，公道
依山而開，一邊是險要懸崖，另一邊則為林木山坡，而公路
多彎，道窄，盲點多，因此常有意外發生，加之連日天雨，
泥土鬆散時有落石。「我常自此開車至花蓮，也開得格外小
心，你現在隻身而行，如途中發生意外，即無人照應，你再
快也得花上兩天才可穿過。你不如考慮一下，明早坐火車或
船到花蓮。」叔叔擔心地勸說。

觀景臺上俯瞰山下之豆腐岬、南方澳與剛到過之內埤海
灘，霧雨沉碣。

蘇澳，蘇者，蘇士尾也，清嘉慶時領壯丁開墾此地；澳
者，水邊曲彎處。所以地名為人名與地形相雜而成。接著我
們又去了木屐村與貝殼館，進去前叔叔叫我不用聽從店員行

銷，覺得需要的才買。最後，叔叔買了一盞貝殼燈，我則買了一雙木屐，在木屐上刻下「行腳臺灣」，木屐店老闆娘說剛剛見到我們進門時，心覺奇怪，不解叔叔為何要領著一位原住民遊覽。後來叔叔用台語與她閒談，才恍然大悟。

接著，她跟我們談起前陣子，遇見一位奇人的經歷。一天，中午時分，一位年齡與我相若的男士，進門跟她說，打算走上背後的荒山野嶺，沿著中央山脈，翻山越嶺，走無徑之林至花蓮。距他離開後過了兩個星期，他又再次出現，只為告訴老闆娘他還活著，他花了一個星期去，又花了一個星期回來，接著他又打算再走一星期回花蓮。他說他離家將近一年，正在環島，走的不是公路，而是山林，他曾於大學時學過有關野外求生與山林、草藥等知識，所以飢渴便以溪水與野果填腹。聽後，令我讚嘆與佩服不已。不過，乍想我擁有著如他這般淵博的知識，我想我也會作出同樣的事情，因為我心裡總對「未知」充滿好奇，因好奇而產生冒險，因冒險而越發看清自己，一個心中真實的自己。

離開時，叔叔見路旁有一小攤，小攤販賣的是宜蘭特有小食──「花生卷冰淇淋」，店家將薄春卷皮鋪於桌上，再自旁邊的圓柱鐵罐勺出一冰淇淋球放於皮上，然後拿出木刨，自那一塊仿若正方大理石的烏金花生糖磚上，刨下花生磚屑，同放於春卷皮上，再加少許香菜碎，捲起包好，即可吃。這家味道不錯，但最令我回味的，則是在位於鄰近礁溪高爾夫球場，佛光大學的林美石磐古道旁，一家相若的小攤，攤主是一位口無良齒，髮已頹，眉已白，老態龍鍾的耄耋老人。

蘇澳冷泉

　　何為冷泉？接泉水以分，溫高於二十度者為溫泉，低者則為冷泉。冷泉屬單純碳酸泉，泉中有氣泡，如汽水。所以蘇澳曾以冷泉水製彈珠汽水。古時人們視其為毒泉，因有風俗凡井泉處多投養以魚蝦以作驗毒之效，因冷泉含二氧化碳，動物投進其中自不能久活。

　　冷泉與溫泉的功效相同，無非也是促進血液循環，加強新陳代謝排毒。不同的是冷泉泡進去時會有刺冷之感，久泡不動時，便有氣泡冒出縈繞，再久則轉冷為熱，肌膚發紅。蘇澳冷泉是於日治時期，由一位名叫竹中信景的軍人，在無意飲用時發現。

　　蘇澳冷泉公園，叔叔對我說他有將近二十個年頭未曾來過，公園不大，園內區分多個水池，不知是否未到夏日的關係，多個冷泉整修不開，有開者少處水中多長著綠藻，加上我沒泳褲、泳帽不能下水，所以只好泡腳。叔叔問我是否感到刺冷，我說只感到涼涼。

　　叔叔聽後覺得沒有刺冷等同沒泡，於是經打聽後，直接去了冷泉源頭，泉源不用錢，以紅磚圍蓋起來，沿石階而下，見池中已有數名赤條條的先生在浴沐，一陣陣濃烈如尿騷般的味道撲鼻而至，礙於有人在，而不好意思掩鼻，只好強忍。

　　最後於傍晚，叔叔領我至一游泳會所內，有一冷泉池與水療池。叔叔說之前買下一疊代用券還沒用，於是借了我泳褲，在此終得品嚐到冷泉的滋味。

傳承

「禮失而求諸野」，這句出自《漢書‧藝文志》的話，聽起來背後總是帶著慘慘的悲傷，彷彿我們只能哭泣與無力地追憶、憑弔。

曾有一法國漢學家云：「要看唐文化，請到奈良，要看明文化，請到漢城，要看韃靼文化，請到北京。」俱往矣，現在的北京已有翻天覆地的改變，北京的老文化也漸已衰落，比如現在的北京話已非清皇城下的北京話。不只北京如此，整個大陸像給文革澈底打斷傳統的脊樑，要再次扶起來不知得花上多少個年頭。

形而上，廟堂之高者則不說，形而下，江湖之遠者，傳統的表演、老舊的手藝，也逐漸衰落。比如兒時喜愛的麵粉泥人，一根擔挑，兩個木箱，數塊麵團，數根竹枝，一個老頭，一雙巧手，孫行者、豬八戒、哪吒、二郎神、李逵，神話、小說各號人物自此而出。我酷愛孫行者，每次遇上皆嚷著要買，買來又不忍吃，只好拿著賞玩，置放數天後便生黴菌，只好忍痛丟了。

未來臺灣前心中總懷著一個想法，好在有臺灣傳承著。顯然這是一個浪漫與稚嫩的想法，是一個四體不勤，五穀不分的想法。原來，打斷手藝與文化脈絡者，又豈止極權政治，還有的是「金錢經濟」這玩意，很多老舊的手藝，給直接打上學來耗時又費勁，學得後能糊卻不能賺錢的烙印。

國立傳統藝術中心，行走北濱海公路時曾與其擦肩，於七堵與 Ann 閒聊時有所提及，那時本想去但聞票價之昂貴，即

打消此念。林叔叔請我用過午飯後，便載我至中心門前，叔叔說可先至門前觀看，如覺不合適，再走未遲。那刻心想今天錯過，可能此生便再沒機會到來了，既然已到看看又何妨。

　　中心是個商業與手藝得共存之地，那天參觀過後，我對那條一進大門直行左折之「民藝街坊」印象最為深刻，其兩排樓房櫛比鱗次，為仿二十世紀初臺灣各地的街屋，每棟屋子為一獨立店舖，有的店與鄰店相連可通，販賣傳統手藝品。毛筆、油紙傘、木雕、旗袍，各式各樣，琳瑯滿目，唯一雷同者，是他們都是手製，價格不斐。商業味過於濃厚我本不是很喜歡，但後來仔細細想，不正因為如此，傳統手藝才不會失傳，手藝人才得以得到應有的重視。如日本，奉傳承古藝的手藝人為國寶。以金錢價格定位藝術，如書畫拍賣，本來此風不良，因藝術豈有金錢價位，但換個角度想，正因不是「天價」才得以吸引更多人投進藝術，瞭解藝術，最後傳承藝術，「先以欲鉤牽，後令入佛智。」

　　天雨又至，走過了冬山河畔，看過了「黃舉人宅」，又走回了廟宇戲臺，雨勢轉大，淅淅瀝瀝地落下，打得我與行人狼藉不堪，紛紛躲進「大騎樓」下。在一販賣木製品的店門前，一位身穿湖藍色襯衫，戴著金絲眼鏡，手抱月琴，坐於木椅之上的銀髮老先生，以國語問著路過與避雨的遊人，會不會台語，有一對韓國男女佇步其前，先生轉以英語告知，為他們演以一首古老歌謠，邊撥動著琴弦，邊用閩南語演唱，絲不如竹，竹不如肉，老先生的歌聲宛轉蒼涼。

　　林叔叔來電，問我遊覽完畢與否，於是約我於出口處等待，十五分鐘後便到。在等待時，老先生唱的歌謠縈迴腦

海，揮之不散。

傳承即是傳燈，如王家衛執導的電影《一代宗師》中，有對白云：「念念不忘，必有迴響，有一口氣，一盞燈，有燈就有人。」

梅花湖

梅花湖，位於羅東西南方，原名「大埤」或「鏡湖」，後因湖形若一五瓣梅花，因此易名。阿姨因常來，所以便留在車中歇息。下車後，叔叔與我徑直走到湖邊，沿道的商店皆是鐵閘拉下，大門緊鎖，一派蕭條。在木築的遊客服務中心有一售票處，販賣著遊湖的船票，遊湖小船的船家高呼著人數不足，還未能開船。那天遊人稀少，莫說舟船，就連那環島的電動車也只是偶然一台。

我們沿湖畔草被而行，只見諸水鳥游湖中，掌撥水動泛起漣漪片片，樹蔭垂柳下，一個穿著小花裙，小雨靴的小姑娘，追趕著一群正在散步的野鴨。湖中有數座蘆葦小島，島中飛鳥棲息，密匝匝地站於草上；時近黃昏，黑壓壓的群鳥盤旋空中。

不久，走過一段小坡後，見有一道木橋，叔叔嘆道：「一晃又那麼多年了，將近有二十來年未曾來過，那時還是吊橋，走起來會左搖右擺。」叔叔邊走邊與我談起往昔種種，早已退休，現在公司聘他為顧問。

「現在右腳行走與久站都會感到刺痛，多年前我借朋友一輪越野單車，那時騎得飛快，事前又沒有留意煞車有問題，

於是翻車我整個人彈飛起來，那刻時間變得非常緩慢，我眼前是樹木的頂端，然後墜下，一聲巨響。脊骨斷裂了，動了手術，躺了半年醫院。現在是碎骨壓著神經。」叔叔邊走回停車場邊跟我說。

叔叔從容地說道：「現在最多整個下半身麻痺，沒關係。」伴隨著我們的還有那郁郁的野薑花香。

隨即，我們又去了剛於湖畔抬頭所見那藏於蒼蔥山林間、輝煌巍峨的「三清宮」，三清者，玉清、上清、太清也，為道教地位最高的三位神祇。踏進廟區，見其有大字標寫著「全臺道教總廟」，叔叔說：「每處都說自己是總廟，不知那間才是總廟，臺灣現在太多，你有機會再行走一圈時，可以帶著相機，記錄下臺灣大小諸廟，以防往後工藝種種沒落後便無人知曉。」

廟宇是北方廡殿式建築，金壁輝煌，其旁有正在擴建的香客大樓，以供旅遊團之用。於廟中繞了一圈，叔叔在尋覓其初建年分，叔叔說童年時此廟已在，山地是屬於一位醫生的，後來捐獻以建道觀。初建只為小廟後來才漸漸擴大。佇立廟前廣闊的廣場上，俯視梅花湖與遠方平原之上的樓房與畝畝相接之農田。

叔叔本想晚上帶我去羅東夜市，但知道我對逛夜市不感興趣便作罷，回到蘇澳，阿姨與叔叔帶我至火車站觀看明天的火車時刻表，勸我不要走蘇花，太危險了，還是坐火車去花蓮。阿姨知我心，便跟叔叔說：「不用到花蓮，只要剛過了危險路段就可繼續前行，坐到常德，則可順道走上太魯閣。」叔叔查看了一番回說：「常德明天沒車，那就到新城吧。」

18 花蓮

逃陣

背著依舊沉甸的行囊，站在那搖晃不定的火車車廂中，四周是旅行團，興奮的喧囂，車門玻璃窗外，一幕幕的風景快速轉動，山林、海洋、枯乾的河流與溪谷。那刻我感到無奈與羞愧，懸於背包上的白板，我把寫有「徒步」那面伏在背包，惴惴不安，怕讓人知道我從蘇澳坐上了這班南行的早班火車，怕讓人看出了我的臨陣而逃。

我曾在路上對自己說過絕不坐上任何的車輛進行，雖然於臺北前曾接受了新結識朋友的好意，但皆為一段小距離，但這次則來得徹底，因為一大段蘇花公路，二、三天的路程用火車飛快代替了。

那天自四城行至蘇澳時，內心翻來覆去，猶豫不決，面對蘇花是進還是逃，內心一面，憶起我曾於出發前答應過我姊不走蘇花，另一面則總不想就此放棄，都是道聽塗說那段路危險至極，窮山惡水，想知真實與否，一定要親證才算，直到在觀景台親睹了一小段，又發現沒想像中那麼惡劣，於是狂心又燃起了。

苦思兩天，最後我還是決定選擇後者，其一，身體狀況不是很好，因為四城到蘇澳，那段路幾乎是平地，但我卻走得很慢，原本只需三、四小時的路途，我卻走了六個多小

207

時。自那夜行北濱海至烏石港後，行走時每一小步腳底皆有陣陣刺痛感，而體力消耗未得恢復，如果真要攀越蘇花那一段接一段的斜坡，恐怕走到天黑也未可到達落腳地。在沒路燈、沒反光衣、沒強力照明工具下，再加上路況險要，大有可能於一盲點轉彎處給那飛馳的大卡車撞飛。

如是這般便生另一問題，司機們也是為口奔馳才會選擇跑上這段危險路段，如我真因此撞死，也會連累司機，就只為了完成心中那欲望和挑戰險要而得到自心的滿足或虛榮，而傷己害人，那又何苦。所以到頭來已經不是走與不走的選擇，而是壓根不存在著選擇，一定要逃陣，因已走了四十來天的身體狀況是沒法走的，如果只是剛開始走了十來天，那還有選擇。

生命是無常的，是脆弱的，如絲絲燈火，隨時熄滅，正因如此，我珍惜著活著的美好，我不怕死，但我貪生，我是狂者，此時我更愛成為狷者。

隨著車廂的廣播，我走近了車門，而領隊導遊也自別的車廂走來，通知著那些團友們，將至新城，準備下車。

花蓮回憶

黑潮暖流自南而至，流經外海港灣，碰擊海岸，溪水自山上流下，注入大海，兩者相加，形成「洄瀾狀」，漢人見之，便將此處稱為洄瀾港，因台語「洄瀾」與「花蓮」音相近，清時雅之為「花蓮港」，日治時簡為「花蓮」。

人云花蓮的土是會黏人的，此話不假，特別是像我這種

好逸惡勞，行動緩慢，慵懶至極的昆蟲，一定會受其所黏。走出了新城火車站，走在台9線上，我沒有回頭行去太魯閣，因為往昔曾去過，要步行上天祥可能得花上半天的時間，加上遊賞的時間，天早已黑，而附近也不見有可歇腳的客棧，所以便打消前往的念頭。那次遊覽是包車遊覽，計程司機是阿美族，名叫阿德，我們聊著聊著便成了好朋友，阿德喜歡攝影，更喜歡到太魯閣攝影，他說一年四季，天天跑來，都未覺膩。太魯閣實在太美，那溪谷的磅礴，花白如銀的立霧溪像把刀子，千萬年來切割著瑩白的大理石。印象中，記得跟他在太魯閣那個「東西橫貫公路」的牌樓下合影過一張。那時遊過太魯閣後，接連又去了清水斷崖、松園別館、日式建築、高壯松樹。吃過了豆花，到過七星潭，海天一色，聽著那陣陣海浪沖刷著鵝卵石的聲音，我倆不約而同地目光投向正在散步的女郎，阿德有一個理論就是背影永遠比正面好，所以他情願只看背影。

那時，時近阿美族的豐年祭，阿德邀我去，可惜因私事要回臺北，走得匆匆就連鯉魚潭也沒去。我跟阿德說過要徒步走臺灣一圈，走到花蓮時再見面。

阿德那個千年不改的手機號碼，我遺忘了。過了景美便致電阿德工作那家計程車車隊，經過一番詢問才知阿德休假沒上班，去了國外旅行，真不巧，又是一個遺憾。不過阿德曾說過想去歐洲看看，不知現在他的現況如何。

在前往花蓮的路上，人們變得格外熱情，見我行走，有送我飲料、水與大斗笠的，有停泊路邊等我走近時便說載我一程的，還有加油聲不斷，或高呼，或響號。

須美基溪流進了美崙溪，我也自嘉里路轉走新生橋，離開了台9線，橋兩旁行人道邊的柵欄是彩虹七彩，一個欄一種色，很美。記得也有人跟我提及過它，礙於我隨著年齡上升，而記憶力則越趨下降，腦海裡有很多事情都是帶著朦朧美。

　　那天落腳的背包客棧叫「圖・方便」，老闆叫黎爸，年約古稀，國字口臉，頭子不高，大肚腩。熱情熱心，我到達時他正為兩位女住客幫忙安排明天去太魯閣的行程種種。包括他得知我打算留宿花蓮，但因端午節假期，整個花蓮，大小客棧、民宿、旅社早已滿客，我不急，大不了餐風露宿，反而黎爸急了起來，他把相熟的旅店電話打遍，皆無。

　　「圖・方便」在離花蓮火車前站不遠的國民三街上，手機沒電是常有的套路，我多以大腦GPS（直覺）來應對，中山路是花蓮最繁華的道路，可說是一道鮮明的血脈，沿其而下，從地下道越過了鐵道，本來是要向左手方折去便是，但我的直覺告訴我它在右邊，於是便自右手邊的街道走去，商校街、北昌一街、建國路、建林街、國風街，見到國字感覺快到了，最後走到了吉安，我遙望著那連綿高聳的山脈，橘紅的天，又到夕陽西下。我最後才從一位修路工人口中得知我已離花蓮火車站遠之又遠了，於是我沿著鐵道旁的街道回走。最後還是憑著朦朧的往昔記憶，摸索到了那條國民三街。

　　房間在二樓，是一間男生通舖房，那夜除了我還有兩位房客，睡我隔旁床墊的男生，叫子賓，三十出頭，高大健碩，陽剛，蓄著鬍鬚。有著混血兒般的臉孔，國語略帶英文

口音。我本以為他是外國人，不會國語，而他則以為我是新加坡人。他正在騎行環島，家在臺中，自臺中向南出發。我們皆有相似處，比如我們都是在環島，都是家人因擔心而不同意，最後還是逃了出來，走在路上。子賓說想在結婚前完成心願，就是環島一圈和攀登臺灣最高峰，這是他覺得身為臺灣人一定要完成的事。

晚上，我們一同出去尋美食，子賓曾遊花蓮多次，雖對路況不熟，但對知名食店卻瞭如指掌，於是在他帶領下開始了花蓮美食之旅。

戴記餛飩，店有兩層，店裡坐滿來自世界各地慕名而來的饕客，我倆上了樓梯，找了空位，各點一碗，不消一會，店員便捧著兩碗熱氣騰騰的餛飩到我倆眼前。餛飩即為餃子，餛飩，名異而實相同，《清稗類鈔》：「中有餡或謂之粉角，而蒸食煎食皆可，以水煮之而有湯叫做水餃。」

餃子原名嬌耳，相傳東漢張仲景辭官歸里，時值冬至，有見南陽鄉里飢寒交迫，耳朵凍傷，更有不幸染上傷寒者繁多，於是便設下醫棚，以羊肉與祛寒藥材為餡，麵皮裡包成耳朵狀，再贈予貧困鄉里。然其於不同時代，有不同之稱呼。唐代其名「湯中牢丸」，元代叫「時羅角兒」，明末稱「粉角」，而清代叫它「餛飩」。

幾顆帶尾小球盪漾於清湯之中，中國北方稱作「餛飩」，巴蜀一帶叫「抄手」，而在廣東則叫「雲吞」，而那夜放進嘴裡則是福州餛飩，入口爽脆，香、甜、味嫩。難怪客似雲來。

子賓說有朋自遠方來，於是掏錢請客。子賓人好，本來出發時他很想一嚐的不是餛飩，而是蚵仔煎，但得知我不吃

河、海兩鮮後，便轉此而來。

　　接下來我們去吃了包心粉圓，人滿為患的店面，長不見尾的人龍，一冰一熱，各點一個，但那味道如何，店名為何，俱已忘。回客棧的路上，我倆談著生活的瑣碎，聊著聊著，便說起酒來，子賓也好杯中物，他愛啤酒，我好清酒。他說在國外那段日子，啤酒可說是奢侈品，更莫說去酒館看足球比賽之類。越說越渴便走進了便利商店，各自手拿一鋁罐小麥啤酒走回客棧去了。

　　那夜同房還有一位滿腔熱血、心懷良知的大陸青年，他正在修讀碩士班，趁著假期特意來臺灣，不為名勝古跡，不為山川河嶽，只為能去花蓮的慈濟探究一番。他耳聞目睹著官場的腐敗，他義憤填膺批判著社會諸多的不公與黑暗，他嘆息活在極權下的生命不自由。滿懷著改變一切的理想；儘管我知道現實猶如一巨大的岩石，死死地壓在那希望的嫩芽上，歷史的發展便如巨浪排空，藤蔓總有一天會繞圍著整塊巨岩向陽光處朝去。浪花淘盡，沒有不退的洶湧巨浪，沒有不更替的千秋朝代，更沒有只退不進的社會。當那夜的浪推過了今日的浪，誠望其勿忘初心，惋惜著，那時可能我已不在。

光合作用

　　面朝煙霧縈繞的沙婆礑山，從中山路徑直行走到底，再左折國福街，左轉佐倉街，這是一條通往佐倉步道的坡段，道旁左右皆是房屋，我沿門號尋找著「大地旅人」，這是我

清早自夢裡醒轉過來後致電訂下的背包客棧，大概是因為在郊外離市區約一小時腳程的關係，所以還有許多床位。我是個田舍郎，童年是在農村渡過的，所以對山野田園帶有情愫，儘管後來移居香港，也改不了這習氣，只要一有空閒，我便跑去山林中遊走，有時一走就是大半天了，對我而言，城市遠比山林來得陌生與蒼涼。

　　尋覓良久也不見，所指的門號只見兩扇鐵門緊閉，左門上釘著一個長形牌子，其上寫著「光合作用」，我隔著那堵矮矮的籬牆向內看，三間碩大的房子並肩而立，其後方有一草被地，其中植有幾株大樹，兩間在大門旁的粉白屋子。不久一台摩托車上坡而來，他們下車後，也是一臉茫然。最後只好再次致電，不久與我通話的女生急忙跑過來開門，便領著我走到最後一間房子，房內呈 T 字形，走過一條短短的直廊到大廳，廳中一隅置放著一台電視，一張木造沙發，書籍，唱片，還有一幅油畫。那一隅則是一個開放式的廚房，兩張長形的木餐桌。領路的是這裡的管家叫大蝦，是一位十分爽朗的女生，個子和歲數與我皆相近，膚色黑黝，紮著馬尾，戴著眼鏡，無論何事臉上總是綻放著燦爛的笑容。而當時屋內還有另外兩位同是在這短期打工換宿的女生，一位叫阿桂，一位叫小珍。阿桂正在以打工換宿的方式在環島，而她應是極愛音樂的，因見其工作與閒時耳旁總是常戴著一個大耳機，沉默少言，但彷彿只是對我，可能是她看出了我身上不帶一絲音樂氣息的關係。不過恰巧的是我倆同天離開繼續上路，不過她向北，我往南。小珍是我待在「大地」這三天兩夜裡，最照顧我和跟我意氣最合的人。

這裡除了是客棧外，還是一所戶外探索學校，定期提供戶外運動的教學與活動，如攀岩，激流，獨木舟等等，大蝦說這幾天老闆不在，帶著學員去蘭嶼划獨木舟。

　　我下塌於第二間屋子，屋內格局與剛剛那間相似，廊道兩旁是兩間獨立房與一浴室，而大廳諸隅放著數來張鐵造上下床舖，這是男通舖間，其唯一不同者，則是在左則開有一道小門。小門對小門，對面的屋子則是女通舖間。這兩晚住通舖的旅人不多，連我在內也不過兩人而已。不過每夜都有一隻花貓相伴，牠與我同姓，叫黃小虎，這位朋友個性十分鮮明，脾氣也大，一副天不怕地不怕的模樣，只要心有不快，便或抓或咬。牠愛睡床舖與流連在男通舖間，每當夜闌人靜，牠都會靈敏一躍而上我所睡的上舖，然後躺在我旁。其實，客棧的還有兩條老狗，一黑一白，白者叫笨弟，黑者我則忘了名字，這倆搭檔不太理我，我千方百計想逗牠倆開心，牠倆不是立馬走開，便是臥地不動，本以為牠倆是怕生，最後發現對每個人皆熱情只對我冷談，想是我已到了面目可憎的地步了。

　　剛到那天是端陽，這裡沒有賽龍舟，也沒有雄黃酒，好在還有應節的粽子。端陽總時晴時雨的，坐在屋簷下看著那煙雨迷濛的山嶺，聽著簷前那滴答滴答的雨聲，聞著那一陣令人懷念的濕潤泥土氣味與草腥味，有時走進大廳看書、聽音樂。

　　行腳時養成了一個五更天便醒來的習慣，可惜這裡高度不足，其前多有樹木樓房阻擋，因此不能觀日，只能看天色變化，日有鳥啼、涼風、蟬鳴，夜有蟲鳴、月色、星空。這

兩天的生活可說是過得庸懶、舒服、愜意。

憶起離開那天的小插曲，有與我同天入住的房客跟我說，他們一直以為我是自別處跑來這裡上班的阿美族員工，可能是我總待在大廳與大蝦他們聊天共餐的關係，這種融入事情，在旅途上時有發生，甚至還遇上同住的房客直接把住宿費交付於我，然後揚長而去。

尋書店

我是一條徹頭徹尾的蠹魚，自幼便愛書如命，我想當一貧如洗的我在生命結束後，所能遺下的只有那疊疊本本的書籍，或許真的應了宋代一位大書癡司馬光之言：「賈豎藏貨貝，儒家惟此耳。」

有云：「讀萬卷書不如行萬里路。」而我則信奉著讀萬卷與行萬里路是並行的，若如明末清初的顧炎武，明亡後，以一騾二馬馱著書卷周遊四方，遊蘇杭，過兩淮，足跡遍中國，他每至一處必會「考其山川、風俗、疾苦利病」，然後再參悅各種州誌、史書，可說是邊行邊讀還邊記錄，最後晚年以此為據寫下二部鉅作——《肇域志》與《天下郡國利病書》。

端午後的一天，雨好像也下乾了，正好外出走動走動，花蓮總是一個為我帶來遺憾的地方，還記得上次來花蓮時來去匆匆，那時本想在離開前去閒逛一下聞名的「時光二手

書店」，最後因為時間不足，尋至一半便要折回頭趕火車離開。其實，這徒步每到一處皆留遺憾，惋惜未能閒逛各地的二手書店，比如臺北便藏著許多極富風味的二手書店。但就算遇上了，也逛過了，最後總是懷著失落而離開，因為是徒步前行，不堪負攜，只好寶山空回。

本想沿著中山路走去花蓮市區，小珍不忍，於是便趁工暇時騎摩托車載我過了中山路的地下道才把我放下。看著地圖尋路而去，自中山路折進建國路，走過這條車不多人多的小巷道後，一條長長的人龍出現面前，整條復興街人滿為患，旅人們無他意，只為著那「炸蛋蔥油餅」而來，這食品子賓曾與我提及，說「時光」三申五令不許將其帶進店，因為怕弄髒書店，因見人潮如此便只好放棄直走。

時光二手書店，日式木造老房，外牆窗櫺旁的鐵架上懸著一塊四方木板，其上白字寫著「時光」二字。拉門而進，冷氣撲身，熱意頓消，店內書架靠牆而立，隨之諸隅散落著數張木桌椅，有販賣著咖啡等飲料。地方不大，卻雅，書不多，卻精。客人不比想像的那麼多，準確而言是佇立者少，而點了飲品伏案的讀者多，氣氛格外的靜謐，便連那數隻花紋、顏色各異的貓兒在店內跳動不停而發出的聲音，也是來得那麼清脆。舊書滿架，喜見數本詩集，拿起又放下，如此來回數遍，最後只得忍痛拉門離開。

看過「時光」後，意猶未盡。其實花蓮的舊書店不少，舊書舖子，原址在節約街，現址則在光復路上，之所以尋此而來，不為其前身是「東益印刷廠」，是楊牧先生的故居，是其第一、二本詩集（第一版）的產生地，只為他離我較

近。大門整排玻璃窗櫺，其旁置放著數張桌椅。店內開闊明亮，閒敞，沒太多間隔。右牆豎著頂著天花板的木書架，中央橫放著五排及肩的木架，書本分類擺放，上年紀的老書不多。長木櫃臺前後疊著數座等待整理的書山，店員一本接一本地拿起翻看，然後清理定價放下。空氣中瀰漫的還是書香，但與「時光」相比卻少了一份老舊。

回程的路上我特意去了充滿回憶的政大書城，隨那條短短的樓梯而上，一切如舊，還是記憶中的老樣子，那天書店滿滿皆是蠹魚。

書香卻是迷人，對蠹魚來說確是一種不能缺少的養分。如宋詩人尤袤言：「飢讀之以當肉，寒讀之以當裘，孤寂而讀之以當友朋，幽憂而讀之以當金石琴瑟也。」

小珍

　　我第一眼見到小珍時，她身穿著一件桃紅上衣，烏濃的青絲綰起一髻，清秀的臉龐上粉黛不施，說話時總是那麼的溫婉輕柔，一派老民國閨秀的氣質。

　　小珍有個習慣，大清早用過早飯後便會往山中步道行去，聽大蝦說她是風雨不改，自到來那天始就未曾間斷。

　　與她相約同去，又怕睡過頭，所以整夜醒醒又睡睡。第一天，我們走的是佐倉步道，小珍說來了那麼多天，這還是頭一回走踏，平日都是走撒固兒步道。

　　這一帶原是礦區，而步道則是當年運載礦物而開闢出來，後隨著礦產不足，而改為生態步道。循蜿蜒步道而上，沿路多為水泥地面，不佳，常走會讓腳部勞損，所以山間步道還是原始泥地較好。小珍在山林方面的知識極為廣博，看到的，聽到的，隨手拈來，便如數家珍般將其來龍去脈解說予我。她是專業的，而我則是不入流的，不用開口，即可得知，因為小珍那時手拿著一根玄黑合金行山杖。

　　步道的終點是一個用木搭成的觀景台，我倆坐椅鳥瞰山下，遼闊開敞，晴朗無霧，整個花蓮盡入眼簾，空軍基地、七星潭、美崙山、花蓮港，最遠處是那碧藍無垠的大平洋，粒粒樓房，星羅棋布，美崙河玉帶縈繞。

　　坐著閒聊時，小珍說我個性好靜，但不孤僻，沒有刻意避開與人接觸，也不是那種不與人交談者，內心還住著一個老靈魂，她比我還要來得明瞭我。

　　步道只有一條路，下山沿來時路折返，出發時沒有帶

上飲品，全程也是靠小珍所帶的茶水解渴，因為壺中茶量不多，所以早已飲光，回程時，小珍叫我把茶葉含於口中：「平常與朋友行走時，水喝光後我們多是這樣，苦澀的茶味可以生津。」無論是上山或下山，每逢有其他行人經過時，小珍都會莞爾地道：「早安。」

第二天，亦即我要離開繼續旅程的那天，我們還是在天剛亮不久時便出發了，同是那個停泊著汽車的空地，不過這次是向右方而行，過了一條小橋，踏上了撒固兒步道，小珍說這步道不長，其中會經過一條瀑布，繞一小圈便會回到出發點。窄狹的泥道，婆娑的樹蔭遮日，偶然見得一兩隻野猴在林間跳躍，弄得樹葉沙沙作響。不久，傳來陣陣潺潺的流水聲，在步道旁有一條腳踏而成的稍斜小徑。瀑布不高不長不闊，卻響聲迴蕩，垂直的水柱打在那石岩之上，激起的水花隨風飄至，清涼。我與小珍脫除鞋子，走在那溪間之上，弄水抓蝦。「如果，他朝我兩個兒子，也像你那樣徒步臺灣，那該多好啊。」小珍坐在石上對我說。我那刻心想，如我父母也懷有小珍的想法，那又多好啊。

我與小珍邊走邊聊了很多，小珍跟我說：「現在臺灣的大學，已不像我讀書的那個年代，考不上大學便進職校，職校教的都是實用的，管用的。現在好像要有碩士學位才可找到一份好工作，因為大學畢業已成基本，更令其不解的是，很多大學生竟跑去便利商店當店員，既要一心當店員又何必上大學。」聊著全民教育與精英教育之利弊。

小珍問說：「我不明白既然相愛了，又同居了為何不結婚？」我回說：「可能他們根本沒有將對方視作共渡一生的

人，他們不想背起那一紙婚書後那沉甸的承諾。同居可能是一種測試。」愛一個人是沈重的，並非只有激情那麼簡單，激情背後是一份「執子之手，與子偕老」的承諾，愛情不只是浪漫，還有浪漫背後那「柴、米、油、鹽」的承擔。我是一個怕束縛、沒擔當的人，所以我絕對不是一個好情人，再者我想今生應是不會結婚了，免得害人。

　　我坐在摩托車的後座，輕風吹動了烏黑的青絲，那刻整個時空中都飄散著淡淡的幽香。小珍覺得我再走回花蓮已沒意義，他知我好古，於是索性把我戴到慶修院門前，我們沒有擁抱，只是互道了一聲「再見」，我沒有任何小珍的聯絡方式，所以這「再見」是盼望，因為我倆今生可能也不會再見了。

19 花東縱谷

行在縱谷

　　海線、山線在我腦海裡角力，優柔寡斷的我總是搖擺不定。看過慶修院後因圖蔚藍大海於是決定捨近求遠向海線而去，行之不久，因走進了死胡同，而深覺其距太遠，怕耽擱了時日，要多花上幾天才可以到臺東，於是又決定回走山線，這種山、海兩線的拉鋸，不只是一時半刻，而是隨我行走而不時轉變，時而又會生起海、山各半的計劃。第一次，行到光復時想著走 11 甲省道，走那光豐公路去豐濱，但我看到地圖上那依山而開的委蛇公路，我放棄了。第二次，在玉里，想著走玉長公路，翻過安通越山再走花東海岸公路去成功漁港。地圖看似不曲折，實際卻是很削斜顛簸，只好再次放棄，我在想，如果我走上了海線，又會有著什麼樣的遭遇，結交上怎樣的人呢。我愛自由，怕受制度與思想的束縛，所以我決定擇選過上一個「無所在的生活」，因此我行走在路上，我願在路上結交不同的人，便如讀著他們比書還來得精彩的人生，我願苦行在路上，以達到內心與靈魂的昇華，如果有一天當我死在路上，我會為此而感到高興。

　　最後去臺東的路，我一以貫之地循花東縱谷而去。縱谷者，溪谷流敞於兩座山脈之間，而山脈亦與主流同方平行，呈現一山、一河、一山之格局。整條公路筆直得很，筆直到常生

錯覺，風馳電掣的汽車自我身旁呼嘯而過，過了十分鐘它的車尾還是清晰可見，彷彿時間變得緩慢，凝結了起來。公路與溪流相似，右方是那青蔥壯麗巍然的中央山脈，左方是那給山嵐籠罩，漫漶、朦朧得只見輪廓的東部海岸山脈，初看時嘆息不已，還不時停佇拍照，但因其連綿山巒的外形種種變化不大，所以久觀則膩，一天、兩天過後則已不甚留意。

花蓮到玉里共一百多公里，玉里是縱谷內花蓮縣最後一個鎮，過了它便正式踏進臺東縣內，壽豐、鳳林、光復、瑞穗、玉里，這一百多公里我花了三天。行走在縱谷，每天、每時、每刻，雨都一直跟在我頂上走，彷彿不會停止似的。我穿上小珍所送的殷紅斗篷雨衣，想起紅樓夢中賈寶玉那一身大紅猩猩氈斗篷，只是他在雪中不羈灑脫，而我在雨中則是狼狽不堪。濕透的鞋宛如一塊鋒利的刀刃，不停切割著雙腳，皮膚給磨開後，肉直接曝露在空氣中，肉開始發紅，不久也磨破了，鮮血流淌，雨點打在上面帶來陣陣刺痛。我撕下了布條包裹了傷口，血將布染上了石榴紅，行著行著，布也鬆脫了，而我也不再理會了，傷口沾水發炎，雙腳紅腫如豬蹄。

在雨中拖著豬蹄前行，呼吸變得又喘又重，腳程也變得越來越慢，每天總走到夜闌人靜時，燈火寂寥處，才得歇腳。吉安至鳳林，本想到鳳林市區再找住宿，萬萬沒想到在離市區還只剩下三公里時，身體突然動不了，宛如有千萬噸鋼鐵壓在身上，內心用力呼喊著雙腳，但總是提不起。最後只能席地坐在那無光的自行車道上。

鳳林到瑞穗，投宿在市郊青蓮寺的香客大樓，那夜，雨

霽後，不留神踏死了許多正在蠕動的蝸牛，抱著後悔與內疚，走過了黑暗的角落，一位四十來五十歲的女士，踏著自行車在巷口打轉，她是香客大樓的管理員，因見我遲遲未到生怕我因天黑而迷路，於是便出來等我。跟隨其後，到達了樓高三樓的大樓，登記時阿姨說我行腳辛苦，少收我一百塊，感激非常，因在路途是無限的，而路費則是有限的，所以能省多少即多少。大門進去，櫃臺左右各有一長廊，廊之左右門門相對。房間連浴室，新而潔。熱心的阿姨還領我到側門旁的小石屋，屋中放著一台洗衣機，她說我可以隨意使用，洗完把燈關上即可。

　　縱谷所有的名勝，如光復糖廠，瑞穗牧場，鹿野高臺等都是經過而已，因為背著沈甸甸的行李，做任何事情都得考量體力與時間，任何的自由都是有代價的。

　　舞鶴有名的是茶，但我在翻越山嶺時，茶園不多，而且還帶著淡淡的蕭條，零落的茶行，片片隨風的茶葉，彷彿傾說著曾經的繁榮。後來，在朋友口中聽說茶沒落了，隨之而上的是咖啡。世事流轉總是如此，這般。

　　上得了山嶺又下坡，舞鶴一段斜坡彎道極多，走起來很吃力。

　　越過了舞鶴，自三民開始又是一路平川，公路旁的地攤上擺放著一顆顆比冬瓜還大的西瓜，夏日將至了。除了地攤外，便是連綿不斷綠油油的稻田，稻浪此起彼落，風帶了故鄉的味道。

　　我的故鄉早已成故了，故鄉是心頭的感覺、回憶，故鄉是那嫋嫋的炊煙，是木柴燃燒的氣味，是風來疏竹的響音；

是在夏天，赤腳走在那被烈陽晒得發燙的水泥地上；是夜間坐在池塘邊大麻石條上，是繁星滿布的天幕；是田中的蛙叫、樹上的蟬鳴；是在大雨天停電後，點上蠟燭，在微光之下聽著屋外雨聲；是一種情愫。想你時，心頭自會浮現，因為我在哪故鄉便在哪！

偶遇玉里

　　玉里，舊稱璞玉閣，名字由來繁多，一者為阿美族之音譯，意為灰塵，因秀姑巒溪縱貫其內，無雨則溪水乾涸，風吹溪中沙塵以蔽日。又云是「派派可」之音譯，阿美族稱蕨為「派派可」，此地產蕨而得名。三者為此地的大理石宛如未磨的璞玉，加上官兵在此建閣樓街道，故稱璞玉閣。日治時簡其名，因璞為未磨之玉，故稱玉里。

　　每個偶遇無非都是一次久別重逢，在玉里我偶遇了許多的人，有的成了好朋友，有的成了雙方人生的過客，甚至是陌路人。

　　靜如是玉里天使之鑰二手書攤的店長，書攤是由一位法國神父所創，在玉里醫院宿舍外牆一隅，書攤空間狹窄，數道鐵門拉起寬不足一公尺，卻放滿了一排排的書籍，還有衣物，文具等，物品多是有心人所捐贈。書籍回收多是秤斤論兩，好生糟蹋，而書攤不但保護了書籍，所得收益更全數用於公益，包括照顧身心障礙者，令他們的人生不只有冰冷，神父叫劉一峰，是玉里家傳戶曉的人物，自法國巴黎來此「後山」已四十多個頭年，我在書攤曾與他有一面之緣，而有

關於他的大愛種種，都是聽靜如所說。

　　我與靜如結識是個巧遇，那天雙腳的傷口淌著奶白的濃水，疲倦的狀態便如一條落魄的喪家犬，正因如此，當我尋找背包客棧經過書攤時，便被人拾了回去。拾我者，是燕子姐，她家住光復，是平埔族，是靜如的朋友，那天剛好帶著四歲的女兒來串門。小姑娘一雙水靈靈的眼睛，鵝蛋臉上泛著桃紅，可愛極了。書攤放著一長桌，桌子兩旁各放著一條長椅，那時除了靜如與燕子姐外，還有一位燙了頭髮，手拿葵扇的鄰家阿姨，她極疼我，不停地為我搧涼，叫我先把背包放下，見到我雙腳的狀況，立馬起座回家拿出了一雙他兒子穿過的拖鞋，他笑說兒子在外，送我無妨。還有塗腳傷的藥，叮囑著我洗澡後就要趕快塗上，最令我驚喜的是那一個足有我兩張臉大之喜餅，她莞爾地對著大家說：「別家的兒子出門在外，有困難我就盡力幫忙。他朝我兒子出門在外，也希望得到幫忙。」一顆顆美麗如月的心，照亮了、安慰了疲憊的我。一坐就是一個多小時，因為她們在，讓本想只待一天的我，決定在玉里多待一天。靜如將書攤收拾好，便騎摩托載我至落腳的背包客棧，臨別時，大夥相約明早在此共進早餐。

　　摩托車停泊在客棧門前，客棧是日式老房，聽說曾有電影在此取景與有關老闆的風評種種，想來與己無關，只圖個歇腳處，所以也不加理會。我與靜如站於門前不經覺又聊了起來，我倆個性很合得來，便像相識了很久的朋友，沒有半點生疏、陌生與不協調，宛如一首巴洛克風格的奏鳴曲。靜如多次想動身離開，但又停了下來。後來因為我倆擋住了籬牆的門口，短髮、膚色晒得略黑、五官深邃、身著一襲自行車衣褲的女生下了自行車正要向內推進，於是我約靜如共進晚餐，她說有私事，今日未能，便就此道別離開。

　　一個四方的房間，兩扇不甚暢順的拉門，分隔出男女的空間。後庭是酒館式的裝潢，洗澡後，我坐在那長腳吧臺椅上靠著木桌臺。可巧，剛剛的女生叫 Cherry 也是自香港而來，正在環島半圈，緣分真妙，她不但與我同姓，還是同鄉，可惜她不會家鄉方言，但我對她卻是倍感親切。

　　不久，突見靜如進來尋我，她說致電給我，我未接。原來，與她有約的好友，女兒不見了，緊張得很，最後只是虛驚一場，小女娃早就給接回家了。靜如是生於斯長於斯的玉里人，坐在她摩托車後座，聽她說著有關玉里的故事，掌故、食物、地理、歷史、文化種種，娓娓道來，如數家珍。我佩服著她對家鄉的瞭解與熱愛，那種對家鄉的情愫，我幾乎沒有了，有的只是對過去的回憶。回憶著腦海內的故鄉，我對任何地方都生不起一絲絲的歸屬感，包括我現在居住的香港，因為我總相信自己只是漂泊世間的過客。

　　那夜靜如和她妹妹領著我嚐了有名的橋頭臭豆腐，和一家只有在地人才知的餐廳，我冒著拉肚子的風險吃下了那香

滑、濃郁的牛奶火鍋。

　　回到客棧，Cherry 挑了一部電影，店員把投影機開了，銀幕拉下播放。看至一半，老闆與他的學長自外回來，他倆坐在露天亭子的桌椅，開了幾瓶啤酒，高談闊論，時而反核時而學運，但多是那位喝得醉醺醺的學長非議著那老闆的語論，只見老闆滿臉無奈與不是滋味，想逃又逃不了。最後學長把我與 Cherry 拉了進去，老闆深知機不可失，立馬起座，說有事要辦便抽身離席。平生只愛談風月，不愛辯論式的對話，因辯論無非是以己之觀點壓倒他人之觀點，普天下只有一種聲音，全無自由可言，想每個人的世界觀皆因成長、知識、經歷而各有不同，豈可統一，如強要統一則不過是個獨裁者，毫不尊重個體之自由，那就澈底「和諧」了。

　　所以我多是只聽不說，過了不久，他便提議一起去抓蝦，一行六人，拿著網子，溪澗清澈，燈光一打，魚蝦浮游，曾聽靜如說，居民還有於早上在此浣衣的習慣。

　　次晨，我們如約共聚於書攤，Cherry 也加入了行列，那日的早餐為何，吃光了，也忘光了，只記得整個上午不做別事，只在書攤談笑風生。如不是昨夜與那位當員警的醉醺醺學長有約，我鐵定會就此待上整天。

　　我與 Cherry 坐上了學長的汽車，降下車窗迎著涼風，風吹動了我與她的頭髮。沒醉酒的學長，沈默寡言，與昨夜雄辯滔滔的他有著鮮明的對比。車子自 18 號道入山，學長說小學的旅行就是去南安瀑布，這裡變化很大，然後指向路旁的一間小屋說：「小時候很愛吃這家店的霜淇淋與冰棒。」因為連日天雨，恐在落石，所以南安瀑布入口處有一條膠帶橫

封，我們沒有理會，翻身進內，只見翠綠林間突有一條白練自上直垂而下，原路折返，想去小屋買霜淇淋消消暑，小屋易手了。

　　車子翻越了玉長公路，Cherry 說昨日便是循此到玉里，曲折的海岸線，褪色的大海。

　　礫石灘上躺臥著一粒粒給海水打磨得光滑的鵝卵石，一個個興沖沖的旅人踩踏著他們，走上了那條通往三仙台波浪起伏的八拱橋。三仙臺，傳說八仙中有三仙（呂洞賓，鐵拐李，何仙姑）曾踏足於此，並在此遺下三個足印，以八仙傳說為名勝的故事早已足布大江南北，老套至極，彷彿除了他們便再也想不出其他的代言人。所以我還是喜歡原住民們的傳說與名字，只因一切都對我來說都是那麼的淳樸，毫無嬌情與不自然，比西里岸部落是屬於阿美族，他們稱三仙台為 PiSiLiAng 意思是養羊的地方。

　　踏在八拱橋上，名字確是老實，整道橋共要上上下下八遍才可走到對岸，如是美則已，但它既不實用又與這洪荒自然顯得格格不入。「在我小時候，還沒有這道橋，要待退潮時涉水才可過去。」學長喘著氣說。這豈不更好，既合自然，也不影響旅遊業，還能以此為特色。為建築而建築的事，實在不少，彷彿現在整個社會都充斥著這種奇思妙想。

　　三仙台是一個由火山住塊岩所構成的離岸島，踏在木板架空鋪砌的步道上，右左是灌木林，自木板道走進隆突的珊瑚礁，周圍是怪石嶙峋、海蝕洞。我們行於那高低起伏，凸凹不平的礁石上，向燈塔直往。石坡梯階，斜削連綿，走得我與學長大汗淋漓，喘息不止，而 Cherry 則一馬當先，如履

平地，到達燈塔時，汗點也沒，更莫言喘息了，何等驚人的體力。

　　不登高山不顯平地，自燈塔俯視無垠的大海，海水拍打著島邊的岩石，捲起白浪，海上的舟船也化成一白點，風聲在耳旁鳴叫，視野不同而美也不同，人生亦如是。我與學長不約而同，生起美中不足之感，此時此刻此番美景獨缺綠蟻新醅，沒有綠蟻，卻有咖啡，離開三仙台後，學長帶我們去一家名為「早起的鳥兒」的店，店主林先生是位畫家，咖啡是他自己種植和烘焙的。致電後，在成功鎮的店歇業了，但林先生卻邀我們到他家喝，林先生的家在成功鎮之北，花東海岸公路旁。一座樓高三層的獨立屋，背山朝海，屋內布置簡約，撲素，純色的傢俱，牆上掛著林先生的油畫作品，地上空間也放著一幅接一幅的畫作。我們參觀完後，便坐在屋外花園那圓桌椅，林先生把咖啡、果子、餅糕捧出，為我們介紹白瓷杯中咖啡的名字、口感、味道。學長與 Cherry 是內行，而我則如妙玉所言是「飲牛飲騾了」。林先生見我們飲得差不多，又為我們續杯。接著林先生也坐下相伴，談起農作種種，談起正在物色店舖與樓子的事宜，談到簡體字與大陸文革時，溫文爾雅的他，變得義正辭嚴痛斥其非，氣憤只為痛惜，痛惜著大好的文化受到糟蹋。大陸作者韓寒遊臺灣後，他說「我們失去的，他們都留下了。」我也一直是如此認為，五千多年的血脈還流淌在這島嶼上。

　　學長六點與人有約，談得興起，低頭看望手錶時，他猛然發現六點已過，於是慌忙告辭了林先生，飛快地回到玉里。

　　正好我們也跟靜如有約，那夜三人行又去嚐了橋頭麵、

橋頭冰。「你們有沒有覺得奇怪,這裡又沒橋,為何言橋頭?」靜如突然考起我們來。我倆滿臉狐疑,靜如解說以前玉里鎮是有一道溪河貫穿,即中山路一帶,而那時的食店多置於那道橫跨河道兩岸橋樑的橋頭,所以店名則以「橋頭」為首。現在河沒填,流動的溪水猶在,只是在其上蓋著柏油道路而已。

漫步於玉里街頭,小鎮早已隨著夜幕而沈靜下來,這與大山那頭的繁華熱鬧有著鮮明的對比,大山的這頭,一切都來得如此乾淨。星月依稀,我們在靜如的「祕密基地」,享受著共聚的當下,因為當旭日再昇起時,大家便要各散東西了。靜如跟我們說,昨夜她一開始是心慌慌的,因為應是客棧老闆帶我們認識玉里,她覺得像搶客似的,不太禮貌。後因我跟她說了那句「沒關係,我們是朋友」而澈底釋懷了。

這不是一家背包客棧,這是靜如朋友的住所,然而它卻收留著一個個旅人,它是一所老房子,沒有任何華麗與刻意,只是本然,共聚於屋子內的人,有樂團成員,有文學批評家,有騎行者,還有許多許多還未來得及認識的人。要在此屋留宿,是有規距的,須是身懷才藝者,如無才藝則要跟隨大夥去修剪花草,以勞力換取。他們異口同聲好奇地問我:「玉里對遊客來說,一直只是一個吃飯、丟垃圾、然後便離開的地方,甚少有人佇足。」我回以:「我會佇足在一個地方,不是因為那裡的風光有多明媚,而是因為人。」

又是烈陽當空的中午,又是分別的時刻,田中的稻穗漸顯金黃,遠處的鐵道火車轟轟行過,我與靜如依依不捨地擁抱了,與 Cherry 道別了。然後循著那條以廢舊火車鐵道改建

而成的單車道，終點是東里，這樣比起行走 9 號省道要快，還可省上一至兩公里。

玉里是一個恬靜、美麗的小鎮。如果沒有回憶，任何地方都只是地圖上的一個地名，或陌生，或耳熟，沒有溫度，帶點冰冷。而令我魂牽夢繞的是活在那個地圖點上的人，我的朋友。

是宗教狂熱還是變態

我是在離池上三公里的路上遇到他的，那時天色漸黑，風雨也歇止了，滿臉鬍鬚的他把摩托車停泊在我旁邊，他的聲音像當時的天空一樣低沉，說起話來帶點結巴，他跟我介紹說道：「我名叫阿勇，耳朵帶著的是助聽器，我有聽力障礙。」他說下午在東里時已經見過我，接著又問我需要怎樣的幫助。「不用了，謝謝您，我在池上訂下了民宿，要在天黑前趕到。」我回說。接著他拿出銀包，說要支助我三百塊以當旅費，無功不受祿，這是家訓，自幼母親便如此教導著我。於是他又說：「要不我載你一段路，上車。」他見我不肯，索性把車推放在路邊不管，跟著陪我走了一公里多的路，沿道他問了很多，我卻回了很少，更多的只是傾聽他演說著他信奉的宗教，一個新興而陌生的宗教，是一個將儒、佛、道三家理念揉雜在一起的宗教。宗教信仰與人生意義，都是屬於極個人的事，所以我很少與人提及傾談，一說傳教的味道就出來了，我不愛。他喋喋不休說著過往與那宗教如何改變了他的種種。

　　「我家就在前方不遠處，你今夜不如便在我家留宿吧！」他又問道。我婉拒地說：「不太好吧，恐多有不便，我還要趕去池上，謝謝。」「我家只我一個人，妻子在桃園，別怕打擾到我。」他說。不知是他沒有意會到，還是實在熱情壓過了一切，他堅持著不停地邀請。一公里實在不簡單，我也因此答應了。

　　他的家在省道左側一小坡林間，兩間鐵皮為蓋屋房，拉門進內，便是一個碩大的神壇。他指著右邊廊道的一房門，叫我今晚便睡此間，而他則睡右側那間。

　　放好行裝後，他還特意冒雨載我去池上，說要跟我解說明天要繼續行走的路線，還帶我去吃了一家素食便當。本以為池上會像玉里般，是個恬靜小鎮，或是如日本白川鄉那樣的小鄉，但實際上它是偏向臺灣西北部的小鎮，因為旅遊業為這裡穿上了五光十色、喧鬧繁華的衣裳。

　　雨打濕了身體，浴室的熱水器與蓮蓬頭等配件已壞。阿勇在屋外燒了一大鍋的熱水，然後倒進擺放在浴室內大鐵盤中，以水瓢舀水沖洗，這讓我想起了兒時。洗畢，他說沒想到我竟如此省水，燒多了外頭還有一大鍋。走經廚房時發現爐頭各處布滿厚厚的汙垢，而不見米糧、餸菜，只有那木桌放著的兩、三罐八寶粥。猜想阿勇生活應是清苦，難怪在池上時，只請我吃便當，自己則站立走動而不吃，他說已用過晚飯的話，應該也是怕我不好意思才說的。

　　我們坐在大廳那靠牆的木椅上，交談的內容還是離不開他所信奉的宗教，還說明天在鹿野有聚會課堂，邀我同去。聽後的第一感覺就是不想去，雖然也在好奇心的驅使下，生

起過見識一下也無妨的想法，但心裡還是感到不太願意。美其言，是一個隨心走的人，說白了只是任性、天真、固執己見，不想受到任何不自由的強迫與束縛，但世間豈有絕對的自由。

只聽不說的我，因為腳部發炎，雖然塗上了靜如母親為我特意找來的外用抗生素藥膏並口服了抗生素藥丸，但還是帶病意，精神也顯非常散漫，加上行走帶來的疲憊，整個人差點陷入昏睡，眼睛處於閉闔之間。

突然，他抓住我的手，興沖沖把我拉到了那神臺前，只見他三手指向天作立誓狀，我便知道他要跟我結拜，十來歲時雖作過，但我卻從來不相信這一套，我覺得朋友、知己，人與人相識、相交、相知，在乎於心，越是弄這種形式化的，那感情通常都是淺薄，便如越自大的人，就越是自卑，我不愛虛偽，包括不愛虛偽時的我，然我心中深信著的是「豪花落盡知真淳」。

因他對我有一宿一飯之恩，所以我便不好意思拒絕，而令其難堪，所以只好依了他。他接著又拿出舊日的照片，訴說著從前，終到了落幕的時分，我向房中走去，那知他比我來得還要快，已爬到床上，接著開始以弟弟稱呼著我，說今夜要與我同床。那刻心頭一震，他的熱情已讓我感到壓力。電燈關上後，睡在內側的他突然抓住我的手，然後五指緊扣地牽起手來，我實在太倦了，反正大男人，要牽便隨他牽，朦朧間我便睡去了。

往後在臺東「晃晃」落腳時，我跟旅人們說著借宿他家與之後的事，所有人都異口同聲地跟我說道，他是一個「變

233

態」，對我已想入非非，有人說如果是他，他會立馬丟開他的手，有人則說我沒有反抗，是聰明的做法，因為最少不會觸怒到他而招來殺身之禍。有的則開玩笑地問我，第二天「小菊花」有痛楚否。之後我的故事就這樣在晃晃流傳與演變著，最後還因此遇到一件有趣的事，此是後話。但直到現在我還是認為他只是一位宗教狂熱者，一心只想傳道，然後用單純與直接的方式表達著他個人心中的真、善、美。

在劫難逃

一覺醒來天猶未亮，但身旁的阿勇卻消失了，推門而去，見他伏在小書案上睡著了。我那刻腦海裡在盤算著這是個好時機，趁他還在夢鄉，正好把行裝收拾好，悄悄離開。其實有此想法是因為我開始對他的盛情生起了厭惡，甚至心靈漸感困縛與窒息。

不巧，當我把行裝收拾好，背起背包，他醒了過來，眼光投向了我，那刻大似時遷在祝家莊偷抱晨雞而給捕捉一般。只能輕嘆奈何，本以為只要道個別，即可離開，但事情卻沒那麼簡單，他立刻穿上跑鞋，說要陪我走到池上。

池上有名的是色白如雪的稻米，是片片蔥青，黃金的稻田，因為田陌之間沒有拉建起電線桿，所以保持著乾淨的模樣。我佇足觀看，到來的時間大概接近春收了，稻開始轉色，蔥青褪成了豆青，接下來便是松花色，最後是赤金般的稻穗隨風。我有個習慣是，每次進食我都要確保碗中無一粒米剩下才會安心，也常默想起朱子治家格言「一粥一飯，

當思來處不易，半絲半縷，恆念物力維艱。」之所以如此在意，只因我是個鄉下人。

　　沿路並肩前行，還是保持著他說我聽的局面，他跟我說：「我昨天好興奮，整夜都睡不著。」我沒有接話，只是微笑，因為我不知到他為何而興奮。然而他的興奮顯然猶在，不停大笑，情緒高亢，最後又再一次抓起我的手，十指緊扣著，在印度男生也會如此牽著好朋友的手行走，我知道他當時應是懷著相似的心情而作出相同的舉動。就此又走了一公里左右，他手掌冒汗，濕答答，我下意識開始掙脫，因為自幼便有潔癖，雖然隨著年紀增長，潔癖度也漸下降，但還是會病發。然我發現我的潔癖不只是肉體層面，還有精神的潔癖，像是我不願意去做虛情假意的事情，不會太深入去投進這齷齪的社會，總得與一切髒兮兮的思想保持著相約的距離。

　　手分開後，他隨即又以手搭著我肩，他比我高，身體壯碩，身貼身比剛剛還要來得更不舒服。終於，過了池上，分岔路口一邊指著關山，另一邊是20號省道本來是通往高雄的，但因為風災的關係，山路中斷了。他要求來個離別的擁抱，擁抱過後，他說如果下午我剛好走到鹿野，並留下來，就隨他去參加宗教儀式。

　　那句邀請的話一直縈縈腦海，我的確不願再與他有任何聯絡，所以今日之內一定要趕到臺東，於是便開始了五十五公里，十八多個小時的逃離之旅。我借了哪吒的風火輪，又拿了戴宗的甲馬，雙腳一直飛奔，沿道不再像花蓮至玉里那麼平垣，而是起伏不定的陡斜坡道，這可說是翻山越嶺了。很快過了關山，在向鹿野前往的路上，我遇上了一位攝影

235

師，他把車子停下，默默地舉起了他的鏡頭，將我的身影攝進了他的相機之中，然後我們都向對方點頭、微笑，然後離開。在一個下坡路看著對面北往的線道上有一對男女正用力踩著自行車，輪子一圈接一圈地滾動，他們去而復返呼喊著我，聊起來才得知是父親領著女兒進行著單島環島，他們早上自卑南出發，今晚應在池上落腳。臨別時他們請我一顆甜美多汁的芒果，然後互道加油後便各自前行。我想著家中兩老，年紀已不輕了，今生應沒有機會像他們一樣用騎行或行走的方法進行環島。

到鹿野時已是下午二點，我沒有進食，只在便利商店買了一瓶補充飲品便繼續上路。過了鹿野，心頭放寬，不再草木皆兵，因此風火輪退還哪吒，甲馬卸下，步伐也慢慢慢下來了。鹿野下坡後高度明顯下降了，像是一個幽谷，第一次與東部山脈如此靠近，身體各器官彷彿都清晰地感受到了溪流的氣息。那刻心想，行在縱谷那麼多天，只有今日無雨，真好。心念一動，淅淅瀝瀝的雨自迎頂降下，真是說曹操，曹操就到。我急奔至路旁一株枝葉繁茂的大樹下，雨點開始穿過葉蓬。我穿上了雨衣，脫下了那對刀刃休閒鞋，換上了玉里阿姨送的拖鞋，腳底藥貼沾濕後融化成黏稠如鼻涕的漿糊，行走時腳與大地只隔著薄如蟬翼的拖鞋，因此腳又開始刺痛起來。

大雨未減，行在鹿鳴橋我沒有聽到鹿鳴，只聽得腳下鹿野溪在嘯吟。過橋後在便利商店中原住民店員再次誤以為我是族人，而跟說起宛轉流暢的族語來，準確來說，在我低頭拿銀包時他還是跟我說國語，但當我抬起頭來時，彷彿都改

變了，包括他的笑容與語調，也變得開朗。大雨澆得前方山麓一片白茫茫，走過了一個寫著廷平鄉的雕塑，雕像大若真人，數尊原住民團著一水泥柱台，抬首望著柱頂那尊穿橘色衣帽白褲手握球棒作擊球狀的運動員。走上了依山開出的坡道，身旁飛快的車子來來往往，滾動的車輪輾起流動的雨水，揚起及腰的水花。雨衣太大我用手緊捉著帽領，以防止雨水打進，低頭跟著呼吸步步前行，世界因此而變得寂靜。

　　一把熟悉的聲音傳進右耳，打破了寂靜，撓亂了呼吸，抬頭一看不是別人，正是阿勇，那張布滿鬍鬚的臉，露著牙笑著對我說：「差點走眼了，快上車，課堂快要開始了。」「我已經訂下了台東的住宿，今夜一定要趕去。」我回說。他說沒關係，等課堂結束後直接把我載到台東即可，我再次行走起來，表示著我只能行走，他推著摩托車跟隨著我。「那我們走到初鹿，再回鹿野上課，今夜就住我朋友家，然後明天我叫朋友把你載回初鹿，你再上路。」「不用了，我還是趕去台東，下次有機會再去吧，如果我在路上真的走不動時，再致電給你，謝謝。」那刻我心中生氣了，生氣的原因，是我覺得他根本沒有尊重過我的個體自由。人有所不欲，我們都單向地將自己覺得美好的東西分享予人，還認為這就是愛，但我們卻從未關心過那人真的是喜愛與需要嗎？自以為是的愛，是會讓人窒息的，單向沒溝通的愛，是傷己傷人的。

　　他像是聽不懂我的拒詞，還是堅持推著車與我同行，他甚至還邀請我去他們台南的總壇服務兩天，說只要去過了，就會得到仙佛的加持，然後人生一切種種就會順利起來。而我只要今天有去上課，那我走起路來，將會越來越快。我越

20 臺東

心在此休止

　　如我的人生是一首流浪的奏鳴曲，行腳臺灣將會是奏鳴曲第二樂章的變奏曲，浪漫、激情、起伏，而臺東則成了這變奏曲中的休止符。

　　臺東是個節奏緩慢的城市，而我則是一個節奏緩慢的人，所以走到這兒心突感到舒逸了，不再想前行了，所以臺東以南，太麻里，大武，整條南迴公路我皆未踏足。還記得在玉里的最後一夜，於靜如的朋友家，大夥曾為我舉行過一次有關臺東之後的行走路線討論，大夥都覺得大武之後的一段「南迴」，危險度與「蘇花」在伯仲之間。如不走南迴去屏東的楓港，則要從達仁南行阿朗壹，再回接 26 號省道下滿州，最後到最南之鵝鑾鼻回走向北。但問題在於要過阿朗壹必需要有領隊帶領，有其他人還好，沒人的話便要一人獨出三千大元。不走此路也可，可在南迴轉至「199 縣道」過牡丹直下車城，再北上，但此路山道彎多，前不著村，後不著店，人生地不熟，加上如果夜行，沒有電燈照明很危險。千錘打鑼，一錘定音，最後大夥接納了其中一位先生的建議，就是什麼路也不用挑，索性走到大武時坐火車直去枋寮。

　　Cherry 建議我自臺東去綠島，再自綠島轉去蘭嶼，蘭嶼坐船到後壁湖，再北上走回高雄，因大武一段騎自行車時曾

走過，風景一般，較特別者則是滿州一帶的沙漠地貌，下次有機會再補也未遲。但我心始終未能過得了自己，總覺得這樣是半途而廢，是好逸惡勞，為了讓良心得以理直氣壯些，我打算將行李放於臺東，南行至大武再坐火車歸來。

世事多變，所有二元的選擇都流淌在稱作剎那的河裡。那夜我十一點多才走到臺東，因為我在趕路的途中，左腳受傷了，腳底不單起了水泡，而且血管像是破裂了，凸出帶著斑斑血絲的硬塊，咬緊牙根用力地把腳踩踏在道路上，那一瘸一拐的移動，那刻世界恍如只剩下痛楚。當晃晃二手書店的管家阿誌為我開門時，我像得到了救贖似的，我與他輕嘆了一句：「我快死了。」接連兩天，血腫未散，房間在二樓，上下樓梯總是格外地慢與痛，只好在客棧養傷，最終那個「大武的計劃」就此由耽擱變為擱置。

我發現到達臺東的那個我，心裡比以前像是沒那麼孤寂了，我想快點結束這次的環島，回到台南的窩窩頭裡，然心底的鏡湖，微風吹動帶來了朵朵漣漪。

那夜在瑞穗的青蓮寺，手機收到一封來自大俠的訊息，她說可能未能如約與我同去蘭嶼。看到後心生失落，同時也變得異常，如是平常與朋友相約，其未能或不想赴約而告知與我，我多是回以知道了。因為我尊重他的自由，但這次說了些我在臺東等她到來的話。只因我想見到她，心中對她產生了曼妙的情愫，休止臺東大半也為此，於是我站在時間的風雪中期待著她的到來。

晃晃 · 酒聚 · 心橋

　　晃晃，是動詞，是名詞，同時也是形容詞。晃晃，是咖啡廳，是二手書店，同時也是背包客棧。晃晃曾經活在晃晃，牠是一隻貓，是一隻失聰、平衡感不太好、走起路來頭會晃動不定的貓，有關於牠的故事，我只是聽說，未曾目睹。因為我在晃晃時，晃晃已過世了，但牠的故事流傳著。

　　素素，臉上常綻放著燦爛的笑容，說起話來總是那麼的溫婉，不疾不徐。她愛貓如命，是晃晃的主人。猶憶起有一夜與其他旅人們到還未營業的分店用晚餐，餐桌上置放著素素與她丈夫用心烹煮的菜餚，是一席於人心暖的家常菜。

　　貓兒們在房子中無拘無束地跳躍、走動、撒嬌、偷吃，作逍遙遊，甚是自在。我喜歡與動物交朋友，喜歡看著牠們那無邪的雙眸，傾聽牠們或平淡或多舛的故事。牠們比起很多遠看像「人」的動物還要來得真誠，牠們在世間受到輕視，生命得不到重視，甚至更有禽獸不如者將牠們虐打以至殺害。站於流動的時間前，生命是平等的，並不存有高低、貴賤之別，一顆樹，一朵花，一隻樹蟬，一隻螞蟻，他們的生命與我的生命是同等無異的。因此，天地間所有蠢動含靈，無情有情都是可結交的朋友。

　　每顆心都是一座孤島，每當大雪紛飛時，倍感淒冷，思念著溫暖，於我們與別的孤島互相築起一道心橋，以傳送溫暖，相互取暖。而築橋的建料則是「情」，不虛假的「情」，更如張潮在《幽夢影》所說的：「情之一字，所以維持世界。」因為有情，所以素素把店定名「晃晃」，亦將晃晃生前

所戴過鈴鐺，懸掛在一樓最後那個放著冰箱、單車與雨傘的空間中，那堵後牆的窗牖上。晃晃，讓歇腳臺東的旅人們在此築起一道接一道無形的橋。

而有關我的那些心橋，一切都要從那杯被英國人稱做生命之水的 Whisky 談起。那夜來到晃晃後，幾乎每一個晚上都離不開酒，旅人在一樓那給書架圍繞的長木桌椅聊天喝酒，我也客串當上了這幾場酒聚的酒保，為旅人們調配簡單的 Cocktail。每個聚會都有其骨幹式的人物，便如沙龍（Salon）總得有個發起的主人，而這晃晃的 Salon 骨幹分別是阿誌、Ivy 與小黑。沒他們在，晃晃的夜晚會顯得失色與乏味。

阿誌是晃晃的管家，他的房間在一樓，像是時時刻刻都在為晃晃把關似的，他是一個太陽，只要你稍微靠近便能感受到他散發著溫暖而不傷人的光與熱。猶憶，每次調酒器蓋緊而不能開時，都是阿誌為我打開，他沒有絲毫不悅與感到麻煩而不幫。還有我剛到晃晃那夜，第一杯喝的酒便是阿誌請我的 Whisky。在我將前往綠島的前夜，也是我們四人最後一次共聚喝酒的夜晚，所喝的也是 Whisky。那夜大家喝著、聊著、歌唱著、笑著、哭著。最後大家都喝得醉醺。（我有個怪論，完全喝得糊里糊塗，連最後一分清醒都失去的人，他一定是個傷心人。）

「夢，這個字對我而言是個最重的字，現在的人都不敢去做夢，不敢去追求夢想，不敢去實現夢想。」雙頰酒醺紅，口齒帶不清的阿誌，跟我們說著滿腔的熱血，他是個叫人望洋興嘆的尋夢人。

第一夜幫我登記入住記錄，領我到房間與介紹的是 Ivy，

她是小幫手，正在打工換宿。她一頭秀長的捲髮與笑顏總讓人難以忘卻。只要有大情大性的她在，整個氣氛將會變得輕鬆、熱鬧，而沒凝重的冷場。她像 Salon 的女主人，話題多是由她領導與帶起。她不愛喝 Cocktail，說那是汽水，她愛喝純的烈酒，便如 Whisky。烈酒是靈魂的來源，威士忌是一種由穀物釀造再蒸餾的酒，而 Ivy 便如威士忌般，個性十足，味道濃烈，無論怎樣調配都難以將其遮蓋。不喜愛的人會覺其味烈、嗆口，難以接受，喜愛她的人則會為之風靡，覺得迷人。

在臺東，我甚少在日間外出遊逛，一來因腳痛不能走遠，二來留在晃晃看著那些懷揣著故事的旅人，比起一切名勝風景還要來得精彩，應說名勝風光早已深深刻印在他們身上。於是我愛待在一樓長桌椅，一坐就是半天了。

有時也會不禁想起在晃晃的諸多有趣瑣節，像是入住的次日睡至日上三竿才醒來，盥洗後拖著還在昏睡的精神，坐在長椅上。對面的 Ivy 對我微言笑說：「我跟你說件事，當我在睡覺時，突然給一陣淅瀝淅瀝的聲音給吵醒了。」她打住了話望著我，我那刻還沒意會，我們四目相交。「我起來看了一下外面又沒下雨，奇怪了，我發現床上竟然有沙，你知道我睡在哪嗎？我睡你的下格床位。」當下我才猛然想起，我把穿了整日的髒衣服也一拼放在了床舖上，沾身的沙石由此灑於雪花般的床舖上，然後睡至朧朦時隨手一撥，沙石便徐徐降下。對 Ivy 疚歉至極，唯有道歉陪罪。

在晃晃的旅人們都稱我做小李，這個名字是 Ivy 最先喊起的，事緣 Ivy 有感蓬頭垢面的我在餘下的旅程中會再次遇

上「變態大叔」，受其騷擾，便親手為我修剪頭髮，因成品酷似日本一漫畫中之角色，於是便以角色的名字稱呼我。Ivy問我是否介意，哪會介意，對我而言不過是一個稱呼代碼，就連我的本名開始時也不過是一個稱呼代碼而已，所以名字背後的意義多是後來賦予的，世間所有的名字皆不代表事物的本物，只是一種方便。

我的護照皮夾內夾著兩張畫，兩張由小黑所繪、贈予我的畫，小黑是畫家，是藝術家，是位懷揣著一顆靈敏之心的女生，外在看起總是那麼的淡然，然我感到她將內心一切的情緒起伏都壓抑住。她的心充滿著美麗的信仰，她是一朵潔白的花，是莫內晚年畫作中那一朵朵浮於水面的白睡蓮。

從綠島無船前航蘭嶼，必需折返臺東。回來那晚阿誌休假回家，Ivy則結束了換宿回基隆去了，只剩小黑顧店，入住的旅人也換了一波，曾一起喝酒的朋友，也離去續行旅程。沉靜的夜，一樓的長椅上只剩我與小黑。我們談彼此心中的信仰、生活的壓抑，以及悲傷與期盼，彷彿我們都在彼此的身上看見了自己。通宵達旦，聊至忘疲，不曾下枕，魚肚白時，依依不捨再次相擁離別。

在晃晃一起喝酒的旅人繁多，有的成了彼此心中的過客，忘卻、漫漶了。有的卻成了彼此心中的朋友，聲音、容貌、聊談對話，情景種種，只要眼睛輕閉，心頭跳動，便會如電影般一格一格地清晰播放著。

球球是臺北人，是我入住晃晃第二個晚上時結識的，短髮，儲著小鬍的他剛結束了在綠島兩個月的打工換宿。球球酒量好，深水炸彈（烈酒混啤酒）、奶酒，還有各式各樣的

調酒，大杯大杯地下肚，也只見其臉泛紅而不見其有任何酒
醉的迷糊。他是溫潤如玉的謙謙君子，對每個人都那麼地溫
柔，沒有半點銳角。他開車接送女性旅人來來往往洗衣店，
他還為了我一句邀請而陪我去鹿野高臺，那夜一直聊喝，醉
醺的疲累旅人一一離座回房睡去，最後剩 Ivy、阿誌、我與
球球四人，抬頭望著掛在牆上的時鐘，已是四點多快要五
點，大夥也打著哈欠，正要踏上樓梯時，我回身與球球提
議，不如現在去鹿野高臺，球球聽後竟不加思索一口答應。
說他有摩托車可以騎行而去。Ivy 聽到後說有一位日本的旅
人也打算今早去高臺，如不介意，可與她一起同往。Ivy 把
去高臺的公車開出時間與車碼告知我倆後，又以日語與正在
整理床舖的日本旅人解說一番。天猶未亮，一行三人，出門
尋公車而去。

　　同是那蜿蜒曲折，連綿不絕的公路，不同的是移動速度。我與球球已達共識，就是上車坐下閉眼就睡。一閉一張，瞬間便到高臺。鹿野高臺，寬敞起伏的草地，在一夷敞處，數來個飄浮空中，約有數十層樓之高的碩大熱氣球，每個熱氣球皆以巨釘鋼索固定，所以他只能如升降機般垂直升降，乘坐一次數百塊，垂直升降五分鍾。我跟身旁的球球說「這玩意，不划算。」心思細密的球球，怕同行的日本旅人生起尷尬或其他情緒，便介紹了我與自己，然後再問起旅人的名字種種。清秀的她叫保科優子，現在以交換學生身分在臺北讀大學，還有一年就結束了。我們走上了陡坡，因草地露水未乾，只好佇站拍照，合照之餘更拍各國的熱氣球，色彩撞進了瞳孔，遠處山巒，晨光未曾照散的煙霧，縈繞，移動，在尋覓一安身處。公車票可以一日無限次來回，但是今天的公車班次也不過來回兩趟。後來，球球跟我說，當他回到臺北後，家人對其心愛的鬍子甚為反感，無可奈何，只好全剃了。

　　Lily 與 Ken 都是自香港而來的旅人，可能是讀著同一所大學的關係，他倆常結伴外出同遊，回來後 Lily 總是跟我們抱怨著 Ken：「Ken 是雨男，只要他在，雨好像便在，或是說雨像隨他而來。」無論是騎單車去池上或者台東森林公園，回來時他倆每次皆是給雨打得渾身無一乾處。Ken 的運命如他的酒量般，不太好。一杯下腹，已是滿臉通紅，猶記得一夜，我們哄他喝了整大杯的「深水炸彈」與加了大量伏特加混調而成的奶酒。飲後，他的臉紅若關公，人也像起乩般，迷糊亢奮。我曾騙過他與令他帶來不同的不幸，如說其

運氣不好，不好在何處，不好在他認織了我。

　　Ken 愛吃泡麵，有一夜跟小黑逛完鐵花村，回晃晃途中想起，出門前 Ken 曾叫我幫他買兩碗不同口味的維力炸醬麵。進了超市，小黑見我走動不太方便，於是便幫我自貨架上拿來兩大塑袋包裝回來，包裝內有六個小包，一共十二包炸醬麵，那刻，我知道是我口誤，以至令小黑錯拿了。我又不好意思開口，只好將它買下，當回到晃晃，將他們奉上給 Ken 時，只見他雙手接過後，驚訝的表情，恍神地愣住了，回過神來便是一句粵語髒話。Ken 為了不想攜其上路，為此每夜都親自下廚，請旅客們吃炸醬麵，以求將他們盡早煙滅於此世間。

　　霉氣直至他離開台東去花蓮那天，還是在苦繞著他。下午的火車，於是我與 Ken 便去了 R 餐廳買午餐，這家 R 餐廳是 Ivy 與小黑曾帶我去過，食物量大，味道不錯，只是紅茶在我喝光後，在塑膠杯發現有一隻蟑螂的殘腳。快到 R 店時，同行的 Ken 猛然回首問我：「聽說你昨日喝紅茶時，喝到了蟑螂腳，你現在帶我去的，應該不會是那間吧！」我只好回說是，他立馬回身想跑，我安撫勸道：「是，不過應該是意外。」最後，外帶回晃晃，他食至過半，將見盒底，先是發現蟑螂腳，後是數條幼長青絲。他大吼了一聲粵語髒話，一臉無奈地望著我。我猛然想起跟他說道：「可能剛剛我們沒說外帶，當食物到時才改口，那店員拿回廚房，可能在倒進紙盒時不慎打翻，然後將打翻的炒飯扒回盒中。」

　　對不起 Ken 的還有一事，憶有一夜，Ken 問我所讀為何，我回以哲學，（平日我都會意識到，他所問的是我大學所

讀為何。酒過三巡,頭腦已非平日那樣清醒,沒有留心觀察心中念頭的起伏,不再反求諸己了。這次竟是如此回答,看來也是良知對我的考驗,考驗著我能否稱己為「人」,然我最後以失敗告終,慘敗當場。)接著問是中文大學嗎?我點了一下頭,「嗯」了一聲,心早糟了,我撒謊了,從點頭那刻起,我已敗下陣來了,已不是「人」了,只是一隻野獸、一塊會走動的肉。其實我讀的是古代書院模式的教學。而非現在教育下的學制制度,說白了,即非大學,亦無任何文憑。其接連相問:「我也是中大哲學,你是何學院。」當下心悸,支吾以對:「新亞書院。」

謊言是個泥坑,如當下未能懸崖勒馬(未能立馬道歉賠罪,不過是那自尊心與愛面子的我在作祟),悔改道歉,勢將越墮越深,以至自拔不得,被其吞噬,最後只會落得個粉身碎骨的下場。為了圓謊,結束這話題,我甚至說我是念了數月,背著家人,自願退學。此刻,我虛偽了,不磊落了,我反悔了,內疚羞愧了,我成了我平生最蔑視的那種人。

晃晃別後,我跟 Ken 已再無連絡,我倆都是對方人生中的過客,於此我想跟他說聲:「Ken,對不起,我撒了謊,騙了你,願得原諒,同時也願你能接受我這不夠『大丈夫』的道歉。」

搭便車

在臺東因公車班次不多,而旅人多是人生地不熟,又無車馬以代步。於臺東市內還可依仗步行,但要離開台東市

區，無論是去遊名勝，還是要去趕火車，多還是要靠熱情的台東人搭救。而我總共給熱心人搭救過五次，而其中多是來回台東與富岡漁港。

搭便車，想是每個流浪旅人皆不陌生的名詞，手勢與經歷。一張寫著目的地的紙板，一個伸直手臂豎起拇指的手勢。源自於上世紀美國經濟大蕭條，失業潮下人們離鄉背井，穿川過省，苦尋工作，阮囊羞澀下只好以搭便車的方式解決，漸漸也得到當時聯邦政府的默許，蔚然成風。現在幾乎各國都明暸搭便車的手勢，不過除了豎起拇指還有旅人會較激烈地擋於路上，而在以色列，他們會習慣以食指指向道路，還有聽說豎拇指這手勢在俄羅斯、希臘則含有「滾開」之意。

搭便車好比愛情，是件浪漫的事，但越是浪漫的事，背後則越含危險，一場帶風險的選擇，要麼是靈藥，要麼則是喪命毒藥。好壞、生死存於一念之間，而我則是一極端樂觀主義者，信奉著「車到山前必有路，船到橋頭自然直。」加上何時將死，豈可知也，呼吸之事，斷續無定，所以萬事隨緣即可。

我坐在晃晃的長椅上，看著掛於粉牆上的時鐘，秒針、分針，一下一下跳動，我的心也隨其滴答滴答地跳動。我在等著大俠的到來。中午已過，猶未見。她來電說剛在火車站遇上一位同樣來自臺南的男生，正與其共進午飯，飯畢便至。

　　問小黑借來了一張海報，在沒有圖案的白面，寫上了「拾便車去都蘭」（到都蘭時才給發現我把「搭」寫作了「拾」），大俠領來的男生 Bow 也正在環島，恰好是搭便車環島，識途老馬。要至都蘭，需走花東海岸公路，Ivy 建議我們走至中華路再舉牌、比手勢。而我與大俠則抱著既是如此，何不直走到底至海岸公路，豈不快哉的想法。

　　紙板剛舉起，拇指一豎起，一輛銀白色私家車，由遠至近，隨即停泊在我們身前，車窗降下，司機是位五十以下的女士。萬沒想到竟是如此順利。這位女士是位老師，而都蘭並非其目的地，因他家早於都蘭，所以只為特意載送我們一程。

　　都蘭，舊名「都巒」，三千五百年前，即繩紋紅陶時期，阿美族當時已稱作 Gegalasan（即今之都蘭也），後改其為 Edoulan（阿度蘭），其意為石頭堆積，地震頻繁，所以其為阿美族之發源地。（文之大意，見於都蘭部落，阿美族發源地一碑）。

　　傍晚，都蘭的街頭，不太繁鬧，遊人亦不多，比想像中要來得靜僻。糖廠改成藝術村，內裡多是鐵閘拉下，大門深鎖。閒逛片刻，合照留念便離開了。大俠是為了一睹東邊的大海而來。我與大俠秉直覺覓海而去，那知所挑的是條死胡同，眼前只有數畝田，一間小屋。田陌對面有一條柏油路，於是再次相信著直覺，踏至田陌，行在狹瘦長滿雜草的泥濘

小徑，跳過小水溝。Bow 笑說我們完全沒有顧及他的感受，他背著行囊，穿著球鞋，不比我們穿著拖鞋，輕裝上陣。柏油路正好在糖廠一道之隔，自糖廠過了馬路便可到此，Bow 知道後更是激動。

　　前行不久，見一麵館，店員正在打烊，上前詢問大海在何方，回以循眼前小道走至盡頭即是，店員再三叮嚀小道無燈，小心路黑。小道偶見數屋，多是閉門無燈，像是沒人，有一家亮著燈，從門前經過時，屋內一隻小狗向我們飛奔而來，心想應是踏進了牠的領地，跑來驅趕。那知這位小朋友，盤旋於我們身旁，引路前行，興奮的牠不時回頭，又躍進道旁及腰雜草叢，豁然開朗處是一夷敞的空地，地的邊緣是峭壁斷崖。天色漸黑，海潮拍岸，我已忘了這是第幾次的夜幕。

　　小狗向我右邊跑去，原來是一陡峭的泥道小徑，下坡後迎來一個小沙灘，小灘前堆滿了那形若鐵蒺藜的水泥防波塊，這可說是臺灣海岸線上的一個怪現狀，功能極低，外形極醜，簡直是美麗海岸線上的一道刀疤。海水好像從不介意，沙石只是默默不語。潮起潮落，時間改變不止是地形，還有人心，過去百年來，我們虧負著這山河大地，還理直氣壯地認為是理應如此的，我們不再理會必須與否，只是不停地索取，拚命吸取著地球的乳汁。貪焚、不知足，讓我們步上了敗壞，當母親的乳汁枯乾時，餓死將是何人？

　　告別了引路小狗，回到大街，我與大俠堅要搭便車回去，儘管見到有公車站，也不為其所動，之所以如此，全為省錢，因我心中猜度物以稀為貴，公車班次少，即說一程之

票價也得不菲。剛來時之紙板掉了，心腸甚壞的我，麻煩了
Bow 去尋找，他為了我們，二話不說，跑過了馬路，到了
一家店前，見他與店家攀談，然後轉身臉帶不悅地跑回，他
說店家罵他為何好好的不坐公車。最後，我們移至便利商店
前，借來了紙皮，書下臺東，高舉，豎拇指。汽車一台，兩
台，接連數台，揚塵而過。我們瞬間變成焦點，街上行人皆
投以目光，還有一四、五來歲雙眼溜溜的小姑娘，向牽著他
手的媽媽問道，他們在做什麼，解說一番後，小姑娘還大方
地邀請我們去她家住。

　　一台「五人車」，一位家住初鹿的熱情阿美族先生，載
我們回台東。大俠提議不如去吃牛排，熱心的大哥聽後直把
我們放到他嚐過味道不錯、價格不高的餐廳前。後來我們從
其他旅人口中得知，來回都蘭的車票，竟比那夜的牛排便宜。

　　趣事豈止此也，從綠島回台東，大俠要回臺南顧店，所
以未能同往蘭嶼，在一食店祭五臟廟時，巧遇一位曾入住晃
晃，來自香港的長髮姑娘，可能他對我印象不深，進餐時，
靜默的她突然跟我們談起在晃晃聽得的故事，故事為「黑小
李路逢變態漢」。我跟大俠聽後立馬開懷大笑，我對她說，我
便是小李，我也是自香港而來。「不是，你不用騙我，小李走
起路來是一拐一拐的，還有我不相信你是香港人，你在開玩
笑，對不對？」她笑著回我。我正想解說腳傷之事，坐我身
旁的大俠，用腳輕撞我腳，打個訊號，我立馬會意，打住不
說，聽著她娓娓道來，真是「曾參殺人」的活證，穿插了許
多新情節與橋段，變得精彩、驚險，具有電影感。後來，大
俠與我言及，那天與長髮姑娘同去火車站的路上，她不停詢

問大俠，我究竟是從香港而來，還是原住民，最後她嘆道相
逢恨晚，因為我們實在太有趣。

今日閒說的故事，不久將給時間淹沒，幸而遺下的又有多
少是「曾參殺人」？我不昧，森羅萬象，是成、住、壞、空。

21 綠島

小夜曲

　　霾天，船晃動不歇，浪花激濺，打在玻璃窗之上，船艙裡瀰漫著腐爛的氣味，嘔吐聲此起彼落。左邊的大俠把進腹不久的豬血湯嘔光後，塞著耳機聽著音樂，入睡了。右邊的德華（我們於晃晃結識，他是來自大陸的旅人）離座後，未曾回來。而我倒流的食物已至喉道，只為多年暈車暈船的歷練，強忍強吞。

　　船漸慢行，窗外大海沆瀁，白霧重重中透出青蔥，不久船入海港，停泊碼頭。回來的德華，清臒的臉上多添了幾分蒼白，他說剛離座後藏身洗手間內，嘔吐不止。船外飄著細雨，船客一個接一個，踏上窄長的朱紅搭板。我們剛上碼頭不久，一位身穿白色塑膠雨衣，頭戴花邊小斗笠的阿姨，把我們擱下搭話。這南寮漁港是個小戰場，各家民宿，各自占地，傳單、紙板、宣傳口號。阿姨說台語，一行人中，只有大俠深諳，柔茹而寡斷的我，在交談同時，致電球球問綠島住宿事宜。最後，阿姨提議先領我們去民宿觀看，合意即住，不合意也無妨。雨越大，心中起念，不用花費，即可離開，甚好。阿姨載著德華在前引路，大俠騎車，我坐其後，摩托車是阿姨借的。

　　離開碼頭，環島公路左折，民宿位置在鄉公所附近，小

254

巷之中，三層高的獨立屋，那夜下榻的房間在三樓，日式布置，平鋪著三張大床墊。向民宿租借了摩托車，加油站加了油，全無雨衣，冒雨前行，索性，痛快。綠島只有一條公路，縈繞全島。一邊是沆瀣大海，一邊是青蔥翠嶺，焦黑的火山岩石。綠島是火山島嶼，幾乎皆由火山碎屑、火山灰、火山砂、安山岩、熔岩所組成，包括我們途中停下觀看之景點，哈巴狗、孔子岩、睡美人岩，這位睡美人，我於觀景亭鳥瞰其腹突出，活像孕婦。經過朝日溫泉，是海底溫泉。開始失溫的軀體，令腦海萌生起泡溫泉的衝動。大俠說晚上可一起泡，走近時發現要穿泳裝才可內進。我跟大俠說這點奇怪，如給日本人看了，一定會發狂。日本泡湯，很講究衛生，他們會於進泡溫泉前，將身體先洗滌一遍，泡泉時是赤條條地，因衣物、浴巾會弄髒溫水。雨雲下，大海顯得深沉，一片藏青，爬過了路旁圍欄，跳下海灘，大俠與我，分別涉水行至離海邊不遠處那塊突露海面的礁石上，佇立其上，兩手張大，面朝大海，宛如里約熱內盧基督像，互照背影以留念。

　　見路邊指示牌寫著「柚子湖」，我們沿所指之小道前往，一路下坡，最底處不見有湖，眼前平廣處，布滿奇形海蝕洞與怪狀火山黑礁石，一派蕭條，荒蕪，原來柚子湖不是湖，是爆裂的火山口，經長年風浪侵蝕而殘留形成成的灣澳。

　　經過梅花鹿園，見路旁豎有野鹿出沒的提示板，興奮的我到處張望，我對大俠說：「如果發現梅花鹿記得叫我，因為我想騎梅花鹿。」可能因為天雨，未見小鹿蹤跡。大俠問：「為什麼你那麼在意？」「因為，我想騎梅花鹿。」後來，終在一

村內見得，有一銀髮佝僂老婆婆，手執鐮刀，埋頭割草，大俠見狀，立馬上前用台語問老人，是否要幫忙。原來老人正在割的野草是要給梅花鹿的食糧，隨即領我們至一間小屋後，一木棚內養有一隻剛取下鹿角的梅花鹿。「你看牠們的腳，那麼幼小，你騎上去鐵定會斷掉。」大俠心疼說道。之後，在中寮，見有一家人門前也站有小鹿，但是牠的頸上竟繫著粗繩，見牠水靈靈的大眼，心痛。更驚見有餐廳以鹿肉作食。

　　途中，腦中不時泛起《綠島小夜曲》的旋律，但卻回憶不起歌詞，於是便問大俠，大俠說她也在一直想著這首歌曲，但也忘了歌詞。然《綠島小夜曲》之綠島，所指非此，綠島者，實指臺灣也。而此綠島，原名火燒島，因形若雞心，所以又名雞心嶼。綠島本為達悟族與阿美族的居地，阿美族稱其為 Sanasay，雅美族則稱作 Jitanasey，後來漢人移居，將原住民驅趕。綠島，一說因島中山林茂密成蔭，遠睹便如一顆鑲於海中之綠寶石，故名綠島。一說島民以養鹿取茸為業，所以又名鹿島。然我遊後，覺得綠島的商業味特濃，走味了，淹沒了它的美麗。

　　燈塔沒去，監獄沒法去，繞一圈回到民宿，德華因暈船不適，所以伏床熟睡，待他醒來，因見其四十來歲，便問其記得《綠島小夜曲》的歌詞與否，那知他竟未曾聽過，他立刻翻出手機尋找，一聽便愛上了，一直單曲循環播放著：「這綠島像一隻船，在月夜裡搖啊搖……。」

　　那夜的綠島，若如歌詞所說，這樣沈靜，沈靜到外面一切的聲音都給吞噬了，黑暗的房間，只剩下噗通、噗通的心跳聲。

22 蘭嶼

雅美・達悟

　　那晨，天晦微雨，我與德華匆匆趕至富岡漁港，排隊購票，隊龍委蛇，人聲鼎沸。開往蘭嶼的船班不定，能否揚帆出海以當時天氣作準。因為我當時外型種種酷像原住民，所以購票時，售票員不厭其煩地提示，蘭嶼居民購票只要半價，問我是否出示身分證。

　　德華生怕慘劇重現，不敢再坐破浪的前艙，挑坐中後。船的搖晃如舊，但因曾有來回綠島的經驗，身體已有所適應。船泊岸，蘭嶼下著滂沱大雨，開元漁港，繽紛七彩的雨傘，人頭湧動，各家民宿人員，迎接已訂房的客人，等待著登船離去的燥灼旅人。我倆趕步離開，向小坡上的加油站奔去。正想用手機搜索民宿，手機卻沒有訊號，原來只有某一家電訊公司能接收訊號，其他一概不通。而德華恰巧即是，慌忙、焦慮、不安的他，指尖拚命遊走於手機螢幕上尋找民宿，電話接通，遞予我叫我詢問房金事宜。德華說六百以上，則免談。很好，因為與同為節省的旅人結伴，可免去同遊時許多不必要的磨擦。流浪絕對是個人的事，獨自進行，遠比結伴好，除非同行人是志同道合者。蘭嶼民宿價格落差很大，上至一千多，下至四百，我訂了一家四百的，老闆娘說現在在接送客人，等下即來，於是我們相約於加油站前。

掛線後便與德華說明,但他好像沒聽到我的聲音般,低首入神,指尖猶未歇,電話一通接一通。不久,加油站前的公路上傳來一聲叫喊,循聲而至,是一輛越野車。

開車來接的是老闆李哥,個子不高,與我相約,古銅肌膚,短髮,清臞,是位生於斯長於斯的原住民。蘭嶼整島共有四村六部落,村落分散,部落與部落間相距頗遠。我們落腳的民宿在野銀部落。公路不寬,連日天雨,沿路多處山林塌方,淹水,滑下泥石滿布於道,車子晃動,濺起水花。李哥指著右邊的大海「你們看,這都是從山上的泥土流進去海裡,而染成的。」大海顏色涇渭分明,由濃至淡,層層遞進,岸邊是琥珀色,然後向前是昏黃、杏黃,橘紅中混著緗色,最後淡黃化回蔚藍,美極了。路上山羊、黑豬,自由走動,還有的會擋路不動,李哥說他們都是養的,天黑會自己回家。德華問李哥「聽說這裡有一個核廢貯存廠。」李哥說「這都是政府騙我們上一代的老人。」原本,政府是要把蘭嶼當作中轉站,然後再運到菲律賓海域上,找一深約六千公尺以上海溝,然後將黃色的廢料桶一一投進其中,當桶子沉入海底時,底層的泥沙震起,便將桶子包覆。但因國際間開始禁止核廢海拋,就這樣,那本來跟淳樸島民說是工廠魚罐頭的核廢桶,一擱就三十來年。這無非又是一場文明的野蠻,欺壓著良善。

從德華相問李哥的問題中,可看出他來蘭嶼前已下了一番苦功,讀下頗多與蘭嶼相關的知識,來蘭嶼是為了親證知識。「你們說的話是不是與菲律賓相似,都是南島語系,所以他們都會聽得懂你們的話嗎?」德華問道,李哥說:「是,

他們都聽得懂，我們也聽得懂他們的。」「那李哥，你們的族名叫達悟族，對不？」李哥聽後立刻回說「不是，不是，我們叫 Yami（雅美）族，Tao（達悟）只是人的意義。」Yami 意為北方之人，日本學者鳥居龍藏曾為此深究過，他認為此名並非代表雅美族以北為尊，而是此「北方」相對於南方菲律賓之巴丹群島而言。

野銀部落，傍山臨海，部落不大，樓房、街道都是依山坡而築，宛如山城，數條街巷中民宿林立。環島公路旁有餐廳與雜貨店，餐廳用餐昂貴，曾與德華進去嚐過。雜貨店的貨物價格則與便利商店相約。李哥有兩所民宿，我們下榻的位置是在東 61 道上。

飛魚

房間在二樓，大門左側，樓梯直上。卸下行李，下樓付錢時，李哥與他太太正在用午餐，直爽的他，立刻從盛著飛魚乾餐盤中撕下一大塊與整個去了皮的大芋頭遞送予我，叫我嚐嚐看。芋頭與魚乾，沒有添加調味，沒有繁複的烹調，只是以開水蒸熟。拿回房中與德華分而食之，下樓洗衣服時，李哥又遞來一份，為人慷慨至極。飛魚乾，色若黃櫨，味道濃烈，鹹中帶腥，我怕腥不太能接受，但不吃則無禮，雙手接過，張口便嚐，芋頭清甜，鬆軟。食物天然、樸實，東坡先生云：「人間有味是清歡。」

飛魚乾是雅美族人的主食，而飛魚則圍繞與深扣著整個雅美族的文化，比如他們會依飛魚的時期將一年區分為

三季，飛魚祭（rayon）、飛魚終了季（eyteyka）、與冬（amiyan）。神話傳說，雅美族的先祖曾夢見黑翅飛魚翩然而至，告知漁汛、捕獲的海域、方法，以及相關的儀式、禁忌，並且為其引見與介紹其他飛魚，黑翅飛魚（mavaheng so panid mabazangbang），量少而聲望高，必須晚上漁火，白日舟釣，忌火烤。紅翅飛魚（mabazangbang so panid），量多，與黑翅同，唯一異者則是要以生血祭之。白翅飛魚（Sosowoen），量少，是最先到達蘭嶼者，只能夜間漁火，不能舟釣。點點翅飛魚（matazetezem so panid），可舟釣，因身帶黃褐色斑點，孕婦不能食，食之出生嬰孩則易長痱子。Kakalaw，因不吃餌，只能晚間漁火。因其體小，所以不會晒成魚乾，捕獲回來便立刻烹煮，給小孩子吃。Loklok，老人食用、小孩則不能。Sanisi，不能食用，只用以為餌釣arayo。

　　每年三月至六月，西太平洋黑潮流動，飛魚循黑潮游至蘭嶼一帶，飛魚祭正式開始。二月至十月，大小祭典長達八個月。飛魚祭可分為三個階段，飛魚招魚祭、飛魚收藏祭、飛魚終食祭。飛魚招魚祭，又分為每年三至四月，為期一個月的大船招魚祭（部落大船隊，夜間出海）、豐漁祭、初漁祭、返家祭。五至十月，小船招魚祭（家庭小船，白日捕漁）、小船畫魚祭、飛魚畫食祭、飛魚收藏祭、飛魚終了祭、飛魚終食祭。

　　將捕獲回來的飛魚刮鱗，開膛破腹，再魚分為二半，於魚腹內無骨面劃上二刀，再於魚身帶骨外側劃三刀，內臟、魚卵、魚眼抽出，以清水洗滌，以鹽塗抹，以林投根所製的

繩索串起（雖然部落間串魚手法與剖漁刀法各異），懸掛木架，晾晒三日，再以上好的番龍眼木煙燻之。

每一條飛魚，背後都是對生命的信仰與敬重，我們應向萬物與一切生靈俯首，因為他們以自己的生命給予了我們的生命。

鎖島

雨勢漸細，德華向李哥查問租借摩托車的事宜，李哥問可有駕照，德華沒有國際駕照。李哥說：「以前沒有也不成問題，但自從發生了外國遊客撞死本地人的意外後，租車之事就變得風行雷厲，如果真的需要，我會盡量想辦法弄一台回來給你。」我們不想為李哥帶來麻煩，於是回以不用。沒有摩托車即不能環島，德華因此臉露失望之情。那時，我心中想起「此時若大俠在多好」。雨勢時大時小，但卻從未歇止。我們躲於房中，德華說「天雨無事，不能外出，此時最適合讀書，於是自背包中拿出厚厚一本《臺灣通史》來，果不負其一身書生氣。而我則臥於床上，心中鬱悶。於是與德華提議，明天坐船前往後壁湖。他深思後，決定與我同行，還邀我一起去墾丁看看。

本來以為是風雨，我才那麼急著離開，但我慢慢意會到，之所以無心留此，只因我想趕快結束，早日回到臺南窩窩頭，原本預算在回香港前，最後七至五天才到臺南。我之所以如此想回臺南，非其有何特別迷人之處，而是大俠在那，因此歸心似箭。

一覺醒來，已入夜，外面雨未歇，與德華下樓。李哥本來晚上會帶客人進山林夜探，他跟我們說「今天大雨，夜探應該沒辦法，就算沒雨，我想這陣子也不會進行。林間因連日天雨，都是稀爛的泥濘，既不好走，一不留神，就會發生意外。」那時，一樓沙發上，坐著一位同為房客的女士，她開口問：「你們要出去嗎？是不是沒有摩托車，我借給你們，整天待在屋子裡，想來也覺苦悶。車子就停在大門旁，這是車鑰匙，拿去，去追追風。」德華騎著摩托車，我坐在後座，衝上了陡坡，向背後的大山開進，循東 61 道進行，山道無燈，全仗車燈照引，山道蜿蜒曲折，多有因塌方而以塑膠帶圍封處。燈光所觸處，雨花飄飄，山嵐裊裊。回首時，黑暗再將一切吞噬。下坡後，燈火通明處是紅頭部落，整個蘭嶼彷彿沉靜在風雨中。雨點變重變大，我們原路折返，回到野銀時，已是驟風急雨。

　　窗外雨聲，一夜未歇，早晨，天剛亮，一陣豬的淒厲悲嚎聲，把我自夢鄉招醒。德華說剛剛下樓偷覷，部落好像有祭祀，宰豬分肉。蘭嶼的豬是山豬與家豬的混種，都是放養。昨天與李哥有約，開車帶我們環島一圈，出發時，雨霽，因為要趕時間去碼頭接客人，所以一路很少停下，李哥邊開車，邊指著名勝景點解說。蘭嶼是火山島，丘陵相連，因為南海板塊沒於菲律賓板塊而形成，以火山層岩，安山岩質，熔岩流而組成。饅頭山，坦克岩，龍頭岩，雙獅岩，鱷魚岩等等風蝕而成的嶙峋怪石，一一經過，我本以為除了外形像似外，一定有傳說故事在其背後，於是相問李哥。李哥說「應該沒有故事，都是臺灣人改的名稱而已。」經過一

處，李哥停下車，叫我們一起下車。只見他指向對外不遠處、海面上的島說：「那個有故事，它叫做軍艦島，因為外形看起來像軍艦，二次世界大戰時，太平洋戰爭，美國的軍機經過時，看他外形像軍艦，於是猛烈轟炸一輪，五鐘後才猛然回神，發現他只是一個島。」沿道，李哥每次發現路上有小螃蟹時，都會停下車來，示意鄰座的妻子去捕捉，只走半圈已捉滿一袋。那螃蟹是特意抓來等外孫來蘭嶼時可食。德華問起：「蘭嶼，為何叫蘭嶼？」李哥說：「我們稱他做 Ponso No Tao，這裡以前也叫紅頭嶼，因為這裡最高的山叫紅頭山，那裡的泥土是紅色的。後來，有人帶了蝴蝶蘭來種，可能因為那樣才改作蘭嶼。」德華望向車窗外、海面上一個鬱鬱蔥蔥的島嶼說：「那個是小蘭嶼嗎？現在你們還會登上去嗎？」李哥回說：「我們每年都會登島一兩次，不過女性是不准登島的。」神話傳說，從南方而來的神人，先創造了小蘭嶼，再創造了蘭嶼。

　　車子停泊在開元漁港，等待坐十點那班船，自台東而至的客人。而德華則跑去詢問下午開往後壁湖的船是否有取消。海上的風浪比昨日還要來得急與洶湧。回來的德華說：「因有颱風自南吹襲，今日往後壁湖的航班取消了，而明天則只有早上十點一班，但能否揚帆，還得看老天。」接來的數位外國旅人，他們有租借摩托車，隨李哥車尾而行。他們因慕蘭嶼美麗的海洋而來，潛水裝備也帶來了，但因為天氣惡劣，最後還是未能下水，待了一晚，便往綠島而去。

　　回到野銀，李哥帶我們去海邊看拼板舟，舟之頭尾翹起，插有鏤刻雕飾，舟身畫有各種圖騰，magamaog 首尾的

圖案有人形，以螺旋狀的紋飾代表著手。mata no tatara 以同心圓為主構成圖案，每一個皆刻有鋸齒狀的花紋，如光芒日輪，為舟之眼。整條舟所用顏色為紅，黑，白三種，紅色來自山中紅土，黑者取自於鍋底灰，白者則源自海中的碑礁。而造舟會用上五六種樹材，大船以二十七塊板拼成，小船則用二十一塊。雅美族人自出生時便會先種樹，樹隨人長，至人成年時，便會進山伐下屬於自己的樹，用來製作自己的拼板舟。但現在很多年輕人已經漸漸忘卻那些屬於自己的樹木。

　　難得雨霽，昨日借我們摩托車的女士說，她得知在離落部不遠處有一個冷泉，問我們有意同去否。走出了柏油路，雜草叢中有一條羊腸泥徑，豁然開朗後，整片海岸皆滿布著高低不平的珊瑚岩，一條溪澗自山中而來，在入海前的交界口，有數個礁岩繞伴的水池，水冰冷，深及腰。珊瑚岩上長

著油綠野草，飄浮木的殘骸散落。佇立望海，海浪一進一退間，擊奏起震懾心神的樂章，想起了優人神鼓的《聽海之心》。在極澎湃下，心卻是如此寂靜，梵音海潮音，勝彼世間音。

女士要趕船回臺東，而德華則跟去看看明日船班如何，這是我們沒道再見的離別。我則回到民宿，臥在一樓的沙發上朦朧入睡，醒來已是黃昏，他猶未歸。其實我心裡知道，德華的內心一直處於焦慮與不安，因為他的簽證只有十五天，怕颱風到來，蘭嶼澈底鎖島，到時便跑不了，打來簡訊，說他先回台東，走得匆匆，環島車費來不及付，可能麻煩我先付了，他朝碰面再還我。最後，我倆雖沒再碰面，他卻把錢留在了窩窩頭。他走後，那夜顯得特別寂寥，台東帶予我心靈的熱鬧，習慣了與不同旅人結伴同行，突然又回至一人，畢竟人類是群居的動物，難免感到孤獨。但孤獨一人，卻非壞，因有孤獨才可沈澱心靈，看見過去未曾見得的風光。如風吹湖水，泛起水波，波動則影子歪，唯有待波平如鏡時，才得反映本像。

晚餐，李哥請我嚐了美味的紅燒肉，應是今早所宰的豬肉所製，用醬油烹煮，濃而不膩，入口鬆化。還有芋頭仍是如舊之清淡、美味。沐浴後，想致電詢問明日船班如何，拿起李哥家的電話，不斷地按著機身數字，但總是不能撥出，後來才知道，那個電話只能打進，不能打出。李哥說明天是星期天，他們會有禮拜，要上教堂，所以可能不能送我到漁港，但會有環島公車，八點在雜貨店停站，到時你搭公車去就可以。那夜醒醒睡睡，深怕睡過了頭，錯過了公車。外面

的風雨聲，未曾斷止。那刻心想，無奈朝來寒雨夜來風，看來蘭嶼還捨不得我走。

驚濤駭浪

　　雨霽，盥洗後，收拾好行李，將其放於一樓，等著八點到來，李哥拉門進來說：「我要帶昨天來的外國人去看地下屋，要一起來嗎？」李哥領著我們走上陡坡，打開道旁那鐵絲網的小門，踏在以石塊堆砌而成的石垣上，李哥說進了地下屋群，不要胡亂拍照，要等我說可以拍時才可拍。李哥說「野銀部落，是蘭嶼諸部落保存傳統文化最好的，也是地下屋（Vahay）保存得最多的，整個地下屋群約四十來間。」Vahay依山而建，戶戶朝海，於地深挖出地基，四周以石頭堆砌土牆，四門主屋立柱，在其中鋪上木地板，豎立大小中柱，再架橫樑，設木板、支撐木與屋頂板，李哥說：「以前的屋頂是鋪茅草的，現在則是黑色鐵皮，茅草的話屋子會更低。」未沿石階下去前，屋子庭前草地上立有三塊大石頭，叫「靠背石」左至右，高至低，分別表代著父母與孩子。如果父親過世，面向屋子將其往左倒下，母親則向右，兩個星期才可重新立起，於前方則有一個涼亭，是閒時休息、聊天與看海的地方。

　　我們隨著李哥，沿窄小的石階下去。李哥拉開了屋子的四張小木門。曲身進內，因為屋子地方有限，我也不便進去，於是只坐在屋簷下聽故事。李哥說：「這是我的祖屋，我四個小孩都是在這裡長大的，右邊是廚房，我們會把飛魚

乾吊掛在上面，煮食時就會有煙燻上去，那飛魚乾才不會變壞。」有一位同行的女士，問李哥那懸於屋樑的是何物。李哥回說：「那是山羊角、豬的顎骨。」屋子是半穴式，只有屋頂微露，這般建造，為的是防止颱風的吹侵。李哥從身後的房間中拿出一個長方形的盾牌，小斗笠形的頭盔與藤甲，「以前在我爸爸那個年代，還有部落與部落間的械鬥，我們會以石頭當武器，當他們投石過來時就用盾去擋。」李哥繪聲繪色地說道。

當一個文化標上了保存與遺產的字樣時，則說明其正在漸漸消失，衰敗。我們都愛著新的文化，流行的文化，但卻忘了如果一種文化澈底否定了經歷史滴聚而成老舊文化，那其則顯得不接地氣，沒有厚度與深度，懸於半空。貪新時萬不能忘舊，不忘舊時，更要承傳，承傳後才可自舊中衍新。文化是積聚而成，而非憑空捏造。

李哥飛快地開著車，載著我與一位女房客向開元港奔去。在加油站與李哥擁抱道別，離他上教堂的時間只剩十來分鐘，於是李哥趕緊回到司機座上，引擎一響，車子一開，便消失眼前。海平線給墨灰的雲層低壓著，洶湧澎湃的海濤，擊打海堤，捲起滔天白浪，越過海堤淹上了碼頭，水深至小腿。船十點才到，時間尚早，於是我借坐在安檢所內，服務台的電話響不停，值班員忙得要命，來電者多是詢問今日船期是否如常。突然，因外頭一陣豪雨，各方旅人紛紛衝

進安檢所，將其塞得水洩不通，我只好離開。公路一隅，泥石崩塌，擋住了車輛，自山林而下的水，如瀑流奔往大海。不久，見遠方海上，有一白點徐徐而至，不久，一艘單層白船停岸，因為我並非預早訂票，船員叫我先別擋道，往旁站靠，待會如有空位，才讓我補票。當下，焦急著，心想待會沒票，手機又不通，便要行回野銀找李哥。又一艘船泊岸，是艘雙層大船，他是先經綠島，後至臺東的，人龍顯然比我眼這條往後壁湖的要來得長。也托其福，空位很多，於是補位上船。我坐在船頭第二排。前方、左右皆無人坐。

蘭嶼越變越小，船則越來越晃，窗外的海浪不停地震動，每次，船過浪尖時，產生的離心力將整個人瞬間拋起，屁股已離座，好在雙手早已死死地抓緊座椅，雙腳用力踏在船板，如不是早已向四方飛撲。在我椅旁，椅子與椅子相距的通道地板俱濕，船頂滲水了，滴滴滴滴地降在船板。船除了上下晃蕩，還會像嬰兒籃般，左右搖擺，時有向左，傾斜四十五度，船身像已側臥大海，窗外全是靛藍。嬰兒籃，搖著搖著，我就進入夢鄉了。猛然一下聲響，眼角一陣疼痛，我自夢鄉醒來。在夢中意識沒了，手腳也鬆了，所以又來四十五度，整個人失了重心，撲向窗邊，眼睛撞到了窗框。環視四周，船客大多已見周公，只剩一兩個小孩，哭嘔不止，在我座前的船員，真是見慣風浪之人，不坐不依，腳底像長有鋼針定於船板似的，可謂不動如山。

艾綠色的山影，浮現在茫茫的大海，隨著船的冉冉靠近，陸地，山巒也緩媛變得龐大。船駛進了漁港，停泊穩當，下了船，後壁湖是豔陽高懸，無雲無風。

23 屏東

最後一夜

　　車城，漢人開墾此地，為防禦原住民突襲，以載農稼之牛車圍之以為牆，故名「車城」。

　　天猶未昧爽，車城格外靜謐，路無人車，只剩數隻流浪犬徘徊街頭，見我也不作怒哮。昨日在後壁湖下船後，本想落腳恆春，但見時間尚足，又急於回高雄結束這次的環島。搜尋離開恆春後的下個住宿點，得知車城有一座全台最大之福安宮，其旁有高廣的香客大樓。這福安宮，我只於門前行過而未進，但氣派確不凡，樓高三層，傳統北方宮殿樓臺格局。其最初為敬聖亭，建於明永曆年，後因自泉州來台的漢人水土不服，不敵瘴癘，於是請來家鄉的福德正神以保平安。清乾隆年間，林爽文事件，領兵來台的福安康，曾率萬餘兵南下車城，有感福德正神庇佑，上奏乾隆以求封，於是乾隆便褒封並賜王冠、龍袍一襲，賜名「福安宮」。

　　離開車城，沿屏鵝公路北走，整條公路與海岸線相連，傾聽著大海的呢喃，看著於天空流浪的白雲與那巍峨山嶺。山與海在此再次相望。在公路迎來拂曉後，金烏便再也沒有離我而去。整個大地、海洋也為它而沸騰。是一條走不完的海岸線，在楓港用過早餐，因為今日不同往時，夏天明顯已到，汗如雨下，不但汗出沾背，衣服內外俱顯。如以往那

樣，整天不進食而行走，在這狀況下想是離死不遠了。

　　那道連綿不見盡頭的海岸線，枋山、內獅，當行到加祿已是中午，海與山的距離越拉越遠，而我的呼吸則越來越重，背部越來越痛，頭有點眩暈，人帶點恍神。無他，中暑了。看來徒步環島，還是只適合在春、秋、冬三季。在車城那夜，計劃著花上兩天，便可回到高雄出發點。第一天，決定由車城至枋寮，四十二公里，然後，枋寮走 17 號省道回高雄，則要花四十一公里，共八十三公里。

　　下午三時，在中正大橋上，俯觀那臨海的枋寮，稠密樓房。枋寮，其意為以木搭建工寮的住處，早期此處木林蓊鬱，而盛產檀木，俗稱「枋仔樹」。後漢人來此開墾，取木建寮，形成村落。站在岔路前，向左則是去枋寮，我選擇了繼續前行，因為由此至東港，也不過十六公里左右，所以見時日尚早，盤算走至東港，應是晚上八九點，今走了，明天回高雄前鎮的出發點，則只用走二十五六公里。萬沒想到徒步了近二個月的路，到最後離回到出發點的前二天，才去計算與計劃一天所走的公里數。為了回到出發時沒有任何牌子表明我在環島的單純，為此，在出車城起行時，特意把背上的白板摘下。

　　夜，八時，在林邊大橋上，不知橋下林邊溪，是否也會懷惴著「以天下之美為盡在己」而流向大海。萬川歸之的大海又會否解答它的疑問。或許，活著便是求一個能解開心中疑問的答案吧！走到林邊市區，人已幾乎虛脫了，疲憊加上飢腸轆轆，終強忍不止，走進一家食店，點了一碗鴨肉飯，老闆，四十來歲，不太老，點餐時以台語問我，我不懂只是

拚命點頭。那鴨肉飯，是美味，曾聽說人在快要餓死時，無論是何食物，只要能解腹的都成為天下至味，而且還會終生於腦海裡回味，縈心。老闆見我一副落魄，邋遢的模樣，便是一位無家、好不容易才得一頓飽飯的流浪漢。於是便捧來一大碗肉羹，他說：「在其他的店，一碗飯會配以一碗羹，這碗不用錢，請你吃的。」我連忙道謝，他接連便問：「在旅行嗎？」「我明天走回高雄，就結束環島了。」那時，我身體已近極限，於是便問老闆，附近可有旅社。老闆說，這邊只有汽車旅館，旅社可能要到東港那邊才有。別過了老闆，走在西濱海公路上，又是這條 17 號海線，又是走到筋疲力盡，又是一個萬籟俱寂的夜晚，不過這次有點不一樣，這是我環島的最後一夜，回想開始時，曾是多麼恐懼著黑夜，如今卻懷著與其訣別的心，行走著。這一夜，他就像河水般，流過了便不復來。儘管他朝，我沿著這次環島路線再走一遍，那也不會是今次。因為每一滴時間的水，都是唯一、獨特的，不會重來的。

　　十一點，終到東港市區。東港，舊稱「東津」，津者，水渡也。明末清初時，漢人渡海而至，在此定居，因與福州通商，故千帆泊岸，而其停泊處正在居民之東，所以便名「東港」。東港的旅社與民宿繁多，我挑了一所翻新，富歷史的老旅社，一晚八百，為何如此挑選，正為環島第一天，同是一晚八百的老旅社。我刻意想著作一個首尾呼應，來一個圓滿，以結束此夜。

24 高雄

盧山煙雨浙江潮

　　六月十七，晴，離我於高雄出發，剛好兩個月。皮膚已由黃轉成古銅，而有所改變的，不單是外表，還有內心，我感覺此刻的我彷彿已非兩個月前的我，其中有一種未能言說的改變。人生如酒，新釀的酒，不能接受者，會感其味烈、嗆口、刺激、難以下嚥。隨著時間，一切都會沉澱、變化。新酒成了陳酒，陳酒味甜、醇厚、順口、芬芳。而人生的酒，所指者非年歲也，而為心靈。

　　靠在進德大橋的護欄，看東港溪自港口流進了大海，白雲濃淡、厚薄，變化出各類動物、花、鳥，自幼便愛看雲，常想，雲之所以變化，是因為我猜對了它的外形。心情放鬆，步伐輕盈，因昨日的行走，體力還未恢復，走不了幾步，便要停下喘息。

　　小黑在我回到台南窩窩頭後，曾來找我，說要還我在台東的酒錢，還有她說我遺下了一條紅帶在晃晃，她幫我保管好。那夜我們喝著小酒，傾說傾聽起來。她問起我，最後一天回高雄時是否不捨，不捨結束這次環島。那時，我說沒有。其實現在靜心一想，豈會沒有，如果一切容許，真想一直行走下去。那天，我走得非常的慢，一半是因為身體疲憊，另一半則是不想如此快便結束。

　　這次的環島，本來早在兩年前就該出發了，但因為父母的擔心與反對，只好一直放在心中。後來我姊說：「你今次不走，這樣就一輩子了。」於是，便跟父母說和朋友去臺灣旅行，但朋友在高雄待了五天便回去了。一路向北，他們都以為，我有人作伴，而且還是坐火車，他們不知道我在行走。瞞著不說，只為不想他們的擔心加重。

　　父母的深愛，有時候會變成一根勒緊頸喉的繩子，讓人窒息。例如，把心愛的鳥兒握於手中，因為愛，所以想盡辦法保護牠，因為愛，所以越來越用力。最後鳥兒便死在他手掌。我身上流淌著他們的血，是至親，卻又陌生，我們像隔了一道時間的河流，彼此都想跨越，但彼此都跨越不了。或許跨越不了，只因不瞭解，不瞭解彼此的心與故事。文字如會說話，請你為我告知他們，我的心，我的故事。

　　這是徒步的最後一道橋，雙園大橋，越過高屏溪，我將離開屏東，踏進高雄。身旁奔馳的是一台接一台的碩大大貨車，橋樑也因其而震動。橋的盡頭，是石化工業區，數十來個畢直向天的大煙囪，冒出黑、白、灰的濃煙。它們是冰冷的城市動力，是抽取地球養分的機器。林園，往昔位處鳳山木林之邊，所以都名「林仔邊」，日治時改名為林園。林木早已伐盡，現在街頭唯有塵土飛揚，霧霾景象。

　　頂著烈陽，走著小陡坡，一台老舊的白色汽車停在我身旁，人們都說東部的人比西部的人要來得熱情，西部生活較快，停下車子，問我是否需要幫忙的人較少。乍看司機是位六旬上下，頭已禿的先生。他開口問說：「你要去那裡？」通常熱情的司機，開口都會如此相問。經過在東部數十來天

的訓練，我下意識的反射神經回之：「前鎮。」在東部，熱心司機們的下一句將會是「辛苦了，快上車，我拉你一程。」司機接下便說：「五十塊。」心想猜錯了，便說：「不用了，謝謝您。」不久，見他又停在前方的路口，這次有數人上了車，他應該是在跑生活。

下午三點，終於走過了那條既直又長的沿海三路，行人道上都長滿了雜草，這是大型的工廠，大型貨車的世界。過了小港區，踏進前鎮區時，已是日暮，街道上摩托車滿滿，如陣陣洶濤。莘莘學子，背著書包，排隊公車站上，等歸家。自翠亨北路，左折原住民主題公園，沿前鎮運河旁，樹蔭小徑前行，走過了弄巷，回到了出發時的民宿「白屋」，熟悉的屋內亮著燈，我把背包放在門口，拿出白板子，在其上寫下「環島完畢」，把它依著背包拍照，為這段環島作個結尾，留個記念。

我以為我會大聲號哭，但我沒有，有的只是內心的喜悅，離開民宿，往捷運的路上，不停傻笑，路人見此，都以奇怪目光視之。

原來到了，只是到了，我的環島結束了，走在開始的道上，飲料店漲價了。一切一切，便像東坡先生所言：「盧山煙雨浙江潮，未到千般恨不消；到得原來無別事，盧山煙雨浙江潮。」

捷運，我坐著他往左營，半天的路，它只需半小時。莒光號，我坐著它去臺南，三天的路，它只花半小時。回到了窩窩頭，窩窩頭多了一個小管家，雪白的身體，水靈靈的眼睛，聲音如豬。瑪爾濟斯，三歲，與我相似，天生體弱多

病，牠名字叫歐若肥。我的好朋友歐小姐，在牠的叫聲下，
我開始了近一個月的臺南生活。

25 / 六十夜後

墾丁冒險記

　　窩窩頭整棟給房客包下，於是大俠提議外逃冒險去，而在台東晃晃認識的香港旅人 Lily，也剛好在臺南，她說剛來臺南那天，入住的客棧共有三層，但晚上只有她一人，令她感到毛骨悚然，煞是可怕。於是她便轉移到窩窩頭來，Lily是位陽光女孩，開朗健談，臉上常展笑顏，一縷青絲，一身晒得微黑的肌膚。她所攝下的天空照片，如她般迷人。她特意賠錢推掉了已在嘉義訂下的民宿，與我們同行。大俠也特意為她的那台「小綠綠」換上了新輪胎。

　　黃昏，我們坐上了「小綠綠」，奔馳在高速公路上，向南開往。司機座上是大俠，其旁坐著我們的朋友，一隻吹氣塑膠小恐龍。我與 Lily 坐在後座，車箱中高放著音樂，開著車窗，涼風撲臉，望西邊夕陽徐徐西下。這便是我們那齣公路電影的開場。開到了枋寮，沿屏鵝公路南下恆春，路是熟悉的路，只是移動的方式不同了，人力果然比不上機器，苦走兩天的路，呼嘯便到。

　　在途中當然少不了美食，沒有進食，就會有欠真實，如果是武俠電影則可以，因為武林高手，強不在於他的武功，而在於他可以不吃喝、不洗、不睡、不上廁所，還能活得那麼瀟灑自在而不死。所以我們在加油站旁的一家食店買了一

　　盒蛋塔，這蛋塔是改良版，有自家風光在，混合著葡式蛋塔的味道，形狀小巧如泡芙，這盒玩意之後的戲份可大了。

　　恆春，舊名「琅𤩺」，琅𤩺者，一為蘭科植物，亦為排灣族的稱呼。清同治十三年（西元 1874 年）牡丹社事件後，沈葆楨巡視至此，見此地氣候涼爽，四季如春，故奏准設縣，取名「恆春」。漆黑的夜幕下，走在恆春的街頭，夏日氣息來襲，悶熱，無風，夜市中，蹓躂著各國旅人。牛排，是有魔力的，無論是烹調時所散發的誘人氣味，還是入口後，那適口的味道。逛了一圈後，喝著新鮮即開倒出的椰子水。車子離開恆春，直往墾丁。沿路我們在相討論著，待會民宿的殺價計劃，於是我們配好了角色，大俠覺得不能浪費我流浪漢般的氣質，所以我是正在環島流浪的旅人，大俠和 Lily 則是來自外國的旅人。把小綠綠安放好後，便向大俠曾入住過的旅社跨進，櫃台阿姨劈頭一句，客滿了，沒房間。小巷旅社，都懸著「滿客」字樣。一所燈火璀璨，兩層獨立屋，看起來是走昂貴路線（我較膚淺，當我在尋找住宿時，眼中所見，只有兩條路線，一是昂貴，二是便宜）。櫃臺上豎有一塊小黑板，所書內容大概為，人不在，有事請致電。電話通了，一位四十左右的女士，自櫃臺後的小門步出。大俠與 Lily，專業入戲，開始說著流利的英語，而我帶有口音的國語，配上焦黑膚色、深輪廓與落魄神情，令她深信不疑。最後，由每人八百減至每人六百。從櫃台旁的樓梯上去，走廊盡頭，右手邊的那間，便是下榻處。房內以木板鋪置墊高。意外發生了，要下樓登記時，才發現我的護照還在窩窩頭，壞了，出漏洞了，因為劇本中我是唯一會說國語的。而大俠

277

則拿出身分證，應對自己是華僑。正在這個計劃將要給看破時，Lily 拿出了護照下樓登記。回來時她說，登記時女士跟她打聽我們的底細。機智的 Lily 說，今天我們三人是在路上巧遇的。女士則擔心地勸她，下次不要再跟陌生人一起住宿，是件危險的事，要多小心。

放下袋子後，我們便外出，走在那人滿為患的墾丁大街，道路左右兩旁，五光十色的店舖，服裝店、旅社，還有夜生活，不缺少的酒吧，有的請來了駐唱歌手，撥動吉他，張口歌唱。有的則播放著澎湃的電子音樂，音浪之強，震耳欲聾。各國旅人，各種語言，音調高、低、沉、快。他們或逛街購物，或飲著各式酒類飲品。整個街頭正瀰漫著一種濃濃的酒意，走在其中不是給灌醉的，就是自己獨酌後的興奮。大俠不用酒精，她的心靈長年保持高亢、興奮。Lily 則是一副習以為常的表情，其實她才離開墾丁一星期左右，沒想到又回來了。大俠想買一件沙灘褲留念，但我們一家接一家，看來看去，款式與顏色，都顯得老氣。買了數罐啤酒，便回籠去了。

那夜，打著薄如蟬翼的墊子，展開了一場骨頭與木板地的戰爭。睡前說好，明日要看日出，天開始轉色，大俠與我同時醒來，我坐起不足五秒，又再躺下，跟旁邊的大俠說，今天多雲，應該看不到日出，其實那時眼睛打開不足一分鐘。最後，睡到太陽公公照屁股時才醒過來。Lily 醒來後問我，不是說好要去看出日嗎，我剛剛在睡眼朦朧間彷彿有聽到你們的聲音。

那天的墾丁，雲淡風輕，我穿著一件紅白藍黑相間的沙

灘褲，坐在車廂，聽著歌，尋覓陽光、海灘去了。大俠突然煞停了小綠綠，她說發現了我的朋友，站立在對面馬路。四五株喬木，連接地面的樹幹，也穿上了紅白藍相間的褲子，於是大俠叫我過去跟朋友們合照。

我們發現公路旁有岐路，下去後是一個小漁港，一座廟宇，一間食堂，食堂牆上畫有各種魚類。在河堤後，一個小小的陡坡上，是所海巡機關。大俠在綠島時已經對未能「跳海」（此跳海為跳進海中，非指自殺之跳海，勿誤解！）一直耿耿於懷。這個小港，海水蔚藍，不帶臭味。唯一破壞印象的是，在左上一隅，近岸礁旁有一大坨，正在浮游戲水的垃圾，拚命向我們點頭招手。大俠看準何處有監視器，因為怕一跳下去，海巡人員會衝下來將我們打撈。大俠知我不諳水性，怕我出事，便將岸旁的帶繩浮球投進海中，一開始我還拒絕，就不用浮球，如不是大俠理智，想我應該去了閻王殿前報到。我脫去上衣，與大俠並肩站岸邊，俯望約一層樓高的海面。一，二，三，一鼓作氣，向前跳躍，撲通，腦子一空，眼睛一睜。進入了寶藍國度，海水從口、耳、鼻湧進，自喉嚨灌入腹中，鹹極。身體像給諸多無形的手緊抓，不停地用力向下拉扯，漸漸下沉。那刻，我徘徊在三途河旁，腦海裡沒有浮現任何往昔回憶，只有內心無限的恐懼。驟然一把聲音反覆縈繞「我要活下去」，於是拚命掙扎向白光處而上，頭露出了水面，大俠與我相距不遠，她叫我快點抱緊前

方的浮球，才剛聽到，又再下沉。一浮一沉，是生，是死，原來只是一念。岸邊的礁石頗遠，我不會游泳，只靠球根本不能過去，前方水泥壁牆上懸著一排防撞車胎，我死抱浮球，向其靠近。用盡全力，攀爬而上，回到剛剛「跳水」處。大俠也爬了上來了，我們坐在食堂旁的樹蔭下，喝著昨天所買的啤酒。大俠發現我的雙手手掌，布滿傷口，鮮血流淌，防撞車胎內藏鋼絲，那時一心想著活命，所以未感絲毫痛楚，傷口深如刀割，肉也給勾走了。

在後壁湖一家海鮮餐廳用午餐，那個市場塞滿遊客，點完餐，留下電話，好不容易才從人縫中走出，坐在碼頭等電話。我怕魚腥，所以點了一道豬肉炒筍，肉與筍俱不鮮，想以辣椒蓋過，不得。但也是正常，因那店是以海鮮為主。離開時，在市場入口旁的地攤買了數瓶海燕窩，海燕窩即是珊瑚草，聽說可美顏。宋人蘇頌《本草圖經》：「百蕊草，別名珊瑚草、石菜子、白風草。性味，辛、苦、澀、平。」

我們自別過那個「跳海」漁港後，就一路尋星砂灣而至，經多方打聽後，得知其便在後壁湖漁港出口燈塔南側。我們沒有下去，只在海堤上眺望著碧藍的大海，與疾速於海面的水上摩托車，還有各類水上活動，給陽光晒得閃閃發光的赤金沙子。

當要離開時，我如夢初醒，手機不見了。仔細一想，時間要回到小漁港跳海時，我把手機放進了那個蛋塔盒中，當大俠把最後一個蛋塔吃下，我們把蛋塔盒投進比我還高、長方形的黃色垃圾桶中，投進去當下，還發出了一聲清脆的響聲。又回到那黃色垃圾桶旁，垃圾已是滿滿的，桶內散發著陣陣酸餿的仙草味，人矮身短，儘管 Lily 借出她可愛的小雨傘，還是碰不到底。最後，唯有翻身爬進去，將手機救出，當布滿傷口的雙手，接觸到那酸餿的仙草汁時，真有一種在傷口上灑鹽的滋味，而我也因此而變身成為了一名垃圾人。

回臺南的路上，在枋寮大雨過後，前方車子慢行，起初不知是何事，當車子慢慢前行，我發現在大山那邊的天空上，浮現了雙彩虹，多年未見彩虹了。我們下車，Lily 拿出相機拍下它的倩影。傳說，見到雙彩虹後許願，願望即可成真。我給那美麗勾住了，忘了許願。

夜上，回到窩窩頭，雙手開始紅腫，大俠特意外出買回藥膏。體貼的 Lily，為我塗抹包紮。次日，早上起床，呼吸變短而重，人也沉重起來。割傷的雙手受到細菌入侵，紅腫發炎。本想撐一下，等身體自己去殺死病菌。大俠勸我還是去打一下破傷風針，那海有垃圾，加上割破我手的東西可能帶有鐵鏽。最後在下午時越來越累，不停冒出冷汗，不得不小睡一下。睡醒後未見好轉，最後大俠怕我出事，於是帶我就醫去。小發燒、打了針開了兩天的藥。手給包起來，不能碰水。最後，因為要下廚，一天後便把所有包紮解開。

最後，還是電影老套路，歷經生死，九九八十一難後，平安無事。道路猶在，故事猶在。我知，我將會用上餘生，

00 後記

　　數月來，夜闌人靜時，伏案而寫。心隨文字，把曾踏足過的地方，再重新走了一遍，與曾相遇的人，再重新結識了一次。我視行走為人生的修行，內裡藏著絕對的信仰，便如磕長頭的朝聖者，為的只是心靈一次接一次的跳躍，以外在一切的行為，實現心中的信仰。心是自由的，是無垠的，可遊於方內，亦可遊於方外。在浮動的世界，行走出不浮動的心。

　　曾聞說，藏人一生的心願，為轉一次岡仁波齊。轉山一圈，可洗盡一生罪孽。轉十圈可在五百次輪迴中免受地獄之苦。轉百圈者便可以升天成佛。

　　我是一塊會行的肉，是一隻醜陋、骯髒的動物，對我而言，徒步、流浪、環島，不為洗盡罪孽、免受地獄之苦、升天成佛。只是為著一個心願，我只想每天活得像個人，不再受那心中的動物性左右與主宰，能成為自己的主人翁。未能成其為人，就是未能，心中是醜陋、骯髒，便是醜陋、骯髒。不論多不堪，我都接受它，不用刻意隱藏，愈是隱藏，愈是虛偽。只為我不愛虛偽，我愛真。

　　每天我們都在行走，但我們真的有認真看著自己嗎？有用心踏實地走好每一步嗎？我們都患有妄想症，以為自己是高潔的，是無瑕的。其實不過是髒兮兮的一塊肉，一隻動物。整個旅程我都在思考著，我是誰，為何來此人間，歿後又將往何處而去，旅程結束了，路也走完了，我沒有答案，有的只是看到不盡相似的自己。

　　我的內心住著許多不同的我，在路上有時候不知足、貪得無厭，給欲望和貪婪蓋住，有時恐懼、害怕，不安擋住了前路。有時仇恨、憤怒、失去理智。我在一人的行走中看見自己心中情緒的變化與那浮現出來的不同之我。有時候只默默地看著他的變化，由浮現到消失，如生，如死。有時我站在遠處看著他，然後問問自己，那個浮現的影像，情緒，那個不安、不知足、憤怒的人是誰呢？到底是誰呢？包括現在用腦子思考然後寫出文字的又是誰？看著他、好好地看著內心。我苦行地走在路上，一步步走著，走著。我感受身心的苦楚，面對著它的軟弱，這苦在磨煉著我。出走、行腳、流浪，最後只為走回我自己心靈的最深處，面對真實與虛幻的我，今天與昨日的我，是同一個我，又不是同一個我。

　　人生的路途是用我們一雙與生俱來的腳，踏實地一步又一步地踐踏出來。願更多人嘗試出走行在道路上，去結識不同的人們、不同的物們，還有不同的自己。去看守著自己的內心，不要被一切外在的浮動迷惑著。去成為一個人，成為自己的主人。一代人做一代事，不同的人走不同的路，因此請隻身出走，甘於寂寞、面對孤獨，走出只屬於你自己的道路，那怕最後喪命路上。

　　在路上我們會與大地接觸、結識著不同的人，思想、生活方式、價值觀皆不相似，正因這不似，我們才會相遇、相知、然後我心與你心相通，我與你，與他們之間漸漸築起一道心橋。而我的心亦因此而打破那一層又一層自我封閉的隔閡。在路上我們將與天地間所有蠢動含靈、無情有情結為朋友。在路上我們心靈的舌頭將嚐盡世間的所有，所有，一

切，一切，讓心不再蒼白。

在這條流動的時間洪流中，我們只是一個白駒過隙的過客，儘管佛家有三世之說，但彷彿唯有這刻心中所生起的「情」才是真實的，才是永恆的。因此我愛惜著與我相遇的人們與物們，你是我心靈發亮的朋友，你是我所見存活不易的物們，那刻，我們相遇，彼此心動過，感動過。我在心中，在紙上刻下你們那翩翩倩影，願你們記得我曾到來過，感謝美麗的你們與台灣。我們在這冰冷，嚴寒的年代，以沸騰的心靈，相互取暖。

「旅客要在每一個生人門口敲叩，才能敲到自己的家門；人要在外面到處漂流，最後才能走到最深的內殿。」

泰戈爾的詩，撼動我心，我願此生漂泊路上。

徒步環臺 60 天

作　　　者	黃智鋒
發 行 人	林敬彬
主　　　編	楊安瑜
責 任 編 輯	黃谷光
內 頁 編 排	詹雅卉（帛格有限公司）
封 面 設 計	陳膺正（膺正設計工作室）
編 輯 協 力	陳于雯、曾國堯
出　　　版	大旗出版社
發　　　行	大都會文化事業有限公司
	11051台北市信義區基隆路一段432號4樓之9
	讀者服務專線：(02)27235216
	讀者服務傳真：(02)27235220
	電子郵件信箱：metro@ms21.hinet.net
	網　　　址：www.metrobook.com.tw
郵 政 劃 撥	14050529 大都會文化事業有限公司
出 版 日 期	2015年08月初版一刷
定　　　價	300元
I S B N	978-986-6234-84-2
書　　　號	Forth-012

First published in Taiwan in 2015 by Banner Publishing,
a division of Metropolitan Culture Enterprise Co., Ltd.
Copyright © 2015 by Banner Publishing.

4F-9, Double Hero Bldg., 432, Keelung Rd., Sec. 1,
Taipei 11051, Taiwan
Tel:+886-2-2723-5216　Fax:+886-2-2723-5220
Web-site: www.metrobook.com.tw
E-mail: metro@ms21.hinet.net

大 旗 出 版
BANNER PUBLISHING　大都會文化

國家圖書館出版品預行編目(CIP)資料

徒步環臺60天 / 黃智鋒著. -- 初版. -- 臺北市：
大旗出版：大都會文化發行, 2015. 08

288面 ; 21×14.8公分. -- （Forth-012）

ISBN 978-986-6234-84-2（平裝）

1.臺灣遊記

733.69　　　　　　　　　　　　104013133

大都會文化　讀者服務卡

書名：**徒步環臺60天**

謝謝您選擇了這本書！期待您的支持與建議，讓我們能有更多聯繫與互動的機會。

A. 您在何時購得本書：_____年_____月_____日

B. 您在何處購得本書：_____書店，位於_____(市、縣)

C. 您從哪裡得知本書的消息：
　　1.□書店　　2.□報章雜誌　　3.□電台活動　　4.□網路資訊
　　5.□書籤宣傳品等　　6.□親友介紹　　7.□書評　　8.□其他

D. 您購買本書的動機：（可複選）
　　1.□對主題或內容感興趣　　2.□工作需要　　3.□生活需要
　　4.□自我進修　　5.□內容為流行熱門話題　　6.□其他

E. 您最喜歡本書的：（可複選）
　　1.□內容題材　　2.□字體大小　　3.□翻譯文筆　　4.□封面　　5.□編排方式　　6.□其他

F. 您認為本書的封面：1.□非常出色　　2.□普通　　3.□毫不起眼　　4.□其他

G. 您認為本書的編排：1.□非常出色　　2.□普通　　3.□毫不起眼　　4.□其他

H. 您通常以哪些方式購書：(可複選)
　　1.□逛書店　　2.□書展　　3.□劃撥郵購　　4.□團體訂購　　5.□網路購書　　6.□其他

I. 您希望我們出版哪類書籍：（可複選）
　　1.□旅遊　　2.□流行文化　　3.□生活休閒　　4.□美容保養　　5.□散文小品
　　6.□科學新知　　7.□藝術音樂　　8.□致富理財　　9.□工商企管　　10.□科幻推理
　　11.□史哲類　　12.□勵志傳記　　13.□電影小說　　14.□語言學習（____語）
　　15.□幽默諧趣　　16.□其他

J. 您對本書(系)的建議：
_____

K. 您對本出版社的建議：
_____

讀者小檔案

姓名：_____　性別：□男　□女　生日：____年____月____日

年齡：□20歲以下　□21～30歲　□31～40歲　□41～50歲　□51歲以上

職業：1.□學生 2.□軍公教 3.□大眾傳播 4.□服務業 5.□金融業 6.□製造業
　　　7.□資訊業 8.□自由業 9.□家管 10.□退休 11.□其他

學歷：□國小或以下　□國中　□高中／高職　□大學／大專　□研究所以上

通訊地址：_____

電話：（H）_____　（O）_____　傳真：_____

行動電話：_____　E-Mail：_____

◎謝謝您購買本書，歡迎您上大都會文化網站（www.metrobook.com.tw）登錄會員，或至
　Facebook（www.facebook.com/metrobook2）為我們按個讚，您將不定期收到最新的圖
　書訊息與電子報。

徒步環臺60天

北 區 郵 政 管 理 局
登記證北台字第9125號
免   貼   郵   票

大都會文化事業有限公司
讀 者 服 務 部　　　收

11051台北市基隆路一段432號4樓之9

寄回這張服務卡〔免貼郵票〕
您可以：
◎不定期收到最新出版訊息
◎參加各項回饋優惠活動